display today

museumstechnik berlin | works 1

jovis

display today

museumstechnik berlin | works 1

jovis

display today

Uwe Kolb,
Anne-Rose Lobsien,
Martin Jönsson

Wie stellt man heute aus? Diese Frage begleitet uns seit der Gründung der museumstechnik berlin 1986 und wurde im Lauf der Zeit immer wieder neu beantwortet. Auch hat sie nicht an Aktualität verloren. Unserer Publikation „display today", die das 25-jährige Jubiläum unseres Unternehmens zum Anlass hat, diente diese Frage als Leitmotiv. Im Verlauf der Arbeit an diesem Buch, wofür die Projekte der letzten Jahre noch einmal beleuchtet wurden, stellten wir jedoch fest, dass heute – mehr denn je – die Forschung in der Praxis, der Austausch von Experten und der konstruktive Dialog mit den Museen erforderlich ist. Die Anforderungen im technischen und konservatorischen Bereich haben sich in den letzten 20 Jahren gravierend verändert und damit auch unser Profil: Der Wandel des Unternehmens vom musealen Dienstleister zum Museumsberater ist vollzogen. Heute haben die Forschungsprojekte und die technische Beratung bei der musealen Ersteinrichtung den gleichen Stellenwert wie die Planung und Produktion von Ausstellungen. Wie bei der Arbeit an dem Buch zeigt sich auch hier, dass weniger der Einzelkämpfer und mehr ein vielstimmiger Expertenverbund als zeitgemäßer Ansatz gefragt ist, um Themenschwerpunkte auszumachen und Lösungsansätze zu entwickeln und zu bewerten.

Daher gilt unser besonderer Dank den Autoren des Buches, durch deren Wissen, umfangreiche Erfahrung und große Leidenschaft für die Materie *display today* zu einem kompakten und facettenreichen Kompendium wurde. *display today* sehen wir als Auftakt für einen Entwicklungsprozess, der die Beteiligung aller Fachdisziplinen sowie die kulturelle Reflexion des Mediums Ausstellung erfordert. Nur so kann mit anhaltender innovativer Kraft die Frage, wie Kunst und Kulturgut ausgestellt werden kann, auch in der Zukunft beantwortet werden. In diesem Sinn verstehen wir unser Jubiläum weniger als einen Rückblick auf die letzten 25 Jahre, sondern eher als einen Schritt nach vorn – als Einladung zur gemeinsamen Diskussion und Kooperation, um ein „display tomorrow" zu gestalten!

display today

Uwe Kolb,
Anne-Rose Lobsien,
Martin Jönsson

How should things be displayed today? This question has been with us since the foundation of museumstechnik berlin in 1986. It has lost none of its relevance, and there have been many fresh answers to it over the years. The question is the leitmotif throughout this publication "display today," which also marks the twenty-fifth anniversary of our company. However, during our work on this book, for which we have re-highlighted the projects of the last years, we have established that today there is a greater need than ever before for research in practice, exchange among experts, and constructive dialogue with museums. Demands made in the fields of technology and conservation have altered considerably over the last twenty years and our profile has changed with them: the company has developed from a provider of services to museums into a consultancy. Today, when a museum is first equipped and furnished by museumstechnik berlin, research projects and technical consultations share the same status as exhibition planning and production. As with our work on this book, it emerges that in this context, too, the up-to-date approach is no longer one of individual efforts; instead, a community of experts is called upon to determine thematic emphases and develop and evaluate innovative solutions.

Particular thanks, therefore, are due to the authors of this book, whose knowledge, extensive experience and great passion for the material have helped to make *display today* into a compact, multifaceted compendium. We regard *display today* as the starting point of a progressive development, calling for participation by all specialist disciplines as well as cultural reflection on the exhibition as a medium. This is the only possible way to answer, with enduring and innovative force, the question of how art and cultural assets can be exhibited in the future. In this spirit, we see our anniversary as a step forward rather than a look back over the last twenty-five years—as an invitation to mutual discussion and cooperation so that we can design "display tomorrow"!

Martin-Gropius-Bau, Blick von der Stresemannstraße, Berlin, 1981 | Martin Gropius Building, view from Stresemannstraße, Berlin, 1981

Frontstadt – Kunststadt: Unter dem Brennglas

Nicola Kuhn

„Berlin ist ein Gebilde, das sozusagen immer nur wird und nie ist." Dieser Satz von Ernst Bloch gehörte im ersten Jahrzehnt nach dem Mauerfall zu den liebsten Zitaten in den Kommentaren über den Fortgang der Wiedervereinigung. Noch heute taucht er immer wieder in Leitartikeln auf. Er passt weiterhin zu einer Metropole, die permanent in Veränderung begriffen ist. Umso mehr erstaunt es, diesen Satz auch dem Buch *Kunst in Berlin* vorangestellt zu sehen, das kurz vor den historischen Umwälzungen erschien. Berlin vor 89 – war das nicht die Stadt des rasenden Stillstands, des beschaulichen Inseldaseins im Westteil, wo sich in den Nischen ein völlig anderes Leben eingenistet hatte?

All das war Berlin in den 1980er Jahren, und deshalb lockte die Stadt vor allem die bunten Vögel, die schrägen Typen an. Man zog in die Mauerstadt, um näher an New York oder London dran zu sein, wie sich der „gelernte Berliner" und Autor Bernd Cailloux in seiner Bestandsaufnahme jener Jahre erinnert. Schließlich hatten sich auch schon David Bowie, Nick Cave, Iggy Pop und Brian Eno hier einquartiert. Berlin, das war die Stadt, die niemals schlief, denn eine Sperrstunde gab es nicht. Szenen formierten sich, die bestimmten Kneipen und Diskotheken zugeordnet waren und sich auch wieder vermischten, denn die Zahl der Lokale blieb übersichtlich. Eigene Subkulturen bildeten sich heraus, insbesondere in Kreuzberg, wo Hausbesetzer billig Wohnraum eroberten, vor allem aber den systematischen Abriss ganzer Quartiere verhinderten. Hier etablierte sich die Punk-Kultur, hier lieferten sich die 1.-Mai-Demonstranten und die Polizei legendäre Straßenschlachten.

Für den Rest der Republik wirkte West-Berlin wie ein verschlafenes Nest im Nirgendwo, in dem es regelmäßig knallte und gesellschaftliche Konflikte wie unter einem Brennglas ausgetragen wurden. Die Stadt wurde künstlich am Leben gehalten, denn was von der Industrie noch nicht in den Westen abgewandert war, verließ – bis auf Schering – spätestens in den 80ern die Stadt. Hier wurden Karrieren der anderen Art gemacht: Baulöwen und Spekulanten profitierten auf ihre Weise von dem aus Bonn in die Stadt gepumpten Geld. Auch mit seinen Bauskandalen, etwa dem Steglitzer Kreisel, dessen Bau 1968 nach Entwürfen der Architektin Sigrid Kressmann-Zschach begonnen und erst 1980 fertig gestellt wurde, und dem sogenannten „Berliner Sozialpalast", einem sozialen Wohnungsbau in Schöneberg des Architekten Jürgen Sawade von 1977, erwarb sich Berlin eine eher zweifelhafte Berühmtheit.

Umso mehr gewann die Kultur an Bedeutung. „Es war eine Zeit, wo die Besetzung jeder Intendantenstelle äußerst wichtig war, weil sich West-Berlin ja sehr stark als Insel der intellektuellen und menschlichen Freiheit darstellte", beschrieb es Rainer Haarmann, Pressesprecher von Kultursenator Dieter Sauberzweig, rückblickend. „Das kann man natürlich besonders mit Kultur demonstrieren. Deswegen wurde nicht nur sehr viel Geld in kulturelle Institutionen gesteckt, die Berlin selber trug, sondern auch in die, die vom Bund getragen wurden." Eine solche Institution war der Deutsche Akademische Austauschdienst (DAAD), durch den internationale Künstler für ein einjähriges Stipendium in die Stadt geholt wurden, die ansonsten in der Kunst selbstbezogen blieb. Zu den häufigsten Klagen dieser Zeit gehört der Hinweis darauf, dass wichtige künstlerische Entwicklungen an Berlin vorübergingen und weder in den Museen noch den wenigen Galerien ihren Niederschlag fanden. Der DAAD wurde mit Künstlern wie Daniel Buren, Edward und Nancy Kienholz, David Hamilton oder George Rickey für Berlin zum Tor zur Welt. Umgekehrt ermöglichte dieser Aufenthalt den Gästen des DAAD,

Frontline City—Art City: Under the Burning-Glass

Nicola Kuhn

"Berlin is like a construct that is always becoming but never is." In the first decade after the fall of the wall, these words by Ernst Bloch were among the most frequently quoted in commentaries on the progress of reunification. Even today, they keep reappearing in editorials. They still seem appropriate for a metropolis caught up in a process of permanent change. It is all the more astonishing, therefore, to see these words prefacing the book *Kunst in Berlin*, which appeared shortly before the city saw such tremendous historical change. Berlin before 1989–wasn't that the city of racing standstill, the cosy island existence in the western part, where an entirely different way of life had been led in its niches?

All of this was Berlin in the ninety-eighties, and that is why the city was especially attractive to colourful characters, even some frankly weird individuals. People moved to the walled-in city to be closer to New York or London, as "qualified Berliner" and author Bernd Cailloux recalls in his stocktaking of those years. After all, David Bowie, Nick Cave, Iggy Pop, and Brian Eno had already chosen to buy places here. Berlin was the city that never slept because there was no closing time. Scenes emerged, and specific pubs and discos became associated with them, and then they got mixed up again, as it was hard to keep track of all the bars and pubs. Specific subcultures developed, especially in Kreuzberg, where squatters grabbed space to live cheaply, but most of all, prevented the demolition of entire districts. It was here that punk culture was established, here that demonstrators and police were involved in legendary street battles on 1 May.

For the rest of the Republic, West Berlin seemed like a sleepy nest in no-man's-land, where there were regular clashes and social conflicts developed as if under a burning glass. The city was kept alive artificially, for whatever industry had not wandered over to the West left—apart from Schering—in the eighties at the latest. Here, successful careers were of a different kind: building tycoons and speculators profited in their own ways from the money pumped into the city from Bonn. Berlin also gained rather dubious fame with its building scandals—e.g., Steglitzer Kreisel, the construction of which commenced on the basis of designs by architect Sigrid Kressmann-Zschach in 1968 but was not completed until 1980, and Berlin's so-called "social palace," a council-housing development in Schöneberg by architect Jürgen Sawade, dating from 1977.

Culture became all the more significant as a result. Looking back, Rainer Haarmann, press speaker of Cultural Senator Dieter Sauberzweig, described things in the following way: "It was a time when the appointment to any job as artistic director was extremely important, because West Berlin's self-image was largely that of an island of intellectual and human freedom. It is easy to demonstrate that with culture, of course. For that reason, a lot of money was put into cultural institutions, not only those that Berlin carried on its own, but also those which were supported by the federation." One of those institutions was the Deutsche Akademische Austauschdienst (German Academic Exchange Service, DAAD), which brought international artists to the city for one-year fellowships. In other respects, Berlin was thrown back on itself in art. Among the most frequent complaints of that time was that important artistic developments passed Berlin by and were not shown in any form in its museums or the few galleries, either. The DAAD, bringing artists like Daniel Buren, Edward and Nancy Kienholz, David Hamilton or George Rickey, was a gateway to the world for Berlin. Vice versa, their stay in the city enabled the DAAD's guests to work undisturbed in a place with great symbolic power, which also had an inspiring

ungestört an einem Ort zu arbeiten, der große Symbolkraft besaß und zugleich mit seiner Künstlichkeit und Schäbigkeit inspirierend wirkte, wie sich Joachim Sartorius, damals Direktor des Berliner Künstlerprogramms, erinnert.

Doch auch die Mauerstadt selbst hat ihre Künstler hervorgebracht, mit denen sie international reüssierte: die „Neuen Wilden". Ihre Malerei verkörperte das Lebensgefühl der Stadt, ihre Exaltiertheit. Die expressiven Farben, ungestümen Motive, in denen Nachtleben, Exzess, aber auch die Tristesse der Straßen im Schatten der Mauer ihren Ausdruck fand, waren wie ein visueller Ausbruch all der kreativen Energie, die sich hier gesammelt hatte. Zum ersten Mal wurden die jungen Maler greifbar mit einer Ausstellung in der Galerie am Moritzplatz. In den Fokus einer größeren Öffentlichkeit aber rückten die sogenannten „Moritzplatz-Boys" 1980 durch eine Ausstellung im Zehlendorfer Haus am Waldsee mit dem Titel „Heftige Malerei", womit zugleich ein Terminus für ihre Kunst gefunden war. Durch ihren Erfolg galt Berlin plötzlich wieder als Kunststadt von Rang und die Erinnerung an die „Roaring Twenties" flammte neu auf. Rainer Fetting, Helmut Middendorf, Salomé, Bernd Zimmer, Luciano Castelli und Elvira Bach bezogen sich mit ihrer gestischen Malerei durchaus auf diese Zeit und sahen sich als späte Erben der Expressionisten. Mit ihren temperamentvollen Bildern belebten sie zugleich einen tot geglaubten Zweig der Kunst, die gegenständliche Malerei. In Berlin hatte die Figuration immer ihre Anhänger gehabt; nun erlebte sie ihren Siegeszug auch auf dem internationalen Parkett. Den Ritterschlag aber erhielten die „Neuen Wilden" 1987 anlässlich der 750-Jahr-Feier, als auch ihre Werke für die große Ausstellung zu Berliner Kunst in das Museum of Modern Art in New York entsandt wurden und damit als „kunsthistorisch anerkannt" galten.

Mit „Odious" konstituierte sich auch in der Bildhauerei eine Gruppe, deren Kunst rückblickend als charakteristisch für das Berlin der 80er Jahre erscheint. Die sechs jungen Bildhauer traten erstmals 1982 bei der Freien Berliner Kunstausstellung mit ihren rauen Gebilden aus Eisen und Stahl in Erscheinung, für die sie häufig auf den Schrottplätzen der Stadt fündig wurden. Anders als bei den „Neuen Wilden" blieben ihre Skulpturen jedoch abstrakt. In ihren collagehaften Kompositionen bildeten sich materielle Momenteindrücke einer Stadt ab, die von Brachen und alten Industrieanlagen geprägt war. Unmittelbar auf die Stadt bezog sich auch das „Büro Berlin" mit seinen urbanen Interventionen, einem damals neuartigen Ansatz. Raimund Kummer, Hermann Pitz und Fritz Rahmann zog es hinaus in die U-Bahnhöfe, in Bars und Theater, wo sie mit ihren Installationen die Grenze zwischen Kunst und Leben poetisch aufzulösen suchten – etwa mit Doppel-T-Trägern, die sie auf dem Abrissgelände eines Kreuzberger Fabriketagenhauses fanden und rot lackierten (Titel: „Naunynstraße 24–26", 1980). Diese Kunst entzog sich der kommerziellen Verwertbarkeit. In den Galerien der Stadt war sie kaum zu sehen.

Wie für die Kunst waren auch für den Kunsthandel die 1920er Jahre der Maßstab. Ein Vergleich, bei dem die Halbstadt kaum bestehen konnte, da der Kunstmarkt durch das „Dritte Reich" fast völlig zerstört war: Jüdische Galeristen waren abgedrängt und verfolgt worden, ebenso die jüdischen Sammler; die als „entartet" gebrandmarkte Kunst der Moderne war schließlich verboten oder sogar vernichtet worden. Von diesem Vernichtungsschlag konnte sich die Mauerstadt nicht erholen; schon die Insellage und das fehlende Hinterland machten dies unmöglich. Es fehlte sowohl an Käufern als auch an Anbietern, auch wenn bei den Galeristen der „Neuen Wilden" das Geschäft florierte. Deren dekorative Großformate erfreuten sich vor allem bei Investoren großer Beliebtheit, die sich in den 80ern ihre Sammlungen aufbauten. Der Boom fand in Köln statt, dem wichtigsten Handelsplatz für Kunst in der Bundesrepublik mit seinen zahlreichen Galerien und der prosperierenden Art Cologne.

Trotzdem versuchte der Verband der Berliner Kunst- und Antiquitätenhändler eine eigene Messe aufzubauen, die „Orangerie", benannt nach ihrem Veranstaltungsort, der Orangerie im Schloss Charlottenburg. Zum ersten Mal fand sie 1982 statt, initiiert von Bernd Schultz, dem späteren Geschäftsführer der Villa Grisebach, dem 1986 gegründeten Auktionshaus. Die Veranstaltung diene nicht zuletzt der Absicht, „Berlin auch weiterhin als eines der kulturellen Zentren unseres Landes im Bewusstsein zu erhalten", schrieb Schultz damals im Katalogvorwort. Die kulturpolitische Idee hinter dem Projekt war am Ende von größerer Bedeutung als das Geschäft. Als die „Orangerie" 1991 triumphal in den Martin-Gropius-Bau umzog, nun beschickt von einer Vielzahl internationaler Händler, die vor allem auf das neue Berlin neugierig waren, bedeutete dies zugleich ihr Ende. Die Vision von einer Wiederbelebung der einstigen Kunsthandelsmetropole ließ sich offenbar nicht realisieren. Erst viele Jahre später startete die Messegesellschaft Berlin mit dem Art Forum einen neuen Versuch im zeitgenössischen Segment, nachdem sich immer mehr Galerien für aktuelle Kunst angesiedelt hatten. Dass die Kunstmesse im Sommer 2011 wieder eingestellt wurde, lag nicht an der mangelnden Anziehungskraft Berlins für Sammler junger Kunst, im Gegenteil. Die Berliner Galeristen waren so weit erstarkt, dass sie mit der „Art Berlin Contemporary", einem Messe-Ausstellungs-Zwitter, ihre eigene Veranstaltung entgegensetzten und damit die Ober-

effect on them with its artificiality and shabbiness, as recalled by Joachim Sartorius, director of the Berlin artists' programme at the time.

But the walled city itself produced artists as well, even some who succeeded internationally: the "Neue Wilde." Their painting embodied the city's feel for life, its exalted quality. The expressive colours and tempestuous motifs in which the night-life, the excess, but also the dismal quality of the streets in the shadow of the wall were portrayed were like a visible outbreak of all the creative energy which had collected here. The young painters were first identified with an exhibition in the Galerie am Moritzplatz. However, the so-called Moritzplatz-Boys moved to the focus of public attention in 1980, when their exhibition in Haus am Waldsee, Zehlendorf entitled "Heftige Malerei" also provided a name for their type of art. As a result of their success, suddenly Berlin was recognised as an art city of some consequence again, and memories of the "Roaring Twenties" were reawakened. Rainer Fetting, Helmut Middendorf, Salomé, Bernd Zimmer, Luciano Castelli and Elvira Bach certainly related to that period with their expressive painting and saw themselves as late heirs to Expressionism. At the same time, they invigorated a branch of art that had been considered dead with their temperamental images: representational painting. Figuration had always kept its adherents in Berlin; now it emerged victorious on the international stage as well. But the real honour for the "Neue Wilde" was in 1987, on the occasion of Berlin's 750th anniversary celebrations, when their works were included in the major exhibition of Berlin art in the Museum of Modern Art in New York and could thus be said to have "gained recognition in art history."

As far as sculpture was concerned, the group "Odious" was formed, whose art—in retrospect—appears very characteristic of Berlin of the eighties. The six young sculptors made their first appearance at the Freie Berliner Kunstausstellung (Open Berlin Art Exhibition) in 1982 with rough constructions made of iron and steel, which they often found in the city's scrap yards. In contrast to the "Neue Wilde," however, their sculptures remained abstract. In their collage-like compositions, they visualised momentary material impressions of a city characterised by vacant lots and old industrial sites. "Büro Berlin" and its urban interventions also referred directly to the city; an innovative starting point at that time. Raimund Kummer, Hermann Pitz, and Fritz Rahmann were attracted to underground stations, bars and theatres, where they sought to dissolve the boundaries between art and life poetically with their installations–for example using double t-girders, which they found on the demolition site of a factory building in Kreuzberg and painted red. (Title: Naunynstraße 24-26, 1980) This art evaded commercial exploitation and could scarcely be found in the city's galleries.

As in art, it was the era of the nineteen-twenties that set the standards in art dealing. This was a comparison that the half-city could never hope to win, since the art market had been almost completely destroyed by the "Third Reich": Jewish gallery owners had been driven away and persecuted, as had the Jewish collectors, and finally modernist art, defamed as "degenerate," had been banned or even destroyed. The walled city was unable to recover from this devastating blow; its island situation and a lack of surrounding and outlying areas already made it impossible. There were not enough buyers or people offering art, even though business was flourishing for the gallerists of the "Neue Wilde." Their decorative large-format works were especially popular with investors, who built up their collections during the eighties. But the boom was occurring in Cologne, the most important art dealing centre in the Federal Republic with numerous galleries and a prospering fair, Art Cologne.

Nevertheless, the association of art and antiques dealers in Berlin (Verband der Berliner Kunst- und Antiquitätenhändler) attempted to set up their own fair, the "Orangerie," which was named after its venue, the orangery at the Palace of Charlottenburg. It took place for the first time in 1982, initiated by Bernd Schultz, later the managing director of Villa Grisebach, an auction house founded in 1986. Not least, this event served to "maintain a continuing awareness of Berlin as one of the cultural centres of our country," as Schultz wrote in the foreword to the catalogue at the time. Ultimately, the cultural political concept behind the project was more important than any actual business being done. When the "Orangerie" moved triumphantly into the Martin Gropius Building in 1991, now including a large number of international dealers who were curious about the new Berlin, this transfer simultaneously heralded its end. The vision of revitalising the former art dealing metropolis obviously could not be realised. It was not until many years later, after more and more galleries trading in current art had settled here, that the Messegesellschaft Berlin made a new foray into the contemporary sector with Art Forum. The art fair was abandoned in summer 2011, but this was not because Berlin had lost any of its attraction for collectors of recent art: on the contrary, Berlin's gallery owners had consolidated their position to such an extent that they were able to compete and ultimately gain the upper hand with their own event, the fair-exhibition hybrid "Art Berlin Contemporary." Dealing in older art and antiques, however, never regained its past vigour.

hand gewannen. Der Handel mit alter Kunst und Antiquitäten aber gewann nicht mehr den alten Schwung zurück.
Die Kunst diente der Stadt zur Selbstdarstellung, insbesondere im Ausstellungsbereich, wo man in den 80er Jahren mit opulenten Präsentationen prunkte. Berlin war das Schaufenster des Westens inmitten der DDR. Eines der schönsten Beispiele hierfür sollte der Martin-Gropius-Bau werden, der ähnlich wie die Villa Grisebach, ein Bau aus der Gründerzeit, beinahe für den Abriss freigegeben worden wäre. Im 100. Jahr seines Bestehens wurde das schwer kriegsbeschädigte Haus, das unmittelbar an der Mauer gelegen war, endlich wieder hergerichtet und 1981 mit der Ausstellung „Karl Friedrich Schinkel. Werke und Wirkungen" anlässlich des 200. Geburtstages des preußischen Baumeisters und Malers eröffnet. Seinen großen Einstand aber gab das ehemalige Kunstgewerbe-Museum mit der Ausstellung „Preußen – Versuch einer Bilanz", bei der auch die desolate Umgebung in das Konzept einbezogen wurde: „Die Narben der von Krieg und Mauerbau zerstörten Ecke sollen auf die Auswirkungen preußischer Geschichte bis in die Gegenwart hinein aufmerksam machen," hieß es im Katalog. Damals begann man sich gerade erst mit der Topografie des Ortes auseinanderzusetzen. Die Folterkeller der Geheimen Staatspolizei lagen noch unter Schuttbergen verborgen, die lange Zeit als Verkehrsübungsplatz dienten.
Mit der „Preußen"-Ausstellung erinnerte sich Berlin seiner Geschichte wieder neu, und beinahe wäre auch das Museum für deutsche Geschichte, wie es damals genannt wurde, im Martin-Gropius-Bau einquartiert worden. Am Ende bezog jedoch die Berlinische Galerie hier ihre Räume. Bereits 1982 war mit der Schau „Zeitgeist. Internationale Kunstausstellung Berlin" ein Bogen zur Gegenwart geschlagen worden. Die Ausstellung zeigte die Heroen der neuen figurativen Malerei, deren Entdeckung der Kurator Christos Joachimides zusammen mit seinem Kompagnon Norman Rosenthal zuvor mit „A New Spirit of Painting" in der Londoner Royal Academy gefeiert hatte. Die im gleichen Jahr gegründete „Zeitgeist-Gesellschaft zur Förderung der Künste in Berlin" sollte noch etliche Ausstellungen im Martin-Gropius-Bau und später auch im Hamburger Bahnhof organisieren, „um die Stadt wieder auf die Landkarte der großen Kulturmetropolen zu bringen" (Joachimides). Als der Ausstellungsmacher knapp zehn Jahre später ebenfalls im Martin-Gropius-Bau unter dem Titel „Metropolis" noch einmal üppig Bilanz zog, musste er sich jedoch kritisch fragen lassen „Hat das neue Berlin noch solche Werbe- und Prestigeveranstaltungen, solche Surrogate nötig?" (Eduard Beaucamp am 25.4.91 in der *FAZ*)
Hinter dem vorwurfsvollen Ton verbirgt sich eine alte Verärgerung über die Großevents Berlins in den Jahren vor dem Mauerfall: Internationale Bauausstellung (1984 bis 1987), 750-Jahr-Feier (1987) und zuletzt Kulturhauptstadt Europas (1988). Die Internationale Bauausstellung (IBA) war eines der großen Themen der 80er Jahre in Berlin. Ende der 70er Jahre war die Planungsgesellschaft gegründet worden, um insbesondere in Kreuzberg Sanierungsversäumnisse aufzuholen und Stadterneuerung zu betreiben. Doch der Beginn stand unter keinem glücklichen Stern: Unregelmäßigkeiten in der IBA-Verwaltung, Streitereien mit den Bezirksämtern und der Vorwurf der Verschwendungssucht und Fehlplanung, der gegen den Direktor der Neubau-IBA, den Berliner Architekten Josef Paul Kleihues, erhoben wurde, führten dazu, das der Termin von 1981 auf 1984 verschoben werden musste. Im Ausland schnitt die geschmähte IBA, die in ihren Neubauten vor allem mit postmoderner Architektur hervortrat, jedoch weit besser ab. Für Berlin sollte sich vor allem das Wirken des Architekten Hardt-Waltherr Hämer, der die Altbau-IBA leitete und mit der „behutsamen Stadterneuerung" eher unspektakuläre Basisarbeit leistete, als umso segensreicher erweisen.
Im letzten IBA-Jahr fand auch die 750-Jahr-Feier Berlins statt. Sie wurde mit Pomp und nicht zuletzt in Konkurrenz zu Ost-Berlin begangen, das ebenfalls dieses Jubiläum für sich in Anspruch nahm. Das Schwergewicht des Programms lag mit zahlreichen Konzerten, Gastspielen und Lesungen im Kulturbereich. Die Kunst war mit dem Skulpturenboulevard auf dem Kurfürstendamm und diversen Ausstellungen, in denen die Stadt sich selbst umkreiste, vertreten. Im Martin-Gropius-Bau wurden „Mythos Berlin", die historische Revue „Berlin, Berlin" und schließlich – organisiert von der Berlinischen Galerie – die hoch gelobte Schau „Ich und die Stadt" präsentiert. Umso mehr sorgte der Skulpturenboulevard für Streit, für den Kunstwerke installiert wurden, von denen sich die Passanten provoziert fühlten, wie etwa die aufgetürmten Polizeiabsperrungen von Olaf Metzel, mit denen der Künstler an die Straßenkämpfe zum 1. Mai erinnern wollte. Mit dem Kulturhauptstadt-Jahr 1988 ging das Festprogramm ohne Pause weiter; mit „Joseph Beuys – Skulpturen und Objekte" und „Stationen der Moderne. Die bedeutendsten Kunstausstellungen des 20. Jahrhunderts in Deutschland" im Martin-Gropius-Bau sowie der „Zeitlos"-Schau im Hamburger Bahnhof gab es erneut große Ausstellungen, die schmerzlich vorführten, was an zeitgenössischer Kunst in West-Berlin versäumt worden war.
„Es ist wie es ist", resümierte der Kunstkritiker Thomas Wulffen 1989 die Situation der Ausstellungsinstitutionen in der

Art was part of the city's self-image, in particular in the field of exhibitions, where opulent presentations were flaunted in the eighties. Berlin was the West's display case in the middle of the GDR. The Martin Gropius Building was to become one of the most attractive examples; in a similar way to Villa Grisebach, a building from the Gründerzeit, it had almost been condemned to demolition. One hundred years old, the structure directly beside the wall that had been badly damaged in the war was finally restored and reopened in 1981 with the exhibition "Karl Friedrich Schinkel. Werke und Wirkungen" to mark the 200th birthday of the Prussian architect and painter. The former museum of arts and crafts made its major debut, however, with the exhibition "Preußen—Versuch einer Bilanz," whereby the desolate surroundings were also incorporated into the concept: "The scars of those corners destroyed by war and the building of the wall were used to draw attention to the impact of Prussian history up to and including the present day," according to the catalogue. This was also the time when people were first beginning to investigate the topography of the site. The torture cellars of the secret state police were still hidden under mountains of rubble, used as a training area for learner drivers for a long time.

Berlin remembered its history again with the "Prussia" exhibition, and the Museum for German History, as it was known at the time, was almost relocated to the Martin Gropius Building. In the end, however, it was the Berlinische Galerie that moved into rooms here. As early as 1982, with the show "Zeitgeist. Internationale Kunstausstellung Berlin," the circle had already been completed to the present day. The exhibition showed the heroes of a new figurative painting, whose discovery curator Christos Joachimides had celebrated previously with his partner Norman Rosenthal in "A New Spirit of Painting" at the Royal Academy London. The "Zeitgeist-Gesellschaft zur Förderung der Künste in Berlin," founded in the same year, would go on to organise several exhibitions in the Martin Gropius Building and later in Hamburger Bahnhof as well, "in order to put the city back on the map of the great art metropolises" (Joachimides). When the exhibition maker took extravagant stock in an exhibition entitled "Metropolis," also in the Martin Gropius Building just less than ten years later, he faced the critical question: "Does the new Berlin really need such advertising, such prestige events, such surrogates?" (Eduard Beaucamp in the *FAZ* on 25.4.91)

Behind the tone of reproach there is old, concealed irritation over the big events realised in Berlin during the years prior to the fall of the wall: International Building Exhibition (1984 to 1987), 750th anniversary celebrations (1987), and lastly the Cultural Capital of Europe (1988). The International Building Exhibition (IBA) was one of the biggest themes of the eighties in Berlin. At the end of the seventies, a planning company had been founded to catch up with the necessary restoration work, particularly in Kreuzberg, and to implement urban renewal in the city. But initial omens were unfortunate: irregularities in the administration of the IBA, disputes with various district offices, and accusations of addictive spending and bad planning made against the director of the New Building IBA, Berlin architect Josef Paul Kleihues, meant that the date was put back from 1981 to 1984. Abroad, reactions were better to the scorned IBA, which included some striking postmodern architecture among the new buildings. In Berlin itself, the impact of architect Hardt-Waltherr Hämer, who directed the Old Building-IBA and made some rather unspectacular, basic achievements with his "cautious urban renewal" was more beneficial.

Berlin's 750th anniversary celebrations also took place in the final IBA year. They were realised with considerable pomp, not least in competition with East Berlin, which also claimed the anniversary as its own. The bulk of the programme was in the cultural field, with many concerts, guest performances and readings. Art was represented by the Sculpture Boulevard on Kurfürstendamm and various exhibitions in which the city focused on itself. "Mythos Berlin," the historical review "Berlin, Berlin," and finally—organised by the Berlinische Galerie—the much-praised show "Ich und die Stadt" were presented in the Martin Gropius Building. There was much more controversy surrounding the Sculpture Boulevard, the artworks of which provoked passers-by, e.g., the heap of police barriers by Olaf Metzel, who intended them as a reminder of street battles on 1 May. The festival programme continued without respite in the Cultural Capital year 1988; "Joseph Beuys – Skulpturen und Objekte" and "Stationen der Moderne. Die bedeutendsten Kunstausstellungen des 20. Jahrhunderts in Deutschland" in the Martin Gropius Building, as well as "Zeitlos" in Hamburger Bahnhof were major exhibitions that made painfully clear what of contemporary art had been missed in West Berlin.

"Things just are the way they are" were the words art critic Thomas Wulffen to sum up the situation of the city's exhibiting institutions in 1989. There was a reasonable balance of satisfaction, as the Berlin art scene considered itself well-represented in its institutions, and resignation because possible criticism was ignored and change was inconceivable anyway. The Neue Nationalgalerie, as the most important institution, was able to show retrospective exhibitions of Gerhard Richter, Henri de Toulouse-Lautrec, Edgar Degas, or Francis Bacon with the

Stadt. Zufriedenheit, da die Berliner Kunstlandschaft sich in ihren Institutionen gut repräsentiert fühlte, und Resignation, weil mögliche Kritik nicht zur Kenntnis genommen wurde und eine Veränderung ohnehin kaum absehbar war, hielten sich die Waage. Die Neue Nationalgalerie als wichtigste Institution konnte zwar mit Hilfe des an Einfluss gewinnenden „Vereins der Freunde" Retrospektiven von Gerhard Richter, Henri de Toulouse-Lautrec, Edgar Degas oder Francis Bacon zeigen, doch blieben die Besucherzahlen überschaubar. Ein Rekordergebnis brachte die Ausstellung „60 Meisterwerke aus der Guggenheim Foundation" im Frühjahr 1989, die damit zum Modell für „Das MoMA in Berlin" werden sollte, die Jahre später stattfand. Der Hamburger Bahnhof kam Ende der 80er Jahre als weiterer Ausstellungsort hinzu. Mit der Sammlung der New Yorker Galeristin Ileana Sonnabend erwachte das noch ruinöse Gebäude 1988 aus seinem Dämmerzustand im Schatten der Mauer, bevor es 1996 nach einem längeren Umbau durch den Architekten Joseph Paul Kleihues als Dependance der Nationalgalerie eröffnet wurde. Ursprünglich als Schauraum für verschiedene Kunstsammlungen der Stadt gedacht, sollte sich der Sammler Erich Marx mit seiner Kollektion am Ende durchsetzen.

Mit dem Fall der Mauer kam schließlich alles noch einmal neu auf den Plan: die drei Standorte Museumsinsel, Kulturforum und Dahlem. Die Vereinigung der einst durch die deutsche Staatengrenze getrennten Sammlungen wurde sogleich zügig umgesetzt, weitaus lautloser als die Zusammenführung der Akademien der Künste Ost und West. Umso heftiger entwickelte sich die Debatte um die künftige Platzierung der Bestände, als ein „Zweiter Museumskrieg", wie er genannt wurde in Anlehnung an die schon einmal in den 20er Jahren ausgetragene Standortfrage. Der Widerstand regte sich, weil der Generaldirektor der Staatlichen Museen, Wolf Dieter Dube, unvermindert an den Plänen aus den 80er Jahren für den Neubau der Gemäldegalerie am Kulturforum festhielt und damit die Wiederbelebung der Museumsinsel mit dem Bode-Museum als Ort der Malerei und Skulptur wie einst konterkarierte. Erst seine Nachfolger knüpften an diese ursprünglichen Ideen wieder an.

Das Kulturforum aber, das in den 60er Jahren als korrespondierender Standort im Westen zur Museumsinsel im Osten der Stadt angelegt worden war, um „in einer glücklichen Zukunft" die gegenseitige Erreichbarkeit zu erleichtern, hat immer noch nicht zu seiner Form gefunden und leidet weiterhin unter der unattraktiven Anlage rund um den Matthäikirchplatz. Dahlem, West-Berlins Hauptanziehungspunkt für Museumsbesucher in den 80er Jahren, wird aufgegeben sein, wenn die außereuropäischen Sammlungen in das Humboldtforum am Schlossplatz eingezogen sind. Seit dem Wegzug der Nofretete und der Romantiker auf die Museumsinsel tut sich auch Charlottenburg als Kulturstandort schwer, der nach dem Fall der Mauer an die Peripherie gerückt ist.

Von der Frontstadt Berlin ist die Idee der Kunststadt geblieben: durch den enormen Reichtum der wiedervereinigten Sammlungen und die zeitgenössische Szene mit ihren vielen neu angesiedelten Galerien und den aus aller Welt hergezogenen Künstlern. Trotz aller Etablierung, allein durch den Umbau und die Wiedereröffnung der Institutionen etwa auf der Museumsinsel, befindet sich die Stadt weiterhin im Experimentierstadium. Das heutige Berlin ist ein Labor, das ehemalige West-Berlin war sein Reagenzglas.

help of the "Verein der Freunde," which was growing in influence, but the number of visitors remained modest. There was a record turnout for the exhibition "60 Meisterwerke aus der Guggenheim Foundation" in spring 1989, which became the model for "Das MoMA in Berlin" many years later. Hamburger Bahnhof was added as a new exhibition venue at the end of the eighties. The still ruinous building awoke from its twilight existence in the shadow of the wall with the collection of New York gallery owner Ileana Sonnabend in 1988, before being opened as a branch of the Nationalgalerie after longer-term conversion work by architect Joseph Paul Kleihues in 1996. Originally intended as a showplace for different art collections from the city, ultimately collector Erich Marx and his collection ousted the competition.

Finally, with the fall of the wall, everything had to be taken into consideration again: e.g., all three locations at Museum Island, Kulturforum and Dahlem. The collections once divided by the German state border were immediately and rapidly transferred and reunified, with much less noise and fuss than the unification of the academies East and West. But the emerging debate was all the more heated concerning the future positioning of the collections in the "Second Museum War," as it was called in reference to the issue of location that had arisen in the twenties. Opposition was triggered because the general director of the State Museums, Wolf Dieter Dube, clung with undiminished tenacity to the plans for a new building of the art gallery (Gemäldegalerie) at the Kulturforum dating from the eighties and so countermanded the revitalisation of Museum Island and the Bode-Museum as the setting for painting and sculpture, as in the past. It was his successor who finally readopted those original ideas.

But the Kulturforum, which had been laid out in the sixties as a corresponding western location to Museum Island in the city's East, in order to ease mutual accessibility "in a happy future," has not yet found its true form, continuing to suffer from an unattractive site around Matthäikirchplatz. Dahlem, West-Berlin's main draw for museum visitors in the eighties, will have been abandoned completely once the non-European collections have moved to the Humboldtforum on Schlossplatz. Since Nefertiti moved, together with the romantic artists, to Museum Island, Charlottenburg has also been struggling as a cultural venue, having drifted to the periphery since the fall of the wall.

All that remains of the frontline city, Berlin, is the idea of the art city: the enormous wealth of its reunited collections and the contemporary scene with many newly settled galleries and artists who have moved here from all over the world. Despite all that is now established, following the redevelopment and reopening of the institutions on Museum Island, for example, the city is still in a phase of experimentation. Today's Berlin is a laboratory, and the former West-Berlin was its test tube.

Käthe Kollwitz – Integrationskünstlerin zwischen Ost und West

Martin Fritsch

„Von der Frontstadt Berlin ist die Idee der Kunststadt geblieben." In ihrer Bilanz charakterisiert Nicola Kuhn die 1980er Jahre als eine Zeit, in der Berlin zum international attraktiven Kunstort von großer Anziehungskraft geformt wurde. Dies geschah mit Hilfe beträchtlicher staatlicher Investitionen in Museen und Kulturinstitutionen, quasi als Ersatz für die fortschreitende Abwanderung der Industrie. Auf diese Weise hielt die Stadt auch für zuziehende Künstler relativ günstige Lebens- und Arbeitsbedingungen bereit.

In diese Zeit fällt 1986 die Gründung des Käthe-Kollwitz-Museums im westlichen Charlottenburg. Im Gegensatz zur damals größtenteils staatlich gut subventionierten Museumslandschaft West-Berlins fügte sich das Museum, in dem – bis heute – auf rein privater finanzieller Basis gearbeitet wird, in die Vielfalt einer freien Kunstszene ein, die seinerzeit noch nichts von der bald bevorstehenden Wiedervereinigung ahnen ließ.

Ausschlaggebend für die Entstehung des Museums war die Rettung dreier kriegszerstörter, aber noch restaurierbarer Bürgerhäuser in der Fasanenstraße, die, auf Betreiben einer Bürgerinitiative, der auch der Gründervater des Käthe-Kollwitz-Museums, der Kunsthändler und Maler Hans Pels-Leusden angehörte, von der Deutschen Bank erworben und den Originalplänen gemäß wieder aufgebaut wurden. Die Abrissbirne hatte schon bereitgestanden, um Platz für eine Unterführung zur Stadtautobahn zu machen.

Die drei dem Denkmalschutz unterstellten Gebäude sollten ausschließlich für kulturelle Nutzungen zur Verfügung stehen, und so wurde das erste im Stil eines französischen Stadtpalais errichtete Wohnhaus in der Fasanenstraße nach der Restaurierung zur Heimstatt für die private Kollwitz-Sammlung von Hans Pels-Leusden und damit endlich zum Käthe-Kollwitz-Museum in der Stadt, in der die Künstlerin mehr als 50 Jahre gelebt und gearbeitet hat.

Die Verantwortlichen im neugegründeten Museum arbeiteten von Anfang an, auch vor dem Mauerfall, ganz entschieden daran, die Künstlerin von bestimmten historisch-politisch einengenden Aspekten ihrer Vereinnahmung durch die DDR zu befreien, zum Beispiel von ihrem Image als „Bundesgenossin der kämpfenden Arbeiterschaft" (Lüdecke 1951). Ihr Werk sollte von der verbreiteten Auffassung deprimierender „Arme-Leute-Malerei" befreit werden, eine Vorstellung, die im Hinblick

Käthe Kollwitz – Artist of Integration between East and West

Martin Fritsch

Das Käthe-Kollwitz-Museum Berlin im Jahr 1986 | The Käthe Kollwitz Museum Berlin in 1986

"All that remains of the frontline city, Berlin, is the idea of the art city." Summing up, Nicola Kuhn characterises the nineteen-eighties as a time when Berlin was emerging as an internationally popular art location with an immense attraction. This occurred with the help of considerable state investment in museums and cultural institutions, to substitute, so to speak, for the ongoing withdrawal of industry. The city could also offer relatively reasonable living and working conditions, therefore, to artists wishing to move there.

It was in this period, in 1986, that the Käthe Kollwitz Museum was founded in the western borough of Charlottenburg. By contrast to the museum scene in West Berlin, most of which was well subsidised by the state at that time, the museum—where work continues to the present day on a purely private financial basis—fitted into a diverse in-

auf ihr Schaffen weit verbreitet war – bereits der frühe Kenner und Förderer ihrer Kunst, Max Lehrs, der damalige Direktor des Dresdner und später Berliner Kupferstichkabinetts, hat sich gegen ein solches Missverständnis gewehrt. Und man wollte jene Seiten des Kollwitzschen Werkes verstärkt in das öffentliche Bewusstsein rücken, die in der Lage sind, Bewegung in festgefahrene Auffassungen von der Künstlerin und ihren Arbeiten zu bringen. Das bedeutete auch, abzurücken von der Betonung der allgemein menschlichen Hauptinhalte ihres Schaffens (Mutter-Kind, Mensch und Tod) und ihre künstlerische Könnerschaft herauszustellen. Die Bemühungen des Museums, den Blick für die Qualitäten ihrer Kunst als reiner Kunst zu öffnen, belegt eine Reihe von beachteten Sonderausstellungen in den Jahren 1995, 2006, 2007 und 2011 mit begleitenden Katalogen.

Inwieweit die Kunst der Kollwitz auch noch nach 1990 weitgehend auf menschliche Aussagegehalte hin verstanden und rezipiert wurde, lässt sich aus der Verwendung der Kollwitz-Plastik *Mutter mit totem Sohn (Pietà)* (1937/38) als Vorlage für die von dem Berliner Bildhauer Harald Haacke geschaffene Vergrößerung zum Mahnmal der Zentralen Gedenkstätte der Bundesrepublik Deutschland in der Neuen Wache (1993) ablesen. Sicher hat zu dieser Entscheidung wesentlich beigetragen, dass die Künstlerin in beiden Teilen Deutschlands im Ganzen eine positive Rezeption erfahren hatte und eine Wertschätzung genoss, die sie zu einer potenziellen Integrationsfigur im Prozess des Zusammenwachsens der beiden Teile Deutschlands machte.

Gerade, weil die Plastik, laut Kollwitz, „nicht religiös" (Tagebuch Dezember 1939) konzipiert ist – nicht demütiges Einverständnis, sondern Bedenken und Skepsis hinsichtlich der Selbstverantwortlichkeit des Menschen prägen diese Gestalt – hält das Berliner Käthe-Kollwitz-Museum bis heute, trotz beträchtlicher, seinerzeit zum Teil vehement geäußerter Widerstände in der Presse, die Plastik *Mutter mit totem Sohn* für geeignet, die Gedanken und Empfindungen der Menschen in der Gedenkstätte in eine Richtung zu lenken: „Nie wieder Krieg!" …

Die zahlreichen Schätze, die das Museum beherbergt, haben in all den Jahren, auch weltweit, Leihwünsche hervorgerufen. So war das Museum 1992, anlässlich des 125. Geburtstages von Käthe Kollwitz, mit bedeutenden Leihgaben in einer Ausstellung der National Gallery Washington vertreten. Hervorzuheben ist darüber hinaus eine Ausstellungstour durch Japan, bei der ein beträchtlicher Teil des Sammlungsbestandes im Rahmen des Deutsch-Japanischen Kulturjahres 2005/06 in fünf japanischen Museen zu Gast war. Auch zukünftig werden Kollwitz-Werke aus dem Berliner Museum auf weite Reisen gehen. So sind für die nächsten zwei Jahre Ausstellungen in Russland, Frankreich, Korea und China in Vorbereitung.

Anlässlich seines 25-jährigen Jubiläums widmet sich das Museum ganz dem plastischen Schaffensaspekt im Werk der Künstlerin. Die

Zentrale Gedenkstätte der Bundesrepublik Deutschland mit der Skulptur von Käthe Kollwitz *Mutter mit totem Sohn*, 1993 | The Federal Republic of Germany's central memorial site with the Käthe Kollwitz sculpture *Mother with Dead Son*, 1993

Rückenansicht der *Mutter mit zwei Kindern*, Bronze 1932–36 | Reverse view of *Mother with Two Children*, Bronze 1932–36

dependent art scene, which still had no intimation of the reunification that was approaching in the near future.
The impetus to establish the museum was the rescue of three bourgeois properties in Fasanenstraße, which had been badly damaged in the war but could still be saved; as a consequence of a citizens' initiative to which the Käthe Kollwitz Museum's founding father, art dealer and painter Hans Pels-Leusden belonged, they were acquired by the Deutsche Bank and reconstructed according to their original plans. At the last minute, since the wrecking ball had been ready and waiting to make way for an underpass to the urban motorway.
The three buildings listed as monuments were made available exclusively for cultural use, and so after restoration the first house in Fasanenstraße built in the style of a French city palais became home to Hans Pels-Leusden's private Kollwitz collection, and so the city where the artist had lived and worked for more than fifty years finally got its Käthe Kollwitz Museum.
In the newly founded museum, those responsible worked from the very beginning—even before the fall of the Berlin Wall—to release the artist from various historically-politically limiting aspects of her appropriation by the GDR, like her image as a "comrade to the struggling workforce" (Lüdecke 1951). The aim was to free her work from the widespread assumption that it was depressing "painting for the poor," a rather common view of her creative oeuvre—Max Lehrs, an early expert on and promoter of her art who had been director of Dresden's and later of Berlin's collections of graphic art, had already fought to prevent such a misunderstanding. The aim was to make the public increasingly aware of those aspects of Kollwitz's work that could change such firmly established impressions of the artist and her oeuvre. This also meant moving away from emphasis on the universally human focus of her oeuvre (mother-child, mankind, and death) and accentuating her artistic skill. The museum's efforts to show the qualities of her art as pure art is evidenced by a series of well-received special exhibitions in the years 1995, 2006, 2007, and 2011, together with accompanying catalogues.
The extent to which Kollwitz' art was still understood and received largely on the basis of its human content and message, even after 1990, may be seen in the use of the Kollwitz sculpture *Mother with Dead Son* (Pietà) (1937/38) as the model, enlarged by Berlin sculptor Harald Haacke, for the memorial in the FRG's central place of remembrance at the Neue Wache (1993). Of course, a considerable factor in this decision would have been the fact that the artist and her work had met with a generally positive reception in both parts of Germany, enjoying a status that made her into a potential figure of integration as the two parts of Germany grew together.
Precisely because the sculpture was conceived according to Kollwitz as "non religious" (diary, December 1939)—the figure is characterised,

Vitrinenausstellung im Kuppelsaal: Werkübersicht Harald Haake, 1994 | Exhibition in display cases in the Kuppelsaal: Survey of work by Harald Haake, 1994

Sonderausstellung mit dem Titel „Käthe Kollwitz: Bildhauerin aus Leidenschaft – Das plastische Werk“ stellt mit Hilfe von Entwurfszeichnungen und bisher unveröffentlichten Fotos von nicht mehr nachweisbaren plastischen Werken die engen Beziehungen zwischen dem grafischen und plastischen Werk der Kollwitz her. Das Denkmal der trauernden Eltern für den im Ersten Weltkrieg gefallenen Sohn Peter, das die Künstlerin wie kaum ein anderes Werk lange und intensiv beschäftigte, ist inzwischen international zum Symbol für die Trauer über alle Toten der Weltkriege geworden. Der begleitende Katalog wird die Lücke einer bis heute ausstehenden umfassenden Auseinandersetzung mit dem plastischen Werk der Künstlerin schließen.

Neben der künstlerisch-wissenschaftlichen Auseinandersetzung und der Pflege des Kollwitzschen Werkes besteht die Museumsarbeit auch in museumspädagogischer Heranführung von Kindern und Jugendlichen an die Kunst. Dies geschieht auf vielfältige Weise, sei es mit Sonderausstellungen von Schülerarbeiten, Workshops, Aufführungen und thematisch ausgerichteten Sonderführungen.

Die Werke der Kollwitz haben eine Überzeugungskraft, die sich nicht laut gebärdet. Trotz der Lage des Hauses in unmittelbarer Nähe des quirligen Kurfürstendamms empfängt den Besucher eine Oase der Ruhe, die nach innen gerichtete Konzentration anregt. Dementsprechend nachhaltig wirken die in den hohen und stillen Räumen ausgestellten Bilder, deren Anordnung und Aufteilung einer bestimmten, wenn auch von Ausstellung zu Ausstellung variierenden Ästhetik geschuldet ist, die seit 25 Jahren in harmonischer Zusammenarbeit von den Fachkräften der Firma museumstechnik berlin stets verstanden, aufgegriffen und verwirklicht wird. Dies gilt auch für alle weiteren Ausstellungsattribute, zum Beispiel die Gestaltung von Stoffbahnen, Texttafeln, Vitrinen etc. Hier spricht eine Kunst, die weder exaltierter Aufbereitung noch verharmlosender Glättung oder pedantischer Vermittlung bedarf.

Fotografien von der Ausstellung der Elternfiguren, Nationalgalerie, 1932 | Photographs showing the exhibition of the "Parents" figures, Nationalgalerie, 1932

not by humble acceptance but by doubt and scepticism concerning man's individual responsibility—despite considerable and sometimes vehemently expressed opposition in the press, Berlin's Käthe Kollwitz Museum continues to believe that the sculpture *Mother with Dead Son* is ideal to direct the thoughts and emotions of visitors to the memorial towards a determination for "Never again war!!" ...

Over the years, the numerous treasures housed in the museum have prompted many requests for loans, including internationally. On the occasion of Käthe Kollwitz' 125th birthday in 1992, for example, the museum provided significant loans to an exhibition organised by the National Gallery Washington. In addition, attention should be drawn to an exhibition tour through Japan, whereby a considerable part of the collection was made welcome at five Japanese museums in the context of the German-Japanese cultural year 2005/06. Kollwitz works from the Berlin museum will also be travelling long distances in the future. During the next two years, for example, exhibitions are being prepared in Russia, France, Korea and China.

To mark its twenty-fifth anniversary, the museum is devoting itself to the aspect of plastic production in the artist's oeuvre. The special exhibition entitled "Käthe Kollwitz: Passionate Sculptress—The Plastic Works" presents the close relationships between Kollwitz' graphic and plastic oeuvres with the aid of preparatory sketches and previously unpublished photographs of plastic works for which there is no other surviving evidence. The memorial of mourning parents made for her son Peter, who fell in the First World War, occupied the artist for longer and far more intensely than most other works and it has now become an international symbol of mourning for all the dead of the world wars. The accompanying catalogue will provide a comprehensive study of the artist's plastic work, filling a previously existing gap in the literature.

Besides artistic-academic debate and the cultivation of Kollwitz' work, the museum's work also includes educational services to introduce children and young people to art. This happens in a variety of ways, whether through exhibitions of schoolchildren's work, workshops, performances or special, thematically oriented guided tours.

Kollwitz' works possess a power of conviction that is not reliant on loud gestures. Despite the museum's location very close to the lively Kurfürstendamm, visitors are met by an oasis of peace that stimulates inward-looking concentration. The impact of the pictures exhibited in the high, quiet rooms is correspondingly lasting; their layout is based on particular aesthetics, although these do vary from one exhibition to the next, which have been understood, adopted, and implemented by the expert staff of the company museumstechnik berlin throughout twenty-five years of harmonious collaboration. This is also true of all the other features of the exhibitions, like the design of textiles, text boards, display cases, etc. The art expressed here requires no exalted preparation, smooth trivialisation, or pedantic mediation.

Blick in das Kellergeschoss des Kraftwerks Vockerode, 2011, aus der Serie „The Beauty of Ruins" |
View into the cellar of Vockerode power station, 2011, from the series "The Beauty of Ruins"

Heimatgeschichten in szenografischer Landschaft

Kulturhistorische Ausstellungsinszenierung und -rezeption zur Jahrtausendwende

Franziska Eidner

„mittendrin" war der Anfang. Der Einstieg. Persönliche Initialzündung. Aha-Erlebnis: Erweckung durch Exhibition! Ein stillgelegtes Kraftwerk wird zum kulturellen Energiefeld einer verloren geglaubten Region. Klingt pathetisch, von einer im Jahr 1998 knapp Zwanzigjährigen wurde aber ganz wahrhaftig so empfunden. Unglaublich verwegen und visionär kamen sie mir damals vor – die Macher dieser Ausstellung, die 1000 Jahre regionale Geschichte in den Brennkesseln des Kraftwerks Vockerode zeigten. Die diesen Ort mit viel Respekt inszenierten, ihm die eigene Vergangenheit nicht nahmen. Deren Ausstellung meine neuen Freunde aus Berlin, Leipzig und sogar Hamburg (!) in die sachsen-anhaltinische Provinz kommen ließ. In eine Region mit zahlreichen Hinterlassenschaften von Schwerindustrie und Bergbau, in der ich aufgewachsen bin und die ich gerade verlassen hatte, auf der Suche nach dem vermeintlich wahren Leben. Alles schien so bleiern, hoffnungslos, rückwärtsgewandt. Und plötzlich wurde dieser Industriekoloss in unmittelbarer Nachbarschaft meiner Heimatstadt Schauplatz einer als so progressiv wahrgenommenen Ausstellung. Die Maschinenhalle zu betreten, vor dem „Theatrum" zu stehen, durch die zwölf Ausstellungskapitel in den Brennkammern zu spazieren – die Erfahrung inszenierter Heimatgeschichte in einer bisher nicht gekannten Form – das war, ohne Übertreibung, in vielerlei Hinsicht wegweisend. Nicht nur für mich persönlich.

„mittendrin", die erste Landesausstellung Sachsen-Anhalts, veranstaltet von der Expo 2000 Sachsen-Anhalt GmbH, ist beispielhaft für einen neuen Typus kulturhistorischer Ausstellungen, der sich ab Mitte der 1990er Jahre in der Bundesrepublik entwickelte. Exemplarisch zum einen in Gegenstand, Örtlichkeit und Entstehungskontext der Präsentation, zum anderen in der Art und Weise des Zeigens, des Zur-Schau-Stellens. „mittendrin" führte fort, was wenige Jahre zuvor im Ruhrgebiet und im Saarland begonnen worden war und was auch in Sachsen-Anhalt seit der Eröffnung von „Ferropolis", der Baggerstadt, im Jahr 1995 zunehmend praktiziert wurde. Im postindustriellen Zeitalter, in Zeiten des tiefgreifenden strukturellen Wandels, der sich in den 1970er bis 80er Jahren mit dem Verschwinden der Schwerindustrie und des Bergbaus in Westdeutschland abzeichnete, in den neuen Bundesländern dann etwas zeitverzögert mit aller Wucht in den 1990er Jahren durchbrach und dessen Auswirkungen auch heute noch infrastrukturelle und demografische Konsequenzen haben, mussten sich ganze Regionen nicht nur wirtschaftlich neu definieren. In Gegenden wie Mitteldeutschland oder dem Ruhrpott war das Selbstverständnis ihrer Bewohner fast 150 Jahre lang maßgeblich durch die Industrie geprägt. Infolge des Verschwindens dieses Identitätsträgers kam der Kultur und in den 1990er Jahren insbesondere der kulturhistorischen Ausstellung eine besondere Rolle zu. Sie wurden – in unterschiedlichem Maße erfolgreich – zur Umcodierung, Neuprogrammierung der still- und leerstehenden Produktionsstätten genutzt und verbanden mit ihrer Rückschau auf die regionale Geschichte in der Regel auch die Betrachtung des strukturellen Wandels, der aktuellen Lebenssituation der Ausstellungsbesucher und deren mögliche Zukunft. Gleichzeitig etablierten sich in den 1990er Jahren neue Präsentationsformen, zu denen auch diese neuartigen „Heimatausstellungen" á la „mittendrin" und „unter strom" (1998/99), „Feuer & Flamme" (1994/95) oder „Sonne, Mond und Sterne. Kultur und Natur der Energie" (1999) maßgeblich beitrugen und die auch heute noch, mehr als eine Dekade später, das Ausstellungswesen nachhaltig beeinflussen.

Stories of *Heimat* in a Scenographic Setting

The Staging and Reception of Cultural Historical Exhibitions around the Turn of the Millennium

Franziska Eidner

"mittendrin" was the beginning. Introduction. My personal jump start. Eye-opener: awakened by an exhibition! A shut-down power station emerged as the cultural force-field of a region we had believed lost. It may have a ring of pathos, but someone who was not quite twenty in 1998 really did feel that way. At the time they seemed incredibly bold and visionary to me—the makers of that exhibition, which showed 1000 years of regional history in the boiler rooms of the Vockerode power station. Who presented the location with tremendous respect, not attempting to take its past away from it. Whose exhibition attracted my new friends from Berlin, Leipzig, and even Hamburg (!) to the provinces in Saxony-Anhalt. To a region with multiple legacies of heavy industry and mining, where I grew up and which I had just left, searching for "real life" as I saw it. Everything seemed so leaden, hopeless, backward-looking. And suddenly this industrial giant in direct proximity to my home town became the scene of an exhibition that was perceived as so progressive. Entering the machine halls, standing in front of the "theatrum," wandering through the twelve sections of the exhibition in the combustion chambers—an experience of local history staged in a previously unknown form—without exaggeration, it was pioneering in many respects. Not only for me personally.

"mittendrin," Saxony-Anhalt's first state exhibition, organised by the Expo 2000 Sachsen-Anhalt GmbH, was exemplary of a new type of cultural historical exhibition that developed in the Federal Republic of Germany in the nineteen-nineties. For one thing, it was exemplary in the subject, location, and developmental context of the exhibit, and on the other hand, with respect to the way in which it was shown, presented for viewing. "mittendrin" continued what had begun only a few years before in the Ruhrregion and Saarland and had been practised increasingly in Saxony-Anhalt since the opening of "Ferropolis," the bulldozer city, in 1995. In the post-industrial age—in times of deep-seated structural change first indicated by the disappearance of heavy industry and mining in West Germany in the nineteen-seventies to -eighties, and emerging in the new federal states rather belatedly but with great force in the nineties, its effects still leading to infrastructural and demographic consequences today—entire regions had to redefine themselves, and not only economically. In areas like Central Germany or the Ruhrregion, the inhabitants' self-image was shaped definitively by industry for almost 150 years. As a consequence of the disappearance of this identity-bearing factor, a special role was accorded to culture and particularly to cultural historical exhibitions in the nineties. They were used—with differing degrees of success—to re-encode and re-programme the closed-down, empty production sites and, as a rule, they combined observation of structural change, the current living situation of the exhibition visitors, and their possible future with a review of the region's history. At the same time, in the nineties new presentation forms were being established; the new types of "Heimat exhibition" á la "mittendrin" and "unter strom" (1998/99), "Feuer & Flamme" (1994/95), or "Sonne, Mond und Sterne. Kultur und Natur der Energie" (1999) contributed decisively to this change and still have an enduring influence on exhibition practice today, more than a decade later.

Structural Change and Cultural Identity

Whether the IBA, Expo, or Regionale—at the end of the twentieth and beginning of the twenty-first century there was a boom

Strukturwandel und kulturelle Identität

Ob IBA, Expo oder Regionale – im ausgehenden 20. und beginnenden 21. Jahrhundert hatten Stadt- und Regionalentwicklungsprogramme und -formate Konjunktur. Die Internationale Bauausstellung im Ruhrgebiet (1989–99), die IBA Emscher Park, markiert den Beginn dieser Entwicklung, bei der neben städtebaulichen auch ökonomische, ökologische ebenso wie kulturelle Ansätze verfolgt wurden. Vom Land Nordrhein-Westfalen ins Leben gerufen, ging es hier um nicht weniger als die Neuverortung der kulturellen Identität des „Kohlenpotts", der im Zuge der Zechenschließungen nun keiner mehr war. Sachsen-Anhalt, einstiges industrielles Zentrum Mitteldeutschlands, bewarb sich mit einer ähnlichen Intention als Korrespondenzregion zur Weltausstellung und verfolgte mit der Expo 2000 Sachsen-Anhalt GmbH (1995–2000) mehr als 30 Projekte eines umfassenden strukturellen Wandels. Kulturhistorische Ausstellungen dienten in beiden Bundesländern der publikumswirksamen Verknüpfung von kulturellem Erbe und dessen möglicher zukünftiger Transformation. „Feuer & Flamme" zeigte im Jahr 1994 im Gasometer Oberhausen „200 Jahre Ruhrgebiet" so erfolgreich und – selbst für die Ausstellungsmacher überraschend – publikumswirksam[2], dass es im darauffolgenden Jahr eine Wiederholung gab. „Es gibt ein Heimatmuseum, besser eine Heimatausstellung, die ihresgleichen sucht", schrieb ein Rezensent über „Feuer & Flamme". „Geschichte fühlen – spüren, dass man mit dem, was man dort sieht, zu tun hat, dass jeder Schritt, jedes Exponat in der Ausstellung das eigene Leben geprägt hat. (…) Frei von Pathos, assoziativ, informativ – einfach eine großartige Ausstellung."[3]

„Ich entdecke die Welt, in der ich aufgewachsen bin, neu."[1]

Als „Senkblei zur Selbstbefragung der Region"[4] bezeichnete Co-Kurator Gottfried Korff diesen umfassenden bilanzierenden Rückblick, den ersten seiner Art in der lange Zeit „geschichtsvergessensten Region Deutschlands"[5], der das „Industriezeitalter nicht als abgeschlossene Epoche betrachtet", sondern „das Zusammenspiel von Geschichte, Gegenwart und Zukunft"[6]. Die Ausstellung „erkundet nicht nur Traditionen, sondern fragt auch nach Visionen. Sie zeigt, wie sich das Industrierevier aus sich heraus neu gestaltet."[7]

Die kulturhistorische Rückschau als öffentlichkeitswirksames Mittel der kulturellen, ja quasi mentalen Verortung und Herleitung tiefgreifender strukturpolitischer Maßnahmen; das Sichtbarmachen von historischem Kapital, kulturellen Potenzialen für die postindustriellen Transformationsprozesse – darin liegt eines der Charakteristika dieser Landesausstellungen der 90er Jahre in Nordrhein-Westfalen und Sachsen-Anhalt. Die Landesausstellung als publikumswirksames Instrument politisch motivierter Geschichtsinterpretation mit der Integration eines „historisch-erzählenden und kunsthistorisch-zeigenden Gestus" hat spätestens mit der Stuttgarter Stauffer-Ausstellung von 1977 eine gewisse Tradition[8]. Mit „Feuer & Flamme", „mittendrin" und ihren Nachfolgeausstellungen erreichte dieses Format aber eine neue Blüte und Bedeutung durch die bewusste Verknüpfung mit der zukünftigen strukturpolitischen Agenda[9] und ihrer konzeptionell intendierten identitätsstiftenden Funktion. Stellvertretend sei hier aus dem Grußwort des damaligen sachsen-anhaltinischen Ministerpräsidenten zur Ausstellung „unter strom" im Kraftwerk Vockerode zitiert: „In Zeiten des Umbruchs ist es wichtig, die Bindungen an die Heimat zu stärken."[10]

Vom Industrie- zum Kulturort

Ohne die Ausstellungsorte selbst hätten diese Schauen vermutlich nie solche Popularität erfahren. Ausstellungsexponat Nr. 1 war daher auch immer der Ort selbst. Umgekehrt gelang erst durch die Ausstellungen eine Umcodierung, eine kulturelle Neuprogrammierung und in einigen Fällen die nachhaltige Etablierung einer neuen Nutzung. Erst durch Ausstellungen wie „Feuer & Flamme", „mittendrin" und „Sonne, Mond und Sterne" wurde das Potenzial von Industrieproduktionsstätten wie Gasometer, Kraftwerk und Kokerei als Erinnerungsorte deutlich, die dabei durch ihre Umnutzung in gewisser Weise noch über das Konzept der *lieux de memoire*[12] hinaus wiesen. Als „ Kölner Dom von Oberhausen"[13] bezeichnete beispielsweise ein Ausstellungsbesucher von „Feuer & Flamme" euphorisch den Gasometer, eine Journalistin nannte ihn den „Eiffelturm des Ruhrgebiets"[14] .

Im Unterschied zu der seit den 70er Jahren fortschreitenden Musealisierung des industriellen Erbes[15] ging es bei der Bespielung von Gasometer & Co. in den 90ern nicht dezidiert um Konservierung, sondern vor allem um (Re-)Vitalisierung[16]. Mit dieser Strategie der temporären Inbesitznahme von Industrieruinen waren wir damals vor allem durch die in den 90ern allgegenwärtige Technoszene vertraut. Ich erinnere mich noch an die nach dem Ausstellungsbesuch bei „mittendrin" durchtanzte Nacht im „Global Village" auf dem Gelände des stillgelegten Wallwitzhafens, die vor allem die westdeutschen Bekannten nun vollends vom „szenigen" Osten überzeugte.

„Wehe wird das abgerissen."[11]

Im Ruhrgebiet scheint die Umprogrammierung der einstigen „Kathedralen der Arbeit" geglückt – „Feuer & Flamme" beziehungsweise „Sonne, Mond und Sterne" lassen sich hier als Anfänge und Begründer einer neuen Tradition des Zeigens, einer neuen kulturellen und touristischen Schaufensterfunktion der einstigen Produktionsstätten lesen.[17] Die im Zuge von „Feuer & Flamme" gegründete städtische Gasometer Oberhausen GmbH veranstaltet noch immer Ausstellungen – von „Der Ball ist rund" (2000) bis hin zu „Magische Orte" (2011). Die Zeche Zollverein, mit der Kokerei Zollverein Präsentationsort von „Sonne, Mond und Sterne", wurde UNESCO-Weltkulturerbe und beherbergt heute unter anderem nach einem Umbau von Rem Koolhaas

in urban and regional development programmes and formats. The International Building Exhibition in the Ruhr region (1989–99), the IBA Emscher Park, marked the beginning of this development; it pursued economic, ecological and cultural starting points alongside the urban developmental. Initiated by the state of North Rhine-Westphalia, it was no less a matter than relocating the Ruhr region's cultural identity, which had become no identity at all in the wake of pit closures. Saxony-Anhalt, as a corresponding region once at the industrial heart of Central Germany, applied for the World Exhibition with similar intentions and pursued a comprehensive change of structure with thirty projects realised by the Expo 2000 Sachsen-Anhalt GmbH (1995–2000). In both federal states, exhibitions of cultural history functioned by linking cultural heritage to conceivable future transformation in a publicly effective way. In 1994 "Feuer & Flamme" in Oberhausen gasometer presented two hundred years of regional history ("200 Jahre Ruhrgebiet") in such a successful way[2] and—even the exhibition makers were surprised by this—with such public impact that it was repeated a year later. "This is one *Heimat* museum, or rather *Heimat* exhibition, which is incomparable," one reviewer wrote about "Feuer & Flamme." "To feel history—sense that you are truly connected to what you see there, knowing that every stage, every exhibit in the exhibition has shaped your own life. … Free of pathos, associative, informative—simply a marvellous exhibition."[3]

"I am rediscovering the world in which I grew up."[1]

Co-curator Gottfried Korff described this comprehensive retrospective stocktaking, the first of its kind in a long time, as a "plumb-line for the region's self-questioning"[4] in the "German region most mindful of its history,"[5] which "does not regard the industrial age as a closed epoch," but as "the interplay of history, present and future."[6] The exhibition "not only investigates traditions, but also enquires about visions. It shows how the industrial region is redesigning itself from within."[7] The cultural-historical retrospective exhibition as a publicly effective means of cultural, perhaps even mental relocation and the source of far-reaching structural policies, the visualisation of historic capital, of cultural potentials for post-industrial processes of transformation—these were some of the characteristics of those state exhibitions in North Rhine-Westphalia and Saxony-Anhalt in the nineties. The state exhibition as a publicly effective instrument of politically motivated interpretations of history, integrating a "historically narrative and art-historically revealing gesture" has enjoyed a certain tradition since Stuttgart's "Stauffer" exhibition of 1977.[8] In "Feuer & Flamme" and "mittendrin" and the exhibitions that followed, however, this format attained new heights and significance through conscious linking with the future agenda[9] of structural policy and its conceptually intended identity-generating function. The words of greeting of the Minister President of Saxony-Anhalt at the time, Reinhard Höppner, to the exhibition "unter strom" in the power station can be cited as representative: "In times of radical change it is important to consolidate our ties to home."[10]

From Industrial Site to Cultural Venue

Probably, these shows would not have been so popular without the exhibition locations themselves. Exhibit no. 1, therefore, was always the place itself. But the other way around, it was only via the exhibition that the venue's successful recoding, a cultural reprogramming, and in some cases the permanent establishment of reuse could be brought about. Only exhibitions such as "Feuer & Flamme," "mittendrin," and "Sonne, Mond und Sterne" evidenced the potential of industrial production sites like gasometers, power stations, and coking works as places of memory, which even point in a certain sense, via their reuse, beyond the concept of the *lieux de memoire*.[12] For example, one exhibition visitor to "Feuer & Flamme" euphorically referred to the gasometer as "Oberhausen's Cologne Cathedral,"[13] and one journalist called it the "Eiffel Tower of the Ruhr region."[14]

By contrast to industrial heritage's transformation into museum-like venues occurring since the seventies,[15] the staging of events in the gasometer etc. during the nineties was not a matter of decisive conservation, but primarily of revitalisation.[16] At that time, we were familiar with this strategy of temporary possession of industrial ruins, predominantly because of the omnipresent techno-scene of the nineties. I still remember, after that visit to the exhibition "mittendrin", dancing through the night in "Global Village" located on the site of the abandoned Wallwitzhafen (port area), which completely convinced our West German acquaintances of the East's "in" character.

In the Ruhr region, the reprogramming of the former "cathedrals of work" seems to have been successful—here "Feuer & Flamme" or "Sonne, Mond und Sterne" can be interpreted as the beginning, the foundation to a new tradition of exhibiting, as former production sites take on a new display window function oriented on culture and tourism.[17] The municipal Gasometer Oberhausen GmbH founded in the course of "Feuer & Flamme" is still organising exhibitions today—from "Der Ball ist rund" (2000) to "Magische Orte" (2011). Zollverein Mine, the venue for "Sonne, Mond und Sterne" together with the coking works Zollverein, has become a UNESCO world cultural heritage site. Among other things, after conversion work by Rem Koolhaas and Heinrich Böll, it now houses the Ruhr Museum, which sees itself as the "memory and display window of the Ruhr metropolis."[18]

"Don't dare to demolish."[11]

In a certain sense, when the Ruhr-Museum moved in, this marked a turnabout or rather a turn away from a trend which "mittendrin" & co. also exemplified. The exhibition boom of the late eighties and nineties—9,000 exhibitions took place across Germany in the "mittendrin" year 1998 alone[19]—started the separation of the medium exhibition from its traditional places of presentation to a previously unknown extent. Successful historical exhibitions no longer took place in the clean surroundings of museums or exhibition halls, but in dirty sheds and boiler

und Heinrich Böll das Ruhr-Museum, das sich als „Gedächtnis und Schaufenster der Metropole Ruhr“[18] versteht.
In gewisser Weise markiert der Einzug des Ruhr-Museums die Umkehr oder vielmehr Abkehr von einem Trend, für den „mittendrin“ & Co. ebenfalls exemplarisch standen. Mit dem Ausstellungsboom der späten 80er und 90er Jahre – allein im „mittendrin“-Jahr 1998 fanden deutschlandweit 9000 Ausstellungen statt[19] – löste sich das Medium Ausstellung in bisher nicht gekanntem Ausmaß von tradierten Orten der Präsentation. Die erfolgreichen historischen Ausstellungen fanden nicht mehr in der „cleanen“ Umgebung von Museen oder Ausstellungshäusern statt, sondern in schmutzigen Hallen und Kesseln.[20] Museumskonservatorische Argumente wurden denn auch oft ins Feld geführt, wenn bedeutende Ausstellungshäuser ihre Leihgaben verweigerten. Von den Schwierigkeiten der Ausstellung „mittendrin“ weiß ich nur aus Erzählungen[21], aber selbst bei der Nachfolgeausstellung „unter strom“, für die ich mein Studium aussetzte, um als Praktikantin im Kraftwerk mitzuarbeiten, waren Bedenken und äußerst zögerliches Verhalten angefragter Leihgeber an der Tagesordnung. Dabei waren diese Schwierigkeiten möglicherweise auch Ausdruck der Ressentiments gegen solche vermeintlich oberflächlichen Ausstellungsevents.

„Ich habe gestaunt und das ist viel im späten 20. Jahrhundert.“ 22

Szenografische Merkwelten

„Sie setzen auf Staunen und Irritation; sie spekulieren auf den Rezipienten als aktiven Sinnproduzenten, sie arbeiten mit Witz und Ironie“[23], so charakterisierte der renommierte Kulturwissenschaftler und Ausstellungsmacher Gottfried Korff die Präsentationsstrategie, die „mittendrin“ & Co. zu eigen war. Ihre Anfänge sind möglicherweise in der großen Preußen-Ausstellung von 1981 im Martin-Gropius-Bau zu suchen, ihren Höhepunkt (und ihre Überstrapazierung) fanden sie zur Jahrtausendwende mit den Ausstellungen der Expo 2000 in Hannover und der Mega-Schau „Sieben Hügel“ (ebenfalls im Berliner Martin-Gropius-Bau)[24]. Was diese „Ausstellungen attraktiv macht“, so Korff, sei „freilich paradoxerweise auch der Grund dafür, dass ihnen mangelnde Seriosität und mangelnde Wissenschaftlichkeit vorgeworfen wird.“[25] Dabei weist er den oft geäußerten Vorwurf der Popularisierung im Sinne einer Verflachung entschieden zurück – diese Ausstellungen seien vielmehr „in Raum und Zeit verdichtete Merkwelten mit einer hochgradig emotiv wirkenden Anmutungsqualität“[26], in denen es um Wissenspartizipation gehe. Die verstärkte Inszenierung von Ausstellungsräumen mag den Entertainmentansprüchen der Erlebnisgesellschaft entgegengekommen sein – begründet ist sie aber vielmehr in der Hinwendung der Ausstellungspraxis zum originalen Objekt, zu lebensalltäglichen Exponaten[27]. Die „Aura“ dieser Alltagsobjekte sei deren „dinghaft gewordene Lebensspur“, ihr Reiz liege nicht in der formalen Schönheit, sondern in ihrer Menschlichkeit. Diese mache ihre Inszenierung notwendig, da sie selbst kaum ästhetischen Eigenwert besäßen. „Feuer & Flamme“ begann mit einer Präsentation von Andenken in einem „Museum der Empfindungen“, im Kraftwerk Vockerode wurde die Schau von mehr als 1500 Objekten mit einem „Theatrum“ ausgewählter, teilweise skurriler Exponate eröffnet – Präsentationsformen, die auch die Tradition der Wunderkammern aufgreifen und an Daniel Spoerris und Marie-Louise von Plessens „Museé sentimental“ anknüpfen, das sie erstmals in der legendären Preußen-Ausstellung 1981 zeigten. „Feuer & Flamme“ und Co. nutzten die Szenografie, ohne überzuinszenieren, sie lieferten keine „eingefrorenen Geschichtsbilder“ – ohne Text und Kontextualisierung – wie sie in den 80er Jahren noch populär waren, etwa im Ruhrlandmuseum oder im Haus der Geschichte Baden-Württemberg[28]. Szenografie, so eine oft geäußerte Kritik, habe die Tendenz „ihre Objekte zu entmündigen, wo sie vorgab, sie zum Sprechen zu bringen, indem sie die Botschaften, die historischen Atmosphären, die der Besucher den ausgestellten Objekten sonst in mikroskopischer Seharbeit und Assoziationsanstrengung hätte entnehmen müssen, in Symbolarchitekturen plakativ veräußerlichte.“[29] „Feuer & Flamme“, „mittendrin“ und „Sonne. Mond und Sterne“ tappten vielleicht auch deshalb nicht in diese Falle, weil die Kulisse der Industriearchitektur zu dominant war, als dass man gegen sie mit szenografischen Mitteln angekommen wäre.
Sicher liegt der Erfolg dieser Ausstellungen zu einem nicht unerheblichen Teil in ihrer Pionierhaftigkeit, ihrem spektakulären Umfeld und in dem Transformationsprozess begründet, in dessen Umfeld sie entstanden und in dem solche grundlegenden historischen Standortbestimmungen mehr als willkommen waren. Aber mit ihrer Präsentationsform, ihrer Art der Vermittlung weisen sie auch über ihren Entstehungskontext hinaus. Sie verbanden die einst konträren Gattungen der Themen- und Kunstausstellung etwa mit der Videoinstallation *Jeder Engel ist schrecklich* von Marie-Jo Lafontaine im Gasometer oder Raffael Rheinsbergs *Mosaik der Zeit* bei „Sonne, Mond und Sterne“, sie brachten mit ihrem lebens- und alltagsgeschichtlichen Ansatz den individuellen Biografien eine große Wertschätzung entgegen und integrierten mit Leichtigkeit unterschiedlichste Disziplinen, Perspektiven und Medien. Auch darin liegt der „Sex-Appeal“ dieser Ausstellungen begründet – in diesem Gestus des Zeigens, wie er auch noch etwa in den heutigen Präsentationen des Deutschen Hygiene Museums oder im Ruhr-Museum ablesbar ist, und ohne den die zu Beginn erwähnte Erweckung wohl niemals hätte stattfinden können.

rooms.[20] When important exhibition institutions refused to provide loans, their arguments were often connected with conservation issues. I know about the difficulties experienced by the exhibition "mittendrin" only from anecdotes,[21] but even the subsequent exhibition "unter strom," for which I interrupted my studies to work as an intern at the power station, met with a daily agenda of doubts and extremely hesitant action on the part of the lenders approached. It is possible, however, that these difficulties were also an expression of resentment against such supposedly superficial exhibition events.

Striking Scenographic Worlds

"They place their stake on astonishment and irritation; they speculate with the recipient as an active generator of meaning, they work using wit and irony,"[23] were words used by acclaimed cultural scientist and exhibition maker Gottfried Korff to characterise the presentation strategy employed by "mittendrin" & co. Perhaps their roots may be sought in the great 1981 Prussian exhibition in the Martin-Gropius-Building, and they reached their climax (and were overstretched) at the turn of the millennium with the Expo 2000 in Hanover and the mega-show "Sieben Hügel" (also in Berlin's Martin-Gropius-Building).[24] What made these "exhibitions attractive," according to Korff, was "paradoxically, no doubt also the reason why they have been accused of a lack of seriousness and academic quality."[25] Here, he decisively rejects the frequently expressed reproach of popularisation in the sense of levelling out—rather, these exhibitions are "striking worlds condensed in time and space, with a tremendous emotional impact and attraction,"[26] which are all about participating in knowledge. The heightened staging of exhibition spaces may comply with the fun society's demands for entertainment—but the reason behind it lies in exhibition practice's move towards the original object, to exhibits of everyday life.[27] The "aura" of these everyday objects is their "trace of life becomes concrete," their attraction lies in their humanity rather than in formal beauty. This makes it necessary to stage them, as they have so little aesthetic value in themselves. "Feuer & Flamme" began by presenting souvenirs in a "Museum of Senses," while in Vockerode power station the show of more than 1,500 objects was opened with a "theatrum" of selected, sometimes scurrilous exhibits—these are presentation forms that take up the tradition of curiosity cabinets and adopt Daniel Spoerri's and Marie-Louise von Plessen's "museé sentimental," which they demonstrated for the first time in the legendary Prussian exhibition of 1981. "Feuer & Flamme" and co. employed scenography without over-staging, they did not submit "frozen images of history"—without text or contextualising—as was still popular in the eighties, e.g., in the Ruhrlandmuseum or the Haus der Geschichte Baden-Württemberg.[28] Scenography, according to frequently expressed criticism, has a tendency "to disfranchise objects while claiming to give them a voice, inasmuch as the messages and historical atmospheres which visitors would otherwise have had to deduce from the exhibited objects via microscopic observation and efforts of association were expressed strikingly in symbolic architectures."[29] "Feuer & Flamme," "mittendrin," and "Sonne. Mond und Sterne" did not fall into this trap, perhaps, because the back-drop of industrial architecture was too dominant to be countermanded successfully by scenographic means.

"I was astonished, and that's saying a lot in the late 20th century."[22]

The success of these exhibitions doubtless lay to a considerable degree in their pioneering quality, in their spectacular surroundings, and in the transformation process within which they came about—one in which such fundamental, historical definitions of location were more than welcome. But their presentation form, their means of mediation mean that they also point beyond the context of their genesis. They combined the once contrary genres of thematic and art exhibitions, for example, with the video installation *Jeder Engel ist schrecklich* by Marie-Jo Lafontaine in the gasometer or Raffael Rheinsberg's *Mosaik der Zeit* at "Sonne, Mond und Sterne." Their approach to life and everyday history enabled them to attribute great significance to individual biographies, and they integrated a wide range of disciplines, perspectives, and media with seeming ease. This was also the basis of these exhibitions' "sex-appeal"—this gesture of showing, as can still be seen in the current presentations of the Deutsches Hygiene Museum today, for example, or in the Ruhr-Museum, and which probably could never have come about without the awakening cited at the outset.

Anmerkungen

1 Besucherbucheintrag zur Ausstellung „Sonne, Mond und Sterne“, zitiert nach: Borsdorf Ulrich/Korff, Gottfried/Steiner, Jürg: *Sonne, Mond und Sterne. Kultur und Natur der Energie. Ein Rückblick.* Essen 2000, S. 61

2 Vgl. das Interview mit Ulrich Bosdorf, in: Steiner, Jürg (Hg.): *Museumstechnik. Festschrift zum zehnjährigen Bestehen.* Berlin 1997, S. 27. Die Ausstellung zählte bei einer Laufzeit von etwas über drei Monaten 200.000 Besucher und war damit die erfolgreichste historische Ausstellung des Jahres 1994.

3 Siepmann, Bernd: Foyer 09/1994, zitiert nach: Borsdorf, Ulrich/ Brüggemeier, Franz-Josef/ Korff, Gottfried/Steiner, Jürg (Hg.): *Feuer & Flamme. Eindrücke einer Ausstellung im Gasometer Oberhausen.* Essen 1995, S. 59

4 Vgl. Korff, Gottfried: „Die Ausstellung: Prinzipien, Linien und Wege“. In: Borsdorf Ulrich/Brüggemeier, Franz-Josef /Korff, Gottfried /Steiner, Jürg (Hg.): *Feuer und Flamme – 200 Jahre Ruhrgebiet.* Essen 1994, S. 30–40

5 Ebd.

6 Ebd.

7 Ebd.

8 Vgl. Korff, Gottfried: „Zielpunkt: Neue Prächtigkeit? Notizen zur Geschichte kulturhistorischer Ausstellungen in der ‚alten' Bundesrepublik“. In: Ders.: *Museumsdinge. Deponieren – exponieren.* Köln/ Weimar/Wien 2002, S. 24–48

9 Bei „mittendrin“ und „unter strom“ in Sachsen-Anhalt ist allerdings anzumerken, dass die Verortung in Gegenwart und Zukunft vor allem durch die Begleitprogramme und Einbindung in die Kommunikation der Expo 2000 Sachen-Anhalt GmbH vorgenommen wurde.

10 Höppner, Reinhard: „Grußwort des Schirmherrn“. In: Brüggemeier, Franz-Josef/Korff, Gottfried /Steiner, Jürg: *unter strom. Energie, Chemie und Alltag in Sachsen-Anhalt 1890–1990.* Lutherstadt Wittenberg 1999, S. 7

11 Kommentar aus dem Besucherbuch zur Ausstellung „mittendrin“, nachzulesen in: Brüggemeier, Franz-Josef/Korff, Gottfried /Steiner, Jürg: (Hg.): *mittendrin. Sachsen-Anhalt in der Geschichte. Dokumente zur Ausstellung im stillgelegten Kraftwerk Vockerode.* Lutherstadt Wittenberg 1998, S. 90

12 Zum Konzept der Erinnerungsorte des französischen Historikers Pierre Nora (1995) mit spezifisch deutscher Perspektive vgl. u. a. Francois, Etienne/Schulz, Hagen: *Deutsche Erinnerungsorte.* München 2001

13 Besucherbucheintrag bei „Feuer & Flamme“, zitiert nach: Borsdorf, Ulrich/Brüggemeier, Franz-Josef/ Korff, Gottfried/Steiner, Jürg (Hg.): Feuer & Flamme. *Eindrücke einer Ausstellung im Gasometer Oberhausen.* Essen 1995, S. 74

14 Ebd., S.22

15 Vgl. u. a. Hauser, Susanne: „Musealisierung der Industrie – Praktiken der Erinnerung“. In: Oswalt, Philipp (Hg.): *Schrumpfende Städte*, Bd. 2: *Handlungskonzepte*. Ostfildern-Ruit 2005, S. 816–822

16 Im Vordergrund stand nicht die Erläuterung der technischen Abläufe und früheren industriellen Nutzung – anders als etwa beim ersten deutschen Museum für Industriekultur, das 1979 in der Maschinenhalle Zeche Zollern in Dortmund gegründet wurde. Als „Mischform“ könnte man die Völklinger Hütte im Saarland interpretieren, die sich selbst als Europäisches Zentrum für Kunst und Industriekultur definiert.

17 Die Zukunft des Kraftwerks Vockerode hingegen ist noch immer ungewiss. Im Jahr 2001 wurden die vier markanten Schornsteine abgerissen. Gelegentlich dient das Kraftwerk als Kulisse für eine Tanzinszenierung. Nordrhein-Westfalen und Sachsen-Anhalt operierten hier freilich mit äußerst unterschiedlichen Budgets und unterschiedlichen strukturellen Voraussetzungen.

18 Vgl. die Selbstdarstellung des Museums auf http://www.ruhrmuseum.de.

19 Vgl. Schwarz, Ulrich: „Entstehungsphasen einer Ausstellung“. In: Schwarz, Ulrich/Teufel, Philipp: *Handbuch Museographie und Ausstellungsgestaltung.* Ludwigsburg 2001, S. 16–37

20 Parallel dazu diversifiziert sich das Berufsfeld im Ausstellungswesen seit den ersten „Blockbuster-Ausstellungen“ der 80er Jahre zunehmend. Neben der Museumswelt etablieren sich freie Kuratoren, Produktionsgesellschaften und Ausstellungsgestalter. So formierte sich nach der erfolgreichen Ruhrgebietsausstellung etwa die „Feuer & Flamme Ausstellungsgesellschaft“, die u.a. mit Konzept und Realisierung von „Sonne, Mond und Sterne“ beauftragt wird.

21 Vgl. auch Korff, Gottfried: „mittendrin – Zu den Schwierigkeiten einer kulturhistorischen Ausstellung an einem ungewöhnlichen Ort“. In: Brüggemeier, Franz-Josef/Korff, Gottfried /Steiner, Jürg: (Hg.): *mittendrin. Sachsen-Anhalt in der Geschichte. Dokumente zur Ausstellung im stillgelegten Kraftwerk Vockerode.* Lutherstadt Wittenberg 1998, S. 17–22

22 Besucherbucheintrag zur Ausstellung „Sonne, Mond und Sterne“, zitiert nach: Borsdorf Ulrich/Korff, Gottfried/Steiner, Jürg: *Sonne, Mond und Sterne. Kultur und Natur der Energie. Ein Rückblick.* Essen 2000, S. 61.

23 Vgl. Korff, Gottfried: „Das Popularisierungsdilemma“. In: Landesmuseum für Technik und Arbeit Mannheim (Hg.): *Zauberformeln des Zeitgeistes. Erlebnis, Event, Aufklärung, Wissenschaft. Wohin entwickelt sich die Museumslandschaft?*, Mannheim 2001, S. 49–63, S. 52

24 So bezeichnete der „Sieben-Hügel“-Kurator Bodo-Michael Baumunk die bis dahin teuerste und aufwendigste Schau selbst als Abschied vom „Event“. Vgl. Baumunk, Bodo-Michael: „Abschied vom Event“. In: Gerhard Kilger (Hg.): Szenografie in Ausstellungen und Museen. Essen 2004, S. 10–17

25 Vgl. Korff, Gottfried: „Das Popularisierungsdilemma“. In: Landesmuseum für Technik und Arbeit Mannheim (Hg.): *Zauberformeln des Zeitgeistes. Erlebnis, Event, Aufklärung, Wissenschaft. Wohin entwickelt sich die Museumslandschaft?*, Mannheim 2001, S. 49–63, S. 52.

26 Ebd.

27 Dies geht einher mit einer veränderten Rezeption von Benjamins Aura-Begriff. Vgl. dazu auch: Korff, Gottfried: „Zielpunkt: Neue Prächtigkeit? Notizen zur Geschichte kulturhistorischer Ausstellungen in der ‚alten' Bundesrepublik“. In: Ders.: *Museumsdinge. Deponieren – exponieren.* Köln/Weimar/Wien 2002, S. 24–48

28 Vgl. u. a. Schmidt, Martin: „Das magische Dreieck. Zur Einführung“. In: Kirchoff, Heike/ Schmidt,Martin (Hg.): *Das magische Dreieck. Die Museumsausstellung als Zusammenspiel von Kuratoren, Museumspädagogen und Gestaltern.* Bielefeld 2007, S. 11–26 sowie Schwarz, Ulrich: „Entstehungsphasen einer Ausstellung“. In: Schwarz, Ulrich/Teufel, Philipp: *Handbuch Museographie und Ausstellungsgestaltung.* Ludwigsburg 2001, S. 16–37

29 Vgl. Baumunk, Bodo-Michael: „Abschied vom Event“. In: Gerhard Kilger (Hg.): Szenografie in *Ausstellungen und Museen*. Essen 2004, S. 10

Notes

1 Entry in the visitor's book of the exhibition "Sonne, Mond und Sterne," quoted from: Borsdorf Ulrich/Korff, Gottfried/Steiner, Jürg: *Sonne, Mond und Sterne. Kultur und Natur der Energie. Ein Rückblick.* Essen 2000, p. 61.

2 Cf. the interview with Ulrich Bosdorf in: Steiner, Jürg (ed.): *Museumstechnik. Festschrift zum zehnjährigen Bestehen.* Berlin 1997, p. 27. Over a duration of little more than three months, the exhibition welcomed 200,000 visitors and was therefore the most successful historical exhibition of 1994.

3 Siepmann, Bernd: *Foyer* 09/1994, quoted from: Borsdorf, Ulrich/Brüggemeier, Franz-Josef/ Korff, Gottfried/Steiner, Jürg (eds.): *Feuer & Flamme. Eindrücke einer Ausstellung im Gasometer Oberhausen.* Essen 1995, p. 59.

4 Cf. Korff, Gottfried: "Die Ausstellung: Prinzipien, Linien und Wege". In: Borsdorf Ulrich/Brüggemeier, Franz-Josef /Korff, Gottfried /Steiner, Jürg (eds.): *Feuer und Flamme – 200 Jahre Ruhrgebiet.* Essen 1994, pp. 30–40.

5 Ibid.

6 Ibid.

7 Ibid.

8 Cf. Korff, Gottfried: "Zielpunkt: Neue Prächtigkeit? Notizen zur Geschichte kulturhistorischer Ausstellungen in der ‚alten' Bundesrepublik." In: same author.: *Museumsdinge. Deponieren – exponieren.* Cologne/Weimar/Vienna 2002, pp. 24–48.

9 However, in the case of "mittendrin" and "unter strom" in Saxony-Anhalt it should be noted that any location in the present and future was attempted mainly by the accompanying programme and inclusions in the materials communicated by the Expo 2000 Sachen-Anhalt GmbH.

10 Höppner, Reinhard: "Grußwort des Schirmherrnn." In: Brüggemeier, Franz-Josef/Korff, Gottfried /Steiner, Jürg: *unter strom. Energie, Chemie und Alltag in Sachsen-Anhalt 1890–1990.* Lutherstadt Wittenberg 1999, p. 7.

11 Comment from the visitor's book of the exhibition "mittendrin," to be found in: Brüggemeier, Franz-Josef/Korff, Gottfried / Steiner, Jürg: (eds.): *mittendrin. Sachsen-Anhalt in der Geschichte. Dokumente zur Ausstellung im stillgelegten Kraftwerk Vockerode.* Lutherstadt Wittenberg 1998, p. 90.

12 On the concept of places of memory by French historian Pierre Nora (1995) with a specific German perspective, cf. e.g., Francois, Etienne/Schulz, Hagen: *Deutsche Erinnerungsorte.* Munich 2001.

13 Entry in the visitor's book of "Feuer & Flamme," quoted from: Borsdorf, Ulrich/Brüggemeier, Franz-Josef/ Korff, Gottfried/ Steiner, Jürg (eds.): *Feuer & Flamme. Eindrücke einer Ausstellung im Gasometer Oberhausen.* Essen 1995, p. 74.

14 Ibid., p.22.

15 Cf. e.g.. Hauser, Susanne: "Musealisierung der Industrie – Praktiken der Erinnerung." In: Oswalt, Philipp (ed.): *Schrumpfende Städte*, Vol. 2: *Handlungskonzepte.* Ostfildern-Ruit 2005, pp. 816–822.

16 Here, the emphasis was not on the explanation of technical processes and earlier industrial usage–by contrast to the first major German museum of industrial culture, for example, which was founded in the machine shed of the Zollern Mine, Dortmund in 1979. One could interpret the Völklinger Foundry in Saarland as a mixed form; it defines itself as a European centre of art and industrial culture.

17 By contrast, the future of the power station Vockerode is still uncertain. In 2001, the four striking chimneys were demolished. The power staion is occasionally used as the backdrop to dance performances. Of course North Rhine-Westphalia and Saxony-Anhalt were operating with extremely different budgets and differing structural preconditions.

18 Cf. the museum's own description at http://www.ruhrmuseum.de.

19 Cf. Schwarz, Ulrich: "Entstehungsphasen einer Ausstellung." In: Schwarz, Ulrich/Teufel, Philipp: *Handbuch Museographie und Ausstellungsgestaltung.* Ludwigsburg 2001, pp. 16–37.

20 Parallel to this, the professional field in exhibition-making has become more diversified since the first "blockbuster-exhibitions" of the nineteen-eighties. Freelance curators, production companies and exhibition designers have become established in addition to the traditional museum sphere. Thus, for example, the "Feuer & Flamme Ausstellungsgesellschaft" was set up after the successful Ruhr region exhibition and commissioned, among other things, with the concept and realisation of "Sonne, Mond und Sterne."

21 Cf. also Korff, Gottfried: "mittendrin – Zu den Schwierigkeiten einer kulturhistorischen Ausstellung an einem ungewöhnlichen Ort." In: Brüggemeier, Franz-Josef/Korff, Gottfried /Steiner, Jürg: (eds.): *mittendrin. Sachsen-Anhalt in der Geschichte. Dokumente zur Ausstellung im stillgelegten Kraftwerk Vockerode.* Lutherstadt Wittenberg 1998, pp. 17–22.

22 Entry in the visitor's book of "Sonne, Mond und Sterne," quoted from: Borsdorf Ulrich/Korff, Gottfried/Steiner, Jürg: *Sonne, Mond und Sterne. Kultur und Natur der Energie. Ein Rückblick.* Essen 2000, p. 61.

23 Cf. Korff, Gottfried: "Das Popularisierungsdilemma." In: Landesmuseum für Technik und Arbeit Mannheim (ed.): *Zauberformeln des Zeitgeistes. Erlebnis, Event, Aufklärung, Wissenschaft. Wohin entwickelt sich die Museumslandschaft?*, Mannheim 2001, pp. 49–63, p. 52.

24 Even the curator of "Sieben-Hügel," Bodo-Michael Baumunk, described the most expensive and lavish show up to that time as a farewell to the "event." Cf. Baumunk, Bodo-Michael: "Abschied vom Event." In: Gerhard Kilger (ed.): *Szenografie in Ausstellungen und Museen.* Essen 2004, pp. 10–17.

25 Cf. Korff, Gottfried: "Das Popularisierungsdilemma." In: Landesmuseum für Technik und Arbeit Mannheim (ed.): *Zauberformeln des Zeitgeistes. Erlebnis, Event, Aufklärung, Wissenschaft. Wohin entwickelt sich die Museumslandschaft?*, Mannheim 2001, pp. 49–63, p. 52.

26 Ibid.

27 This goes hand in hand with changes in the reception of Benjamin's concept of aura. On this, cf. also: Korff, Gottfried: "Zielpunkt: Neue Prächtigkeit? Notizen zur Geschichte kulturhistorischer Ausstellungen in der 'alten' Bundesrepublik." In: same author: *Museumsdinge. Deponieren – exponieren.* Cologne/Weimar/Vienna 2002, pp. 24–48.

28 Cf. e.g. Schmidt, Martin: "Das magische Dreieck. Zur Einführung." In: Kirchoff, Heike/ Schmidt,Martin (eds.): *Das magische Dreieck. Die Museumsausstellung als Zusammenspiel von Kuratoren, Museumspädagogen und Gestaltern.* Bielefeld 2007, pp. 11–26 and Schwarz, Ulrich: "Entstehungsphasen einer Ausstellung." In: Schwarz, Ulrich/Teufel, Philipp: *Handbuch Museographie und Ausstellungsgestaltung.* Ludwigsburg 2001, pp. 16–37.

29 Cf. Baumunk, Bodo-Michael: "Abschied vom Event." In: Gerhard Kilger (ed.): *Szenografie in Ausstellungen und Museen.* Essen 2004, p. 10.

Feuer & Flamme. 200 Jahre Ruhrgebiet

Ausstellungsbauten für die kulturhistorische Landesausstellung im Gasometer Oberhausen

Franziska Eidner

Eigentlich war der Abriss des 1988 stillgelegten Gasometers im nordrheinwestfälischen Oberhausen schon fast eine beschlossene Sache. Im Rahmen der Internationalen Bauausstellung Emscher Park bekam er aber noch einmal eine neue Chance – aus dem einstigen Industrietempel hat sich mittlerweile ein spektakuläres Ausstellungshaus entwickelt. Initialzündung für diese „Erfolgsstory" des strukturellen Wandels war die Ausstellung „Feuer & Flamme". Dreieinhalb Monate lang war der Gasometer im Jahr 1994 Schauplatz für eine kulturhistorische Bestandsaufnahme des Ruhrgebiets. Fast 200.000 Menschen wollten sie sehen und machten „Feuer & Flamme" so zur erfolgreichsten Geschichtsausstellung des Jahres.

Was heute zum bewährten Instrumentarium postindustrieller Stadt- und Regionalentwicklung zählt, war zu Beginn der 1990er Jahre noch absolutes Neuland und ein Wagnis. Dem Umbau des 116 Meter hohen Gasturms zur Ausstellungshalle gingen intensive Gespräche und mühsame Überzeugungsarbeit voraus. Die erforderlichen Umbaumaßnahmen waren nicht unerheblich und schließlich überschnitten sich dann die erforderlichen Sanierungsmaßnahmen mit dem temporären Ausstellungsaufbau. So mussten unter anderem 600 Tonnen schwere Betongewichte von der ehemaligen Gasdruckscheibe entfernt werden. Sie wurde auf 4,20 Meter fixiert und dient nun als zweite Präsentationsebene. Während noch die Aufzüge und eine Tribüne installiert wurden, begann die museumstechnik berlin bereits mit der Montage der Ausstellungsbauten.

Insgesamt bietet der Gasometer eine nutzbare Fläche von über 7.000 Quadratmetern – dazu kommen fast 350.000 Kubikmeter lichter Raum. Eine beeindruckende Szenerie, die jeden gefangen nimmt, der die zylindrische Halle zum ersten Mal betritt. Deshalb betrachteten die Macher von „Feuer & Flamme" den Gasometer selbst auch immer als erstes Ausstellungsexponat. „Diese Präsentation war in den Gasometer hinein komponiert worden", beschreiben Ulrich Borsdorff und Gottfried Korff, die „Feuer & Flamme" gemeinsam mit Franz-Josef Brüggemeier und Jürg Steiner entwickelt haben, im Dokumentationsband die gestalterische Grundidee. „Weite Blicke in die Fläche und in den Raum – die leere Höhe des Gasometers war immer spürbar – wurden abgelöst von Nahsicht, zum Beispiel auf Fotografien und Objekte, die als Erinnerungsstücke fungierten. (...) Das Kreisrund der Scheibe legte dessen Segmentierung architektonisch und konzeptionell nahe. Eine Scheibe funktioniert als Bauform des Erzählens und Zeigens ganz anders als etwa eine Spirale. Anfang und Ende liegen nahe beieinander und können wiederholt durchschritten werden. Auf einer Scheibe herrscht prinzipiell Gleichrangigkeit, das gleiche Niveau verbindet jede gliedernde Absicht."

Eröffnet wurde der Rundgang von einem „Musée sentimental", persönlichen Erinnerungsstücken aus dem Ruhrgebiet – „alltägliche Reliquien, die in Glasvitrinen auf einmal die Patina des Gedenkens ansetzen" (*Westfälischer Anzeiger*, 22. Juli 1994). Insgesamt führten 14 Themenbereiche durch die bewegte Geschichte des Ruhrgebiets, zudem wurden künstlerische Arbeiten wie die Videoskulptur von Marie-Jo Lafontaine *Jeder Engel ist schrecklich* oder eine Klanginstallation in die Gestaltung integriert. Die museumstechnik berlin fertigte für dieses Ausstellungsunternehmen der Superlative nicht nur einen Großteil des Vitrineninventars an. Zudem wurden Sonderbauten wie das 20 Meter lange hinterleuchtete Industriepanorama, überdimensionierte Glaswände und Schaukästen realisiert, Schwerlastpodeste konstruiert und Exponate wie die sechs Tonnen schwere Bessemerbirne arrangiert, die in den gigantischen Ausmaßen des Gasometers wie ein Spielzeug anmutete. Besonderes Fingerspitzengefühl bedurfte auch die Anbringung der Bildsequenz *Ruhrgebiet* des Ehepaars Blume in elf Metern Höhe. Aufgrund des großen Zuspruchs wurde „Feuer & Flamme" im Jahr 2005 erneut gezeigt. Die Wiederholung zog noch einmal genauso viele Besucher an. Seitdem werden jährlich wechselnde Ausstellungen und Installationen von international renommierten Künstlern im Gasometer gezeigt und der „Tower of Power" (*New York Times*) ist neben der Zeche Zollverein zum kulturellen Wahrzeichen des Ruhrgebiets avanciert.

1

1 Blick von der Gasdruckscheibe zum Dach des Gasometers | View from the gas pressure disc to the roof of the gasometer

2

4

2 Blick auf die Ausstellungsebene auf der Gasdruckscheibe | View of the exhibition level on the gas pressure disc

3 Ausstellungsebene auf der Gasdruckscheibe mit der „Manege“ und dem Ausstellungsbereich „Gegenwart“ | Exhibition level on the gas pressure disc with the “arena” and the exhibition section “Present”

4 Sicht von der Emscher auf den Gasometer Oberhausen | View from the Emscher to Oberhausen gasometer

5 Ausstellungsbereich „Schienenzeit“ | Exhibition section “Rail Era”

3

5

Feuer & Flamme. 200 Years of the Ruhr Region

Exhibition Architecture for the Cultural-historical State Exhibition in the Gasometer Oberhausen

Franziska Eidner

Actually, a decision had almost been made to demolish the gasometer in Oberhausen, North Rhine-Westphalia, which was put out of service in 1988. In the context of the International Building Exhibition Emscher Park, however, it was given a fresh chance—and now the former temple of industry has developed into a spectacular exhibition venue. The initial impetus for this "success story" of structural change was the exhibition "Feuer & Flamme" (Fire & Flame): for three and a half months in 1994, the gasometer was the scene of a cultural-historical stocktaking of the Ruhr region. Almost 200,000 people wanted to see it, making "Feuer & Flamme" into the most successful historical exhibition of the year.

At the beginning of the nineteen-nineties, what is now one of the tried and trusted instruments of post-industrial urban and regional development was novel territory, a bold step indeed. The conversion of the 116-metre-high gas tower into an exhibition hall was preceded by intense discussions and much effort of persuasion. The necessary conversion measures were quite major and in the end, the necessary restoration measures overlapped with the temporary construction work for the exhibition. Among other things, for example, 600 tons of heavy concrete weights had to be removed from the former gas pressure disc. It was fixed at a height of 4.20 metres and now functions as a second display level. While the lifts and a grandstand were still being installed, museumstechnik berlin was already beginning to assemble the exhibition architecture. The gasometer provides a total usable area of more than 7,000 square metres—and almost 350,000 cubic metres of additional empty space. It is an impressive backdrop, which captivates all those entering the cylindrical hall for the first time. This is why the makers of "Feuer & Flamme" always regarded the gasometer itself as the show's first exhibit. "The presentation was composed around and for the gasometer," according to the basic design concept described in the volume documenting the exhibition by Ulrich Borsdorff and Gottfried Korff, who developed "Feuer & Flamme" together with Franz-Josef Brüggemeier and Jürg Steiner. "Extensive views across the area and up into space—the empty height of the gasometer could be sensed all the time—gave way to close-up views, e.g., of photographs and objects that functioned as items of memory. ... The circle of the disc suggested a division into segments that was adopted by both the architecture and the concept. Constructing a narrative and a presentation on the basis of a disc functions in a completely different way to a spiral, for example. The beginning and the end are close together and may be passed through several times. The dominant principle of a disc is equality; every connecting intention is on the same level."

The tour of the exhibition began with a *musée sentimental*, personal items of memory from the Ruhr region—"everyday relics, which suddenly take on the patina of memorials when shown in display cases" (*Westfälischer Anzeiger*, 22 July 1994). A total of fourteen thematic segments led visitors through the moving history of the Ruhr region, and artistic works such as the video sculpture *Every Angel is terrible* by Marie-Jo Lafontaine or a sound installation were also integrated into the design. museumstechnik berlin not only produced the major part of the display cases for this exhibition of superlatives. They also realised special structures such as the twenty-metre-long, backlit industrial panorama, massive glass walls and show-cases, constructed heavy load-bearing platforms, and set up exhibits like the six-ton Bessemer converter, which seemed like a toy within the gigantic dimensions of the gasometer. Particular sensitivity was also necessary when mounting the sequence of images *Ruhrgebiet* by the married couple Blume at a height of eleven metres.

Because of the great response, "Feuer & Flamme" was shown again in 1995. This repetition drew as many visitors again. Since then, annually changing exhibitions and installations by internationally acclaimed artists are shown in the gasometer and together with Zollverein Essen, the "Tower of Power" (*New York Times*) has attained the status of a cultural landmark in the Ruhr region.

1 Unter dem Dach, Kraftwerk Vockerode, 2011, aus der Serie „The Beauty of Ruins“ | Below the roof, Vockerode power station, 2011, from the series “The Beauty of Ruins”

mittendrin. Sachsen-Anhalt in der Geschichte

Ausstellungsbauten für die Landesausstellung im Kraftwerk Vockerode

Franziska Eidner

„Altbundesbürger, fahr nach Vockerode“, appellierte am 13. August 1998 *Die Zeit*. „Dorthin musst du, und du erlebst die am besten komponierte kulturhistorische Ausstellung, die in diesem Sommer in deutschen Landen zu sehen ist.“ Im stillgelegten Elbekraftwerk wurde vier Monate lang ein Streifzug durch die 1000-jährige Geschichte Mitteldeutschlands gezeigt. „mittendrin“ entstand auf Initiative der Expo 2000 Sachsen-Anhalt GmbH, die Sachsen-Anhalt als Korrespondenzregion der Weltausstellung profilierte – mit Projekten zum industriellen, kulturellen und sozialen Strukturwandel. Inspiriert vom Erfolg der Ruhrgebietsausstellung sollten die Macher von „Feuer & Flamme“ in Vockerode ähnliches versuchen: eine „expositorische Versuchsanordnung in einem ehemaligen Industriegiganten, eine historische und auf die Probleme der Gegenwart bezogene Standortbestimmung einer Region“ wie der renommierte Kulturhistoriker und Co-Kurator Gottfried Korff im Dokumentationsband zur Ausstellung schrieb. Gezeigt wurden 1500 Objekte, thematisch gegliedert in 14 Abteilungen. Neben der 270 Meter langen ehemaligen Maschinenhalle dienten vor allem die zwölf Brennkessel als Präsentationsorte. Um darin das teilweise sehr wertvolle Kulturgut – etwa ein Cranach-Gemälde aus dem 16. Jahrhundert – zeigen zu können, musste der Ausstellungsarchitekt Jürg Steiner die klimatischen Verhältnisse in Zusammenarbeit mit der museumstechnik berlin zunächst umfangreich testen. Ein Jahr vor Ausstellungsbeginn wurde eine der Brennkammern umgebaut, mit einer acht mal acht Meter großen Stahlplattform, einer Vitrinenausstattung und entsprechenden Messinstrumenten versehen. Wie die Messwerte zeigten, war der Luftwechsel stärker als angenommen und erforderte statt einer Gesamt- eine Einzelklimatisierung jeder Vitrine. Im Vorfeld zur Ausstellung wurden von Leihgebern immer wieder konservatorische Bedenken geäußert, umso wichtiger war die Entwicklung maßgeschneiderter und fachlich kompetenter Lösungen durch die museumstechnik berlin. Kam doch den originalen Relikten eine besondere Rolle zu. Sie standen im Mittelpunkt der Ausstellungsgestaltung – auf zusätzliche spektakuläre Inszenierungen wurde weitestgehend verzichtet. Die Kulisse der Brennkammern wirkte hier bereits stark genug.

Den Auftakt der Ausstellung bildete das sogenannte „Theatrum“ – ein mehrere Meter hoher gläserner Pavillon. Hier wurden die Besucher mit ausgewählten Schaustücken auf die Präsentation in den Brennkesseln eingestimmt. „Jeder Kessel bekam seine eigene Inszenierung, aus Brennkammern wurden Schatzkammern“ (*Die Welt*, 29. Mai 1998). Je nach Thema und erforderlichen Umbaumaßnahmen wirkten die Brennkessel aber auch als Salon, Rumpelkammer oder gar Kerker der Geschichte. In zwei Kesseln wurden die Innenräume komplett verglast, zum Beispiel in der Abteilung 5 zur Gründung der Universität Halle: „Die helle Vitrine umschließt ihren Besucher wie ein Exponat und eröffnet ihm zugleich den Blick in die Höhe und Weite, der Mensch als Student und Studienobjekt“, beschrieb die *Mitteldeutsche Zeitung* am 25. August 1998 die gestalterische und inhaltliche Symbiose der Installation. Während „mittendrin“ in seiner Entstehungszeit vor allem in Sachsen-Anhalt selbst durchaus kritisch betrachtet wurde – kulturhistorische Ausstellungen dieser Art galten als unseriöse Medien der „Event-Kultur“ – erhielt die Landesschau im Laufe ihrer Präsentationszeit immer größeren Zuspruch. Allein am letzten Wochenende kamen mehr als 4000 Menschen, insgesamt zählte „mittendrin“ trotz schwacher Anfangsmonate 80.000 Besucher. Aufgrund dieses Erfolges wurde im Jahr 1999 im Kraftwerk die Folgeausstellung „unter strom“ mit industriehistorischem Fokus gezeigt. Auch hier war die museumstechnik berlin für große Teile der Ausstellungseinrichtung verantwortlich.

1

2

2 Kellergang bei den Heizöfen, Kraftwerk Vockerode, 2011, aus der Serie „The Beauty of Ruins" | Cellar passageway by the furnaces, Vockerode power station, 2011, from the series "The Beauty of Ruins"

mittendrin. Saxony-Anhalt in History

Exhibition Architecture for the State Exhibition in Vockerode Power Station

Franziska Eidner

"People of the old federal states, travel to Vockerode," *Die Zeit* appealed on 13 August 1998. "You simply must go there, and experience the best laid out cultural historical exhibition to be seen in Germany this summer." A foray through Central Germany's 1,000-year history was presented for four months in the shut-down power station by the Elbe. "mittendrin" was planned on the initiative of the Expo 2000 Sachsen-Anhalt GmbH, which sought to sharpen Saxony-Anhalt's profile as a corresponding region for the World Exhibition—with projects relating to change in industry, culture and social structure.
Inspired by the success of the Ruhr region exhibition, the makers of "Feuer & Flamme" aimed for something similar in Vockerode: an "expository experimental set-up in a former industrial giant; defining a region's position with reference to the past and to present day problems," as the well-known cultural historian and co-curator Gottfried Korff wrote in the volume documenting the exhibition.
1,500 objects were shown in an exhibition subdivided into fourteen thematic sections. Besides the 270-metre-long machine shed, the power station's twelve boiler houses functioned as presentation areas. So that the cultural assets, some very valuable, could be shown there—e.g., a Cranach painting from the sixteenth century—exhibition architect Jürg Steiner had to test the existing climatic conditions extensively first in collaboration with museumstechnik berlin. A year before the exhibition began, one of the combustion chambers was converted by adding an eight-by-eight-metre steel platform equipped with display cases and the corresponding instruments to measure conditions. The ensuing measurements indicated that the air change was more intense than first assumed, calling for separate air conditioning in each display case rather than an overall system. In the run-up to the exhibition, conservational concerns were expressed repeatedly by lenders, and so the development of specially made, expert solutions by museumstechnik berlin was vital. The original industrial remains played a very special role, and the exhibition design centred on them—additional spectacular staging was largely avoided: the backdrop of the combustion chambers created a powerful enough impact.
The exhibition began with the so-called "Theatrum"—a glazed pavilion several metres high. Here, visitors were prepared for the exhibition in the combustion chambers with selected show pieces. "Every boiler was staged in its own special way, and combustion chambers were transformed into treasure chambers," (*Die Welt*, 29 May 1998). According to the respective theme and the necessary conversion measures, the boilers appeared as a salon, a junk room or even a dungeon of history. The interiors of two boilers were completely glazed, e.g., in section five referring to the foundation of the University of Halle. In the words of the *Mitteldeutsche Zeitung* (25 August 1998) used to describe the installation's symbiosis of design and content: "The bright display case encloses its visitor like an exhibit and simultaneously widens the perspective upwards and across to man as both a student and the object of study."
While "mittendrin" was regarded critically during its development, especially in Saxony-Anhalt itself—often cultural historical exhibitions of this kind were seen as a frivolous medium of "event culture"—the state exhibition met with ever increasing acceptance as its presentation period went on. More than 4,000 people came on the final weekend alone and despite the weak first months "mittendrin" was seen by a total of 80,000 visitors. This success led to a follow-up exhibition—"unter strom", which focused on industrial history—being shown in the power station in 1999. Here too, museumstechnik berlin bore responsibility for large parts of the exhibition's fittings and equipment.

Sonne, Mond und Sterne. Kultur und Natur der Energie

Ausstellungsbauten und Standseilbahn für das IBA-Finale in der Kokerei Zollverein

Franziska Eidner

Zollverein Essen ist zum weltbekannten Wahrzeichen des Ruhrgebiets, zum Symbol für den postindustriellen Umcodierungsprozess geworden und seit 2001 Welterbe der Vereinten Nationen. „Erhalt durch Umnutzung" war die Strategie, die die IBA Emscher Park hier exemplarisch mit Partnern wie der Stiftung Industriedenkmalpflege und Geschichtskultur verfolgte. Eindrucksvoll zeigte sich deren Umsetzung im IBA-Abschlussjahr 1999.
In der einst weltweit größten Kokerei, die nach nur 30 Jahren Betrieb geschlossen wurde, war „Sonne, Mond und Sterne" zu sehen – eine Ausstellung, ein „Lunapark", „eine Entdeckungsreise in die Eingeweide der schweren Industrie" (*Frankfurter Allgemeine Zeitung*, 28. Juli 1999).
„Sonne, Mond und Sterne" verband wissenschaftliche mit künstlerischen Perspektiven auf die „Kultur und Natur der Energie" und erschloss zudem den ehemaligen Ort der Energieumwandlung touristisch. Für die „ungewöhnlichste Ausstellung des Jahres" (*Süddeutsche Zeitung*, 22. Juni 1999) ist die Kokerei „behutsam aufgeschlossen worden, ausgestattet mit materialgerechten Bahnen, Treppen und Brücken – und angereichert mit einer dezenten, witzigen, niemals lehrhaften Inszenierung" (*Süddeutsche Zeitung,* 22. Juni 1999).
Der Rundgang begann mit einer Fahrt – vom Wiegeturm entlang einer 140 Meter langen Brücke wurde eine Standseilbahn installiert.
Die Seilbahn brachte die Besucher hinauf in die Kohlenmischanlage, den Hauptausstellungsort. Eingestimmt wurden sie auf das Thema der Ausstellung durch eine Installation des amerikanischen Künstlers Peter Erskine, der die Intensität des Sonnenlichts um das Sechsfache verstärkte und es in seine Spektralfarben zerlegte. Im Anschluss wurde auf fünf Ebenen, sogenannten „Laufhorizonten", „das Märchen von der Kohle" erzählt – von ihrer urzeitlichen Entstehung bis hin zur postfossilen Energiewende. Die Konzeption von „Sonne, Mond und Sterne" stammte von der Feuer & Flamme Ausstellungsgesellschaft, die sich im Zuge der erfolgreichen gleichnamigen Ausstellung im Gasometer Oberhausen gegründet hatte. Für die kulturelle Nutzung musste die Kokerei zuvor unter Federführung des Architekturbüros Jürg Steiner umgebaut werden: „Die Architektur stellt die Exponate mühelos in den Schatten", urteilte die *Bauwelt* über den „atemberaubenden Rundgang" (*Bauwelt*, 28. Mai 1999). Es wurde ein „Wegenetz durch die Trichter geschnitten, und in den zwölf Bunkern eine zusätzliche Galerie mit Vitrinen eingezogen." Den spektakulärsten Einschnitt stellt wohl der Einbau des „Sonnenrades", eines nabenlosen Riesenrads mit 14 Gondeln, in Batterie 9 dar. Die Fahrt liefert außergewöhnliche Blicke in und über die Kokerei.
Das Riesenrad und die Standseilbahn sind noch über ein Jahrzehnt später in Betrieb. Im Sommer lockt zudem ein Schwimmbad, im Winter eine Eisbahn.
Nach dem Besucheransturm im Jahr 1999 war die Zukunft der Kokerei zunächst noch ungeklärt. Eine minimierte, wetterfeste Winterfassung der Ausstellung wurde gezeigt, im Sommer 2000 dann noch einmal die gesamte Inszenierung von „Sonne, Mond und Sterne".
Mittlerweile wird die Kokerei als Teil des Gesamtensembles und als „Standort für Industriekultur, Design, Kunst und Kultur" von der Stiftung Zollverein betrieben.
In unmittelbarer Nachbarschaft eröffnete im Jahr 2010 das Ruhr Museum in der ehemaligen Kohlenwäsche, das die Themen und Inszenierungen von Ausstellungen wie „Sonne, Mond und Sterne" und „Feuer & Flamme" dauerhaft fortschreibt.

1

2

1 „Sonnenbunker“ | “Sun Bunker”
2 „Bewegung der Massen“ | “Movement of the Earth”

3

4

3 Rauminstallation zur „Physik der Sonne“ | Installation on the “Physics of the Sun”

4 „Stairway to Heaven“ auf der Trichterebene | “Stairway to Heaven” on the funnel level

Sun, Moon and Stars. The Culture and Nature of Energy

Exhibition Architecture and Cable Railway in Zollverein Coking Plant for the Latest Phase of the IBA

Franziska Eidner

Zollverein Essen has become an internationally known landmark of the Ruhr region, a symbol of the post-industrial recoding process, and since 2001 it has even been part of the United Nations' world heritage. "Preservation through reuse" was a strategy pursued in an exemplary way by the IBA Emscher Park and its partners such as the Foundation for the Protection of Industrial Monuments and Historical Culture (Stiftung Industriedenkmalpflege und Geschichtskultur). The implementation of this strategy was demonstrated most impressively in 1999, the final year of the IBA. In what was once the biggest coking plant in the world, which had been shut down after only thirty years in operation, visitors could see "Sun, Moon and Stars"—an exhibition, a "Lunapark," "a voyage of discovery into the very bowels of heavy industry" (*Frankfurter Allgemeine Zeitung*, 28th July 1999). "Sun, Moon and Stars" combined scientific and artistic perspectives on the "culture and nature of energy" and also made the former site of energy transformation accessible to tourism. For the "most unusual exhibition of the year" (*Süddeutsche Zeitung*, 22 June 1999), the coking plant "was opened up cautiously: pathways, stairways, and bridges in suitable materials were added—and this was supplemented by the staging of a modest, witty, and never excessively didactic presentation" (*Süddeutsche Zeitung*, 22 June 1999). The tour began with a ride—a cable railway was installed from the weighing tower along a bridge, 140 metres in length. The cable railway took visitors into the coal mixing area, the exhibition's main location. Here, they were introduced to the exhibition's theme with an installation by American artist Peter Erskine, who intensified the light of the sun sixfold and split it into the colours of the spectrum. The "fairy-tale of coal" was then told on five levels, the so-called continuing horizons—from its genesis in primordial times to post-fossil changes in energy. The concept of "Sun, Moon and Stars" originated from the Feuer & Flamme Ausstellungsgesellschaft, which had been founded for the successful exhibition of the same name in Oberhausen gasometer. Prior to this, the coking plant had to be converted for its new cultural use under the supervision of the architectural office Jürg Steiner: "The architecture effortlessly overshadows the exhibits," as *Bauwelt* judged in face of the "breathtaking tour" (*Bauwelt*, 28th May 1999). A "network of paths was cut through the funnels, and an additional gallery with display cases was fitted into the twelve bunkers." The most spectacular intervention was probably the erection of the "Sun Wheel," a big wheel without spokes but with 14 gondolas, in Battery 9. A ride on this big wheel offers visitors unusual views into and over the coking plant.

The big wheel and the cable railway are still in operation more than a decade later. In summer, a swimming pool adds to the attraction; in winter a skating rink. After the rush of visitors in 1999, the future of the coking plant was undecided initially. A reduced, weatherproof winter version of the exhibition was shown, and in summer 2000 the full staging of "Sun, Moon and Stars" was repeated. Today, the coking plant is operated by the Foundation Zollverein as part of the overall ensemble and "a location of industrial culture, design, art and culture." In 2010, the Ruhr Museum was opened in the former coal washing plant nearby; here, the themes and staging of exhibitions such as "Sun, Moon and Stars" and "Feuer & Flamme" are continued in a permanent manner.

Expo 2000

Ausstellungsbauten für das Chemidrom und den Deutschen Pavillon auf der Weltausstellung in Hannover

Franziska Eidner

„Mensch, Natur, Technik – Eine neue Welt entsteht" lautete das Motto der Expo 2000 in Hannover. Neue Welten ließen die Ausstellungsmacher auch auf dem Expo-Gelände selbst entstehen – überall wurde inszeniert, Präsentation als „szenografisches Erlebnis" verstanden und vermittelt. Die museumstechnik berlin war dabei an der Umsetzung von zwei sehr unterschiedlichen Installationen beteiligt, gemeinsam war beiden Auftraggebern der Anspruch der „Erlebbarkeit" der gezeigten Inhalte.

Im Deutschen Pavillon wurde unter anderem das „Mosaik Deutschland" gezeigt – mit einem „medialen Garten" und einem „Baum der Erkenntnis". Die museumstechnik berlin war hier für die Konstruktion und Produktion der Vitrinen und die Einrichtung sowie die konservatorisch unbedenkliche Beleuchtung der Exponate zuständig. 16 so genannte „Unikate" sollten die „Innovations- und Gestaltungskraft der einzelnen Bundesländer" symbolisieren. Die zu inszenierenden Ausstellungsstücke reichten dabei vom Stück Berliner Mauer bis zum VW-Käfer. „Das Mosaik ist technisch perfekt und multimedial ausgereift", urteilte *Spiegel Online* (9. Juni 2000). Die Auswahl der Exponate durch die Bundesländer für diese „teutonische Nabelschau" (*FOCUS Magazin*, 20/2000) wurde allerdings als eher konventionell befunden. Positiv bewertet wurde in der medialen Berichterstattung vor allem der „Baum der Erkenntnis" mit seinen 35 Monitoren und dem filmischen Deutschland-Panorama von Bundesfilmpreisträger Adolf Winkelmann – „ein echtes Highlight" (*Spiegel Online*, 9. Juni 2000). Das Gestaltungskonzept entwickelten die Art Lab Studios. Etwa 3,5 Millionen Menschen besuchten die Präsentation im Deutschen Pavillon.

Der zweite Einsatzort der museumstechnik berlin auf der Weltausstellung in Hannover befand sich im Themenpark Mensch. Der Verband der Deutschen Chemie präsentierte sich mit dem so genannten ChemiDrom in Messehalle 7 und lud Besucher zur „Entdeckungsreise in den Mikrokosmos der Moleküle" ein. Bis zu 1000 Gäste pro Stunde konnten in acht computergesteuerten Zügen durch eine 250 Meter lange ovale Stahlröhre fahren und Wissenswertes über die Wirkungsbereiche der Chemie erfahren. Insgesamt nutzten mehr als 1,3 Millionen Besucher dieses Angebot. Startpunkt der Reise war ein Bahnhof, der auf den Säulen der derzeit 113 bekannten chemischen Elemente ruhte. Die Inszenierung der facts + fiction GmbH war komplex und umfasste multimediale Projektionen, dreidimensionale Lasereffekte und aufwendige Installationen.

Für die Präsentation wurde die Kölner Agentur facts + fiction mit dem „Event Award 2000" in Bronze ausgezeichnet. Die Röhre und der Bahnhof waren so konstruiert, dass sie problemlos zerlegt und wieder aufgebaut werden konnten. Heute sind Teile des ChemiDroms im Deutschen Museum in München zu sehen.

1

2

1+2 Themenpark Mensch: Impressionen aus dem Chemidrom – „Entdeckungsreise in den Mikrokosmos der Moleküle" | Theme park "Mankind": impressions from the Chemidrome—"Voyage of Discovery to the Microcosm of Molecules"

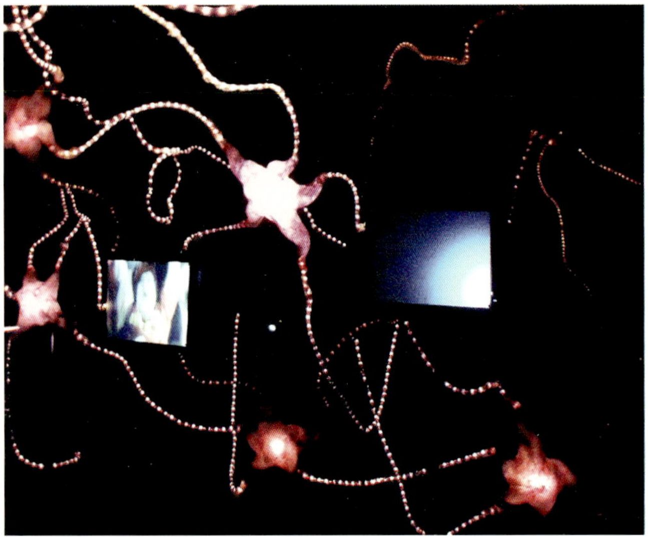

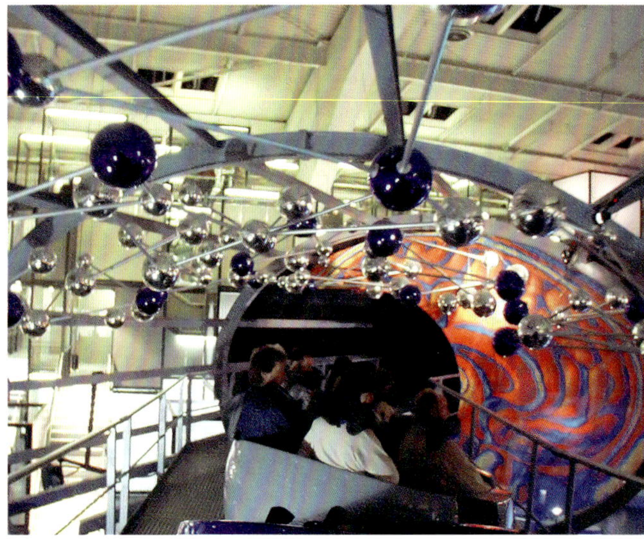

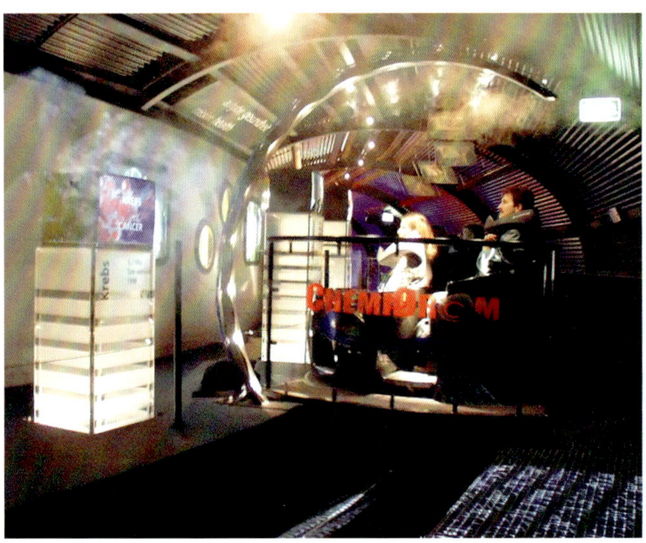

3–8

3–8 Themenpark Mensch: Impressionen aus dem Chemidrom – „Entdeckungsreise in den Mikrokosmos der Moleküle" | Theme park "Mankind": impressions from the Chemidrome—"Voyage of Discovery to the Microcosm of Molecules"

[Expo 2000]

Exhibition Architecture for the "Chemidrome" and the German Pavilion at the World Exhibition in Hanover

Franziska Eidner

"Man, Nature, Technology—A New World Evolving" was the motto of the Expo 2000 in Hanover. The exhibition organisers also created new worlds on the Expo site—omnipresent staging indicated that display was understood and conveyed as a "scenographic experience." museumstechnik berlin was involved in the realisation of two very different installations, although both clients wished visitors to be able to "experience" the content they were showing.

In the German pavilion, the exhibits included the "Germany Mosaic"—incorporating a "media-based garden" and a "Tree of Knowledge." Here, museumstechnik berlin was responsible for the construction and production of the display cases, as well as their set-up, and for the conservationally safe lighting of the exhibits. Sixteen so-called unique works were intended to symbolise the "the strengths of innovation and design in each federal state." The exhibits to be staged ranged from a piece of the Berlin Wall to a VW beetle. "The mosaic is technically perfect and the multimedia elements have been calculated superbly," in the judgement of *Spiegel Online* (9 June 2000). However, the federal states' selection of exhibits for this "teutonic navel-gazing" (*FOCUS Magazin*, 20/2000) was deemed rather conventional. In the media reporting, a positive evaluation was made of the "Tree of Knowledge" in particular with its thirty-five screens and a cinematographic panorama of Germany by German Film Award-winner Adolf Winkelmann—"a real highlight" (*Spiegel Online*, 9 June 2000). The design concept was developed by Art Lab Studios. Circa 3.5 million people visited the presentation in the German pavilion.

The second area in which museumstechnik berlin was employed at the World Exhibition in Hanover was the thematic section "Man." The German Chemistry Association presented its work with a so-called Chemidrome in Hall 7 of the fairgrounds, inviting visitors to participate in "a voyage of discovery into the microcosm of molecules." Up to 1,000 guests per hour could ride in eight computer-driven trains through an oval steel pipe 250 metres long and discover interesting information about the impact of chemistry in various fields. A total of more than 1.3 million visitors took advantage of this offer. The starting point of the journey was a station constructed on the pillars of the 113 currently known chemical elements. This staging by facts + fiction GmbH was complex and incorporated multimedia projections, three-dimensional laser effects, and complicated installations. The Cologne-based agency facts + fiction received the "Event Award 2000" in bronze for their presentation. The pipes and the station were constructed so that they could be dismantled and reconstructed without any problems. Today it is possible to see parts of the Chemidrome in the Deutsches Museum in Munich.

9

9 Deutscher Pavillon: 16 so genannte „Unikate“ sollten die „Innovations- und Gestaltungskraft der einzelnen Bundesländer“ symbolisieren | German pavilion: sixteen so-called “unique works” were intended to symbolise “the strengths of innovation and design in each federal state”

10

11

12

13

10 Deutscher Pavillon: Die „Zugspitze" und der „Baum der Erkenntnis" | German pavilion: the "Zugspitze" and the "Tree of Knowledge"

11–13 (von links nach rechts | from left to right) Deutscher Pavillon: Schreibkommode der Gebrüder Grimm, das „Spacelab" Bremen, Modell des Deutschen Bundestags in Berlin und Fragment der Berliner Mauer | German pavilion: bureau belonging to the Brothers Grimm, the "Spacelab" Bremen, model of the German Bundestag in Berlin, and a fragment of the Berlin Wall

[Preußen 1701. Eine europäische Geschichte]

Ausstellungsbauten für die Landesausstellung in der Orangerie des Schlosses Charlottenburg

Franziska Eidner

Im Jahr 2001 war in der Berlin-Brandenburgischen Kulturlandschaft vor allem ein Thema omnipräsent: Preußen. Der 300. Jahrestag der Selbstkrönung des Kurfürsten Friedrich III. zum ersten Preußenkönig Friedrich I. war Anlass für die erste gemeinsame kulturpolitische Initiative der beiden benachbarten Bundesländer. Ein Jahr lang zeigten in Brandenburg und Berlin im Rahmen von „Preußen 2001" mehr als 100 Kulturinstitutionen vielfältige Perspektiven auf vergangene und gegenwärtige Preußenbilder. Im Zentrum der Aktivitäten stand dabei die vom Deutschen Historischen Museum konzipierte Ausstellung „Preußen 1701. Eine europäische Geschichte".
Gezeigt wurde „Preußen 1701" im Schloss Charlottenburg, der einzigen noch erhaltenen Schlossanlage aus der Regierungszeit Friedrich I. Die Große Orangerie, in der zu Zeiten des Preußenkönigs erlesene Zitrusfrüchte blühten, beherbergte für vier Monate eine der aufwendigsten historischen Ausstellungen des Jahres 2001 in Deutschland. Dabei konzentrierten sich die Ausstellungsmacher nicht nur auf die singuläre Biografie des Kurfürsten, sondern präsentierten vielmehr ein Panorama der politischen, geistesgeschichtlichen und kulturhistorischen Situation in Europa um 1700.
Die Ausstellung verstand sich, so eine der Kuratorinnen im *Tagesspiegel*, als „Abbild einer politischen Bühne, auf der auch Friedrich I. eine Rolle spielen wollte. Zwischen Kurhut, Krönungsinsignien und Totenhelm spannt sich der gleich einem Bühnenbild inszenierte Parcours in der Charlottenburger Orangerie" (*Der Tagesspiegel,* 5. Mai 2001).
Die Inszenierung des Ausstellungsarchitekten Jürg Steiner begann in der Schlosskapelle und setzte sich dann in zwölf chronologisch hintereinander geordneten Kapiteln auf einer Fläche von rund 1300 Quadratmetern fort. Insgesamt wurden 750 Objekte aus internationalen Sammlungen präsentiert. Das Gestaltungskonzept orientierte sich dabei an der Szenografie des barocken Theaters und ordnete die einzelnen Ausstellungsabteilungen quer zur Sichtachse an. Ausnahmen bildeten hier nur der Krönungsraum und zwei zum Teil aufgebrochene Rotunden.
Die museumstechnik berlin konstruierte und produzierte für die Ausstellung Vitrinen aus Stahlrahmen und umlaufende Deckleisten aus massiver Esche. Die teilweise dekonstruktivistisch anmutende Vitrinenlandschaft mit ihren trapezförmigen, fünfeckigen Grundrissen sollte so das durch Zufall und Opportunität entstandene Territorium Brandenburg-Preußens spiegeln. Neben den gläsernen Schaukästen umfasste der Auftrag auch die Herstellung von Spezialbauten, wie die Tablare aus Carrara-Marmor. Zudem wurden für die Preußenausstellung spezielle Leuchten entwickelt, die die mitunter sehr prunkvollen Exponate effektvoll ins Licht setzte. Die technische Planung und Realisierung des Eingangspavillons, durch den die mehr als 60.000 Besucher die Ausstellung betraten, wurde von der museumstechnik berlin in Zusammenarbeit mit der System 180 GmbH umgesetzt. In diesem Vorbau befanden sich neben der Kasse und der Garderobe auch ein Museumsshop und ein Vorführraum. An der Südseite mündete der Pavillon in einen offenen und geneigten Wandelgang, der gleichzeitig die Ausstellungsräume vor direkter Sonneneinstrahlung schützte.
An den großen Erfolg der fast legendären Preußen-Ausstellung von 1981 im Martin-Gropius-Bau konnte die Preußen-Schau von 2001 kaum anknüpfen. Die Rezeption war dabei sehr unterschiedlich. Was von den einen als „Überfülle zu knapp kommentierten Materials" wahrgenommen wurde, bei dem Friedrich I. „trotz farbenprächtigster Tupfer merkwürdig blass bleibt" (*Der Tagesspiegel,* 5. Mai 2001), resümieren andere Rezensenten: „Nach der großen Welle von Geschichtsausstellungen, die am Ende nur noch Mythen der Rezeption und also sich selbst präsentierten, stehen hier wieder die Überreste im Licht, die der geduldige Besucher zu erhellenden Bildern zusammensetzen kann" (*Frankfurter Allgemeine Zeitung,* 16. Juli 2001).

1

1 Ansicht des Eingangspavillons |
View of the entrance pavilion

2 Innenansicht des Eingangspavillons |
Interior view of the entrance pavilion

2

Prussia 1701. A European History

Exhibition Architecture for the State Exhibition in the Orangery of Charlottenburg Palace

Franziska Eidner

In 2001, one subject was omnipresent, dominating the cultural scene in Berlin-Brandenburg: Prussia. The 300th anniversary of Elector Friedrich III's self-ordained coronation as King Friedrich I of Prussia provided the occasion for the two neighbouring federal states' first joint cultural political initiative. For one year, more than one hundred cultural institutions in Brandenburg and Berlin presented diverse perspectives on past and present images of Prussia in the context of "Preußen 2001." The hub of these activities was the exhibition "Prussia 1701. A European History" conceived by the Deutsches Historisches Museum. "Preußen 1701" was shown in the Palace of Charlottenburg, the only surviving palace complex from the reign of Friedrich I. Over a period of four months the Great Orangery—where valuable citrus fruits bloomed in the era of the Prussian king—housed one of the most lavish historical exhibitions of the year in Germany. The makers of the exhibition not only concentrated on the elector's unique biography, but also presented a panorama of the political, intellectual, and cultural historical situation in Europe around 1700. The exhibition saw itself, according to one of the curators writing in the *Tagesspiegel*, as "a reflection of the political stage on which Friedrich I wanted to play a role. The exhibition is laid out like a stage-set in Charlottenburg orangery, taking visitors from elector's hat to coronation insignia, and finally the helmet of death" (*Der Tagesspiegel*, 5 May 2001).

The staging by exhibition architect Jürg Steiner began in the palace chapel and continued in twelve chronologically arranged chapters to fill an area of circa 1,300 square metres. A total of 750 objects from international collections were presented. The design concept was oriented on the scenography of baroque theatre, setting out the exhibition's individual sections at right angles across a central viewing axis. The only exceptions to this system were the coronation room and the two rotundas, which were broken up to some extent.

museumstechnik berlin planned and constructed display cases with steel frames and continuous strips of ash wood cladding for the exhibition. The panorama of display cases with their trapezium-shaped, five-cornered contours, appearing almost deconstructivist in parts, was intended to reflect the territory of Brandenburg-Prussia, which developed as the outcome of chance and opportunism. Besides the glass display cases, the contract also included the production of special structures, like shelf boards made of Carrara marble. In addition, special lamps were developed for the Prussia show, lighting the sometimes opulent exhibits very effectively. In collaboration with System 180 GmbH, museumstechnik berlin also took on the technical planning and realisation of the entrance pavilion through which more than 60,000 visitors accessed the exhibition. In this entry area, there were also a museum shop and projection room in addition to the box-office and cloakroom. In the south, the pavilion led to an open, sloping corridor, which protected the exhibition areas from direct sunlight as well.

The Prussia show of 2001 had some difficulty in following the huge success of the near legendary Prussia exhibition of 1981 in the Martin Gropius Building. Reviews varied considerably: what some perceived as a "superfluity of material with too little commentary," whereby Friedrich I "remained strangely pale despite some colourful, well-placed highlights" (*Der Tagesspiegel*, 5 May 2001), others summed up: "After the great wave of history exhibitions which present no more, ultimately, than the myths of reception and thus themselves, the focus here is on the relics of the past, which patient visitors can assemble to create illuminating images" (*Frankfurter Allgemeine Zeitung*, 16 July 2001).

IBA Fürst-Pückler-Land

Ausstellungsbauten für die Zwischenbilanz „Bewegtes Land“ auf den IBA-Terrassen Großräschen

Franziska Eidner

In der Lausitz, im südlichen Teil Brandenburgs gelegen, befand sich einst das Energiezentrum der DDR. Nun ist hier die größte Landschaftsbaustelle Europas zu finden, auf der im Rahmen eines enormen Wandlungsprozesses bis weit über das Jahr 2015 hinaus nicht nur neue Seen entstehen. Hauptinitiatorin und Begleiterin dieser Transformation einer ganzen Region war die Internationale Bauausstellung (IBA) Fürst-Pückler-Land. Wie der weltoffene Namenspatron Fürst Pückler verknüpfte auch die IBA das Entstehen einer neuen Landschaft mit gestalterischen Innovationen und ungewöhnlichen Lösungen. Von 2000 bis 2010 arbeitete die IBA an insgesamt 30 Einzelprojekten zum Struktur- und Landschaftswandel in der Lausitz.
Sie verteilen sich auf neun Teilräume innerhalb der Region, die so genannten Landschaftsinseln.
Zur Halbzeit, im Jahr 2005, zog die IBA Fürst-Pückler-Land erstmals Bilanz.
Ein Jahr zuvor waren in Großräschen direkt am Rand des Tagebaus Meuro die IBA-Terrassen als Informations- und Besucherzentrum eröffnet worden. In und um die Terrassen herum wurde die Ausstellung „Bewegtes Land“ auf insgesamt 3600 Quadratmetern gezeigt. Die verschiedenen Themen der IBA – von Industriekultur über Grenzlandschaften, Zwischenlandschaften, Wasserlandschaften, Energielandschaften, Stadtlandschaften bis hin zu Neuland – wurden durch verschiedene Raumelemente in Verbindung mit Multimediainstallationen präsentiert.
Entwickelt wurde die Gestaltung von Duncan McCauley, Tom Duncan und Noel McCauley. Sie ließen sich dabei von der Formenvielfalt und den Besonderheiten der Bergbaufolgelandschaft inspirieren. „Die Ausstellungsgestalter setzen bei der Inszenierung der Werkschau nicht auf die reine Präsentation der Projekte“, beschrieb die *Bauwelt* das gestalterische Konzept (*Bauwelt*, 18/2005). „Vielmehr möchten sie einen ‚narrative space‘ erzeugen, der dem Besucher auf seinem Weg durch die vom Gebäude vorgegebene Abfolge von Innen- und Außenräumen den Aufbau einer emotionalen Beziehung ermöglicht. (…) Die Architekten schöpfen alle erdenklichen Präsentationsformen aus: man kann lesen, hören, anfassen, mitmachen. Trotzdem besitzt die Werkschau einen angenehm unangestrengten Charakter, der sowohl Einheimische als auch Kulturtouristen anspricht.“
Insgesamt machten sich mehr als 50.000 Besucher auf den Weg in die Lausitz, um die Zwischenpräsentation der IBA zu sehen. Mittlerweile haben sich die IBA-Terrassen auch über ihre Funktion als Besucher- und Informationszentrum hinaus als Veranstaltungsort für Lausitzer Vereine, Firmen, Verbände und Familien etabliert. Sie wurden von einer Betreibergesellschaft der Stadt Großräschen im Jahr 2011 übernommen. Hier finden regelmäßig Fachkongresse und Tagungen statt, ebenso wie Kulturveranstaltungen und private Feiern. Zudem starten von hier touristische Touren in das Lausitzer Seenland, zum Besucherbergwerk am weltweit größten Bergbaugerät, der Förderbrücke F60, und zu zahlreichen anderen sehenswerten Schauplätzen des Transformationsprozesses.

1

1–4 Blick auf die Ausstellungsterrasse 2 – „Maßstabsvergleiche Mensch, Maschine und Landschaft" | View onto the exhibition terrace 2—"Scale Comparisons: Man, Machine and Landscape"

2

3

4

5

6

5+9 Ausstellungshaus 1 – „Zeit, Bewegung und Landschaft" | Exhibition building 1 — "Time, Motion and Landscape"

6 Ausstellungshaus 2 – Medieninstallation „Menschen der Lausitz" | Exhibition building 2 — media installation "People of Lusatia"

7+8 Ausstellungshaus 2 – ausgewählte Projekte | Exhibition building 2 — selected projects

7

8

9

10

10 Ausstellungshaus 2 – ausgewählte Projekte | Exhibition building 2 – selected projects

IBA Fürst-Pückler-Land

Exhibition Architecture for the Interim Presentation "Bewegtes Land" on the IBA-Terraces, Großräschen

Franziska Eidner

Once, the energy centre of the GDR was situated in Lusatia in the southern part of Brandenburg. But now the area includes the biggest landscape construction site in Europe, where a tremendous process of radical change not only involving the creation of new lakes will continue until well after the year 2015. The prime initiator and supervisor of this transformation of an entire region was the International Building Exhibition (IBA) Fürst-Pückler-Land. Like its cosmopolitan name patron Prince Pückler, the IBA combined the evolution of a new landscape with innovations in design and some remarkable ideas.
From 2000 to 2010, the IBA worked on a total of thirty separate projects dealing with structural and landscape changes in Lusatia. These were distributed over nine part-areas within the region, the so-called landscape islands.
Halfway through, in 2005, the IBA Fürst-Pückler-Land took a first stock of progress. In Großräschen, right on the edge of the open-cast mining area Meuro, the IBA-Terraces had been opened as an information and visitor centre a year before. In and around the Terraces, the exhibition "Bewegtes Land" was shown, with an overall area of 3600 square metres. The different themes of the IBA—from industrial culture to border landscapes, interim landscapes, water landscapes, energy landscapes, urban landscapes, and "new territory"—were presented using various spatial elements in combination with multimedia installations.
Responsible for the design was the studio Duncan McCauley. Tom Duncan and Noel McCauley allowed themselves to be inspired by the formal diversity and special features of the post-mining landscape. "The exhibition designers did not stage this show of work by merely presenting the projects," *Bauwelt* wrote in its description of the design concept (*Bauwelt*, 18/2005). "Instead, they attempt to create a 'narrative space,' which enables the visitors to develop an emotional reference as they pass through the sequence of interior and exterior spaces prescribed by the exhibition structure. ... The architects exhaust every conceivable form of presentation: it is possible to read, listen, touch, and join in. But the show of work still has a pleasantly relaxed character, which appeals to locals as well as cultural tourists."
A total of more than 50,000 visitors headed for Lusatia to see the interim presentation of the IBA. In the meantime, the IBA-Terraces have been established above and beyond their function as a visitor and information centre as an events venue for companies, clubs, associations and families from Lusatia. They were taken over by a municipal operating company from Großräschen in 2011. Specialist conferences and congresses take place here regularly, as well as cultural events and private celebrations. In addition, they provide a starting point for tourist visits to the lake landscape of Lusatia, to the visitors' mine beside the world's biggest mining fixture, the conveyor bridge F60, and to numerous other striking settings of the region's transformation process.

Die Schöninger Speere. Mensch und Jagd vor 400.000 Jahren

Spezialvitrinen und Ausstellungsbauten für die Präsentation der weltweit ältesten Holzartefakte

Franziska Eidner

Die öffentliche Präsentation der ältesten je gefundenen Holzwaffen im Braunschweigischen Landesmuseum galt als Weltsensation. Deuten die acht mehr als 400.000 Jahre alten Speere doch darauf hin, dass die Urzeitmenschen planvoller und geschickter vorgingen als bislang angenommen. Die mit hoher Präzision hergestellten Wurfspeere revidieren das Bild vom sprachlosen Aasfresser hin zum intelligenten Großwildjäger. Eine ganze Ausstellung mit einer Fläche von mehr als 600 Quadratmetern widmete das Land Niedersachsen im Jahr 2007 daher den Fundstücken und der Geschichte von „Mensch und Jagd vor 400.000 Jahren“. Die Präsentation der Hauptexponate stellte dabei nicht nur gestalterisch eine besondere Herausforderung dar. Die äußerst gut erhaltenen Artefakte sollten später noch weiteren wissenschaftlichen Untersuchungen unterzogen werden und wurden daher vor ihrer endgültigen Konservierung gezeigt. Eine luftdichte Aufbewahrung und konstante klimatische Bedingungen mussten gewährleistet werden. Eine Vorgabe war, dass die Wassertemperatur permanent auf 5 °C gekühlt werden musste. Die von der museumstechnik berlin in Zusammenarbeit mit den Ausstellungsgestaltern von Iglhaut + von Grote konstruierten Spezialvitrinen wurden nicht nur diesen anspruchsvollen konservatorischen Anforderungen gerecht. Gleichzeitig inszenierten die mit destilliertem Wasser gefüllten Glaskästen die Speere effektvoll: „In der Ausstellung scheinen sie fast schwerelos durch einen ganz in Weiß gehaltenen Raum zu schweben“ (*Die Welt*, 23.11.2007). Andere Ausstellungsbesucher fühlten sich durch die bis zu drei Meter langen Sondervitrinen an Aquarien erinnert. Um das Wasser fortlaufend reinigen und temperieren zu können, wurde ein spezielles Filtersystem entwickelt. Da die Schöninger Speere nicht nur in Braunschweig gezeigt wurden, sondern anschließend auf Wanderschaft gingen, mussten die Vitrinen und weiteren Ausstellungsbauten zudem transportabel sein und raumunabhängig funktionieren.

Die Ausstellungskonzeption griff dabei die gestalterische Leitidee einer Forschungsreise auf: Die Besucher entdeckten die eigene Vergangenheit als fremdes Land, als unbekannten Planeten. Iglhaut + von Grote erschufen eine futuristische, raumschiffähnliche Atmosphäre, die sich in den einzelnen Beobachtungs-, Dokumentations- und Laboratoriumsräumen widerspiegelte. Die museumstechnik berlin war hier nicht nur für die bauliche Umsetzung dieses „Raum-in-Raum-Konzepts“ verantwortlich, sondern koordinierte auch den Auf- und Abbau des modularen Raumsystems.

Aus der temporären Ausstellung haben sich im Laufe der Jahre Perspektiven der Beständigkeit entwickelt: Bis zum Jahr 2013 soll in Schöningen am Fundort der Speere ein Forschungs- und Erlebniszentrum mit mehr als 2300 Quadratmetern Ausstellungsfläche entstehen. Vermutlich wird eine Präsentation der Holzwaffen in den wassergefüllten Spezialvitrinen dann nicht mehr erforderlich sein. In jedem Fall konnten die Mitarbeiter der museumstechnik berlin durch die Entwicklung der konservatorisch anspruchsvollen und gestalterisch hochwertigen Sonderanfertigungen wichtige Erfahrungen im Bereich der Präsentation wertvoller Kulturgüter sammeln und hier neue Maßstäbe setzen.

1

1 Modul 07: Das Fundmaterial und seine Auswertung – Die Interpretation von Kleinstfunden | Module 07: The finds and their analysis — the interpretation of microscopic finds

DIE SCHÖNINGER SPEERE
MENSCH UND JAGD
VOR 400 000 JAHREN

2

3

4

DER AUFRECHTE GANG
HOMO ERECTUS – DER ERSTE WELTBÜRGER

5

The Schöningen Spears. Man the Hunter 400,000 Years Ago

Special Display Cases and Exhibition Architecture for the Presentation of the Oldest Wooden Artefacts in the World

Franziska Eidner

The public presentation in the State Museum Brunswick of the oldest wooden weapons ever found was viewed as a world-wide sensation, as the eight spears—now more than 400,000 years old—show that primaeval man acted with more deliberation and skill than had been previously assumed. The spears were produced with great precision and revise our image of him as a dumb scavenger to that of an intelligent big-game hunter. In 2007, therefore, the State of Lower Saxony devoted an entire exhibition in a space totalling more than 600 square metres to the finds, and to the history of "Man the hunter 400,000 years ago."

In this context, the presentation of the main exhibits was a particular challenge, not only in terms of design. The artefacts were extremely well preserved and the intention was to subject them to further scientific investigation later on; they were being shown, therefore, before their final conservation. It was necessary to guarantee air-tight storage and constant climatic conditions. One precondition was the permanent cooling of the water to a temperature of 5 °C. The special display cases constructed by museumstechnik berlin in collaboration with exhibition designers Iglhaut + von Grote not only met these demanding conservational prerequisites. At the same time, the glass cases filled with distilled water presented the spears in a very effective way: "In the exhibition they seemed to float almost weightlessly through a completely white space" (*Die Welt*, 23 November 2007). The special cases, some of which were as long as three metres, reminded other visitors to the exhibition of aquariums. A special filter system was developed to be able to clean the water regularly and keep it at a steady temperature. As the Schöningen spears were shown not only in Brunswick but also on a subsequent tour, the cases and other exhibition architecture had to be transportable and function independent of the specific exhibition space.

The approach to the exhibition's design adopted the leitmotif of a research trip: visitors were to discover their own past as a foreign country, as an unknown planet. Iglhaut + von Grote created a futuristic atmosphere reminiscent of a space-ship, reflected in the separate rooms for observation, documentation and a laboratory. In this context, museumstechnik berlin was not only responsible for the structural realisation of the "space within a space" concept, but also coordinated the assembly and dismantling of the modular system.

Over the years, the temporary exhibition has developed potential for permanence: by the year 2013, the plan is to construct a hands-on experience and research centre with more than 2,300 square metres of exhibition space in Schöningen, the place where the spears were found. By then, in all probability the presentation of the wooden weapons in special water-filled display cases will no longer be necessary. Certainly the colleagues at museumstechnik berlin have been able to gather valuable experience in the presentation of precious cultural assets, setting new standards with their high-quality design for the special cases as well as meeting conservational requirements.

2 Eingangsbereich der Ausstellung | Exhibition entrance
3 Modul 02: Zentrum einer archäologischen Landschaft – In allen Zeiten fundreich | Module 02: At the centre of an archaeological landscape—finds from all periods
4 Spezialvitrinen für die „Schöninger Speere" | Special display cases for the "Schöningen Spears"
5 Modul 3: Homo Erectus – ein naher Verwandter | Module 3: Homo Erectus—a close relative

6

7

6 Innenansicht einer Speervitrine | Interior view of a special display case for spears
7 Modul 08: Denken, Planen, Sprechen vor 400.000 Jahren | Module 08: Thinking, planning, speaking 400,000 years ago
8 Modul 01: Eine archäologische Forschungsreise | Module 01: An archaeological expedition

8

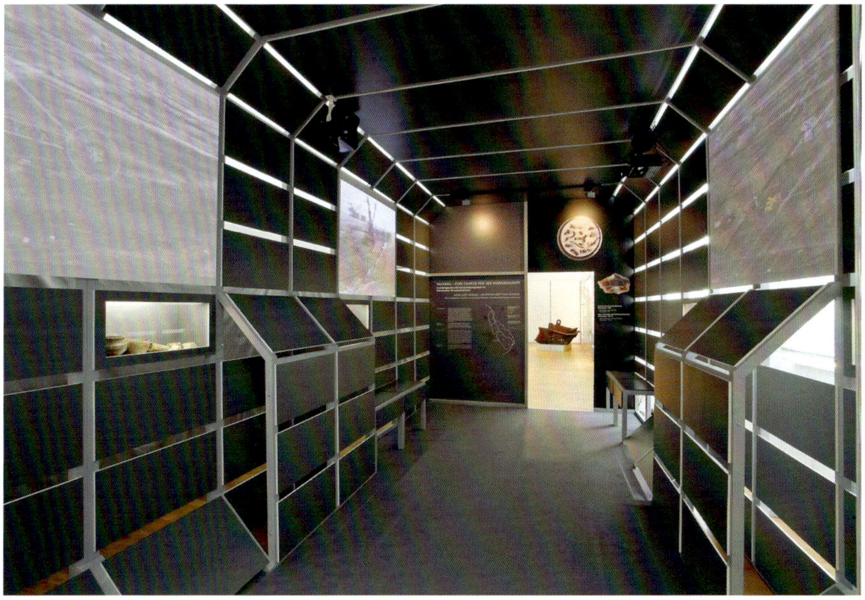

1

1 Museum Neukölln im ehemaligen Gutshof Britz im Bezirk Neukölln | Museum Neukölln on a former farming estate in Britz, part of the municipal district of Neukölln

[Museum Neukölln]

Exhibition Architecture for the Dynamic Regional Museum's Permanent Multimedia Exhibition

Franziska Eidner

There are twelve museums of regional history in Berlin—every administrative district has its own historic exhibition location. This degree of diversity is unique in Germany, according to the working group "Berliner Regionalmuseen." One of the oldest local museums in the city, the Museum Neukölln is especially active. It sees itself as a "modern, innovative regional museum, a lively centre of exchange for all groups of the population." The exhibition location adopts new approaches to mediation and communication. In October 2009, its move to a former farming estate in Britz, part of the municipal district Neukölln, not only opened up new opportunities for the exhibition's presentation. Since then, the museum has also been blogging and twittering regularly: it is now regarded as exemplary in its handling of the so-called social media. There have been regular reports on the development of the new permanent exhibition and its construction—the museum bloggers of Neukölln even recorded and commented on the delivery and examination of the display cases made by museumstechnik berlin: "Everything arrived, all in one piece!" (22 April 2010).

The new permanent exhibition "99 x Neukölln" also employs the multimedia mediation of information and visitor interaction to a greater extent than before. Since the opening in May 2010, ninety-nine objects have told the story (and stories) of one of Berlin's "problem districts," linking them to current developments as well. The range of objects selected extends from a mammoth's lower jaw—30,000 years old—to a milk carton from the emzett dairy, which operated in Neukölln until 2001, and a collection of caps from the Rütli School. At computer terminals, exhibition visitors can access comprehensive information and personal stories about the individual objects together with accompanying photos, films, and sound recordings.

In an exhibition area of only one hundred square metres, therefore, the museum succeeds in conveying a diverse, comprehensive insight into Neukölln's regional identity. The concentrated dimensions of the exhibition area made the individual fittings particularly important with regard to design and function. For example, four load-bearing ceiling supports in the former stable building were converted to incorporate glass display cases including technical plinths and a revolving base. Some of the objects placed in these cases had to be lit from below. In addition, special holders for sensor technology had to be fixed, and the continuously variable, completely mobile touchscreen terminals needed integrating.

Museum Neukölln

Ausstellungseinrichtung für die multimediale Dauerausstellung des umtriebigen Regionalmuseums

Franziska Eidner

Zwölf Museen zur Regionalgeschichte gibt es in Berlin – jeder Verwaltungsbezirk hat sein eigenes historisches Ausstellungshaus. Diese Vielfalt ist laut dem Arbeitskreis „Berliner Regionalmuseen“ einmalig in Deutschland. Besonders aktiv ist das Museum Neukölln, eines der ältesten Heimatmuseen der Stadt. Es versteht sich als „modernes, innovatives Regionalmuseum, als lebendiger Ort, an dem ein Austausch für alle Bevölkerungsgruppen möglich ist.“ Dabei geht das Ausstellungshaus neue Wege in der Vermittlung und in der Kommunikation. Der Umzug in den ehemaligen Gutshof Britz im Jahr 2009/10 eröffnete nicht nur neue Möglichkeiten für die Ausstellungspräsentation. Seitdem bloggt und twittert das Museum auch regelmäßig und gilt mittlerweile als beispielhaft im Umgang mit den sogenannten Social Media. Über die Entwicklung der neuen Dauerausstellung und ihren Aufbau wurde regelmäßig berichtet – selbst die Anlieferung und Begutachtung der Vitrinen durch die museumstechnik berlin dokumentierten und kommentierten die Neuköllner Museumsblogger: „Alles heil angekommen!“ (22. April 2010).
Die neue Dauerausstellung „99 x Neukölln“ nutzt ebenfalls verstärkt die Möglichkeiten multimedialer Wissensvermittlung und Besucherinteraktion. 99 Objekte erzählen seit der Eröffnung im Mai 2010 Geschichte und Geschichten aus diesem „Problembezirk“ Berlins und verknüpfen sie mit aktuellen Entwicklungen. Die Bandbreite der ausgewählten Objekte reicht vom 30.000 Jahre alten Mammutunterkiefer über eine Milchtüte aus der bis 2001 in Neukölln produzierenden Molkerei emzett bis zur Mützenkollektion aus der Rütli-Schule. Über Computerterminals können Ausstellungsbesucher umfassende Informationen und persönliche Geschichten zu den einzelnen Objekten mit begleitenden Fotografien, Filmen und Tonaufnahmen abrufen. So gelingt auf nur 100 Quadratmetern Ausstellungsfläche die Vermittlung eines vielfältigen und umfassenden Einblicks in die Neuköllner Regionalidentität. Durch die komprimierte Ausstellungsfläche kam dem einzelnen Mobiliar in Bezug auf seine Gestaltung und Funktionalität ein besonderer Stellenwert zu. So wurden vier tragende Deckstützen des einstigen Stallgebäudes mit Glasvitrinen inklusive Techniksockel und Drehscheibe umbaut. Die darin platzierten Objekte galt es teilweise zu unterleuchten. Ferner mussten Spezialhalterungen für die Sensortechnik angebracht und außerdem die stufenlos und rundum verfahrbaren Touchscreen-Terminals integriert werden.

2 Blick in die Dauerausstellung „99 x Neukölln“ im früheren Pferdestall | View into the permanent exhibition “99 x Neukölln” in the former horse stables
3 Rundvitrine mit endlos verschiebbarem Medienterminal | Round display case with continually moveable media terminal
4 Medien- und Filmterminal | Media and film terminal

2

3

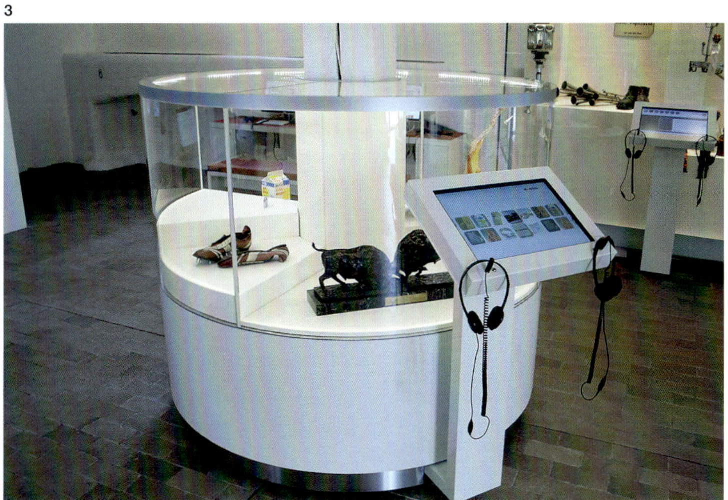

4

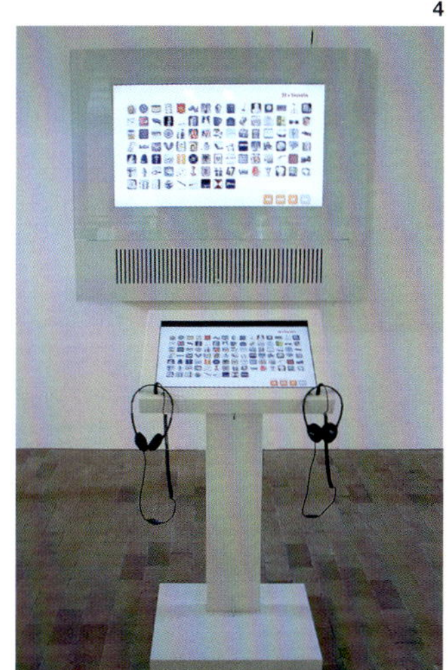

Skulpturensammlung im Albertinum in Dresden nach der Hochwasserkatastrophe im August 2002 |
Sculpture collection in the Albertinum, Dresden after the catastrophic flooding in August 2002

Kulturgut erhalten und präsentieren – ein Widerspruch?

Olivia Zorn

Die Menschheit strebt danach, ihr kulturelles Erbe zu bewahren, ihre Wurzeln zu erforschen und Kenntnisse über die Vergangenheit zu erhalten. Dies ist heute nicht mehr nur der Anspruch einer kleinen Elite von Wissenschaftlern, sondern erfasst größere Schichten der Bevölkerung. Das Streben nach Antworten auf Fragen nach den kulturellen Ursprüngen setzte schon im 18. Jahrhundert ein, als die ersten öffentlich zugänglichen Museen entstanden. Es ging nicht mehr nur darum, Kulturgut zu sammeln und unter Verschluss zu halten, sondern die Wissenschaft wollte sich der Allgemeinheit öffnen und ihre Erkenntnisse in museal aufbereiteter Form präsentieren. Zu diesem Zeitpunkt wurde die Vergänglichkeit von Kulturgütern noch nicht als ein drohendes Problem gesehen, eine Diskussion, ob eine unter klimatisch optimalen Bedingungen durchgeführte Magazinierung gegenüber einer öffentlichen Präsentation von Objekten zu bevorzugen sei, schien nicht relevant. Erst die Erfahrungen der letzten 100 Jahre – eingeschlossen die negativen Auswirkungen des Zweiten Weltkrieges – führten heute mehr und mehr zu Überlegungen, inwieweit Kulturgut zu schützen ist, aber gleichzeitig auch zugänglich sein soll.

Die Museumslandschaft hat seit der Jahrtausendwende einen besonderen Aufschwung genommen, mit dem aber auch der Anspruch der Besucher gestiegen ist. Dabei laufen die Museen Gefahr, ihre eigentliche Bestimmung zu verlieren, weil sie denken, sich im Angebot der verschiedenen Veranstaltungen nur durch Anpassung behaupten zu können. Dies ist allerdings der falsche Ansatz. Der Reiz des Museums liegt in der Präsentation von Originalen. Daher sollte eine Ausstellungsform gefunden werden, die den Exponaten optimalen Schutz vor dem Verfall bietet, sie aber auch dem Publikum erklärend präsentiert. Aus Sicht der heutigen technischen Möglichkeiten müssen sich Museumsfachleute – Restauratoren, Geistes- und Naturwissenschaftler – eingestehen, dass eine Bewahrung für die Ewigkeit weder im Magazin noch in der Ausstellung möglich ist. Es ist also eine Gratwanderung: zugleich die didaktisch-philosophischen Möglichkeiten der Vermittlung betrachtend und wissenschaftlich-restauratorisch die Notwendigkeiten der Konservierung überprüfend.
Eine subtil durchdachte und den heutigen Standards zur Erhaltung von Kulturgut entsprechende Präsentation ist – auf jeden

Preserving and Displaying Cultural Assets – a Contradiction?

Olivia Zorn

Man strives to preserve his cultural heritage, to investigate his roots and to gain knowledge of the past. Today, this is no longer the pretension of a small elite group of scientists, but involves bigger groups of the population. The search for an answer to questions about our cultural origins began as early as the eighteenth century, when the first museums open to the public were established. It was no longer merely a question of collecting cultural artefacts and keeping them locked away; science wished to open up to the public and present its insights in a form especially prepared for museum display. At this time the transience of cultural assets was not yet regarded as a threat and discussion of whether storage under climatically optimal conditions should be preferred to the public presentation of objects did not seem relevant. But the experiences of the last one hundred years—including the negative impact of the Second World War—are now leading to increased consideration of the extent to which cultural assets should be protected yet made simultaneously accessible.

Since the turn of the millennium, the museum scene has experienced a marked boom, but the demands of visitors have also grown. In this context, our museums run the risk of losing their true definition when they believe that the only way to survive among the many events offered is by conforming. This is a mistaken approach, however. The attraction of the museum lies in its presentation of originals. For that reason, we should be searching for exhibition forms that provide the exhibits with optimal protection from decay, but also display them to the public in an explanatory context. From the standpoint of today's technical possibilities, museum experts—restorers, academics, and natural scientists—must admit to themselves that preservation for eternity is impossible, whether in the depots or in exhibitions. Therefore considering possibilities of mediation in didactic and philosophical terms and simultaneously examining the necessities of conservation from a scientific, restoration standpoint is rather like walking a tightrope.

A subtly conceived presentation that meets the latest standards for the preservation of cultural artefacts should–certainly with respect to the so-called key objects of archaeology—be preferred to storage in depots. Naturally, as long as there is the possibility of presenting originals, this should be realised—in a responsible

Fall die sogenannten „Schlüsselobjekte“ der Archäologie betreffend – einer Magazinierung vorzuziehen. Solange die Möglichkeit besteht, Originale präsentieren zu können, sollte man diese natürlich in verantwortungsvoller Weise nutzen. Dabei gilt es, auch die Besucher für diese Problematik zu sensibilisieren. Das Museum sollte in der Hauptsache ein Ort der Originale bleiben. Der Wert der kulturellen Erkenntnis liegt nicht nur in der Form eines Objektes, das dann als Kopie präsentiert werden könnte, sondern in der Aura des antiken Exponates. Wenn Museumsbesucher in Zweifel ziehen, tatsächlich Originale zu sehen, oder es sogar mittlerweile bevorzugen, Kopien zu betrachten, weil diese auch angefasst werden und im realen historischen Kontext präsentiert werden können, was aus konservatorischen Gründen bei Originalobjekten meist nicht möglich ist, so ist dies eine bedenkliche Entwicklung. Dem Wunsch der Besucher nach authentischem Kontext und möglichen Aktivitäten „am Objekt“ nachzukommen, mag manchen Museen vielleicht zunächst höhere Besuchszahlen bescheren, läuft aber dem ursprünglichen Museumsgedanken entgegen. Es muss den Museumsfachleuten klar sein, dass ein Museum nie einen Freizeitpark ersetzen kann. Daher ist es auch völlig unnötig, diesem nachzueifern. Vielmehr sollte die Chance genutzt werden, sich deutlich von derartigen Einrichtungen abzusetzen. Dies gelingt durch die Präsentation des Originalobjektes. Lässt man dann den Besucher noch teilhaben an der Verantwortung, die jeder für die Bewahrung der Vergangenheit hat, indem man die modernen Möglichkeiten zum Objektschutz deutlich kommuniziert, gewinnt das Museum wieder an seiner Eigenständigkeit und Besonderheit.

Das Museum ist kein Ort, an dem Kulturgüter gesammelt werden und nur einem elitären Kreis von Wissenschaftlern zu Forschungszwecken zur Verfügung stehen, sondern ein Bereich, in dem die Menschheit mit ihrer Vergangenheit zusammentrifft und diese mithilfe der erklärenden Zusammenstellung der Exponate verstehen kann. Verschiedene Epochen lösen unterschiedliche Reize aus, sodass einige Museen stärker besucht werden als andere. Mangelnde Besuchszahlen sind allerdings ebenso ein Fluch wie Besuchermassen. Die konservatorischen Anforderungen können – insbesondere in historischen Gebäuden wie dem Neuen Museum Berlin – ab einer bestimmten täglichen Besucherzahl, hier in Spitzenzeiten bis zu 5000, nicht mehr erfüllt werden. An dieser Stelle scheint dann wieder die Forderung gerechtfertigt, weniger Originale und mehr Kopien zu zeigen, um die antiken Objekte möglichst lange zu erhalten. Aber bleibt damit der Reiz des Museums in seiner ureigensten Bestimmung erhalten? Kulturgut ist vergänglich, die Museen können entscheiden, ob es von der Öffentlichkeit unreflektiert verschwindet oder – eingedenk der Gefahr und diese bewusst kalkulierend – von einer breiteren Schicht wahrgenommen und verstanden wird.

Die existenziellen Aufgaben des Museums in Bezug auf Bewahren und Vermitteln müssen heute neu erfüllt werden. Restauratoren, Geistes- und Naturwissenschaftler sind gefordert, zusammen mit den Verantwortlichen für Klimatechnik, Vitrinenbau und Sicherheit optimale Lösungen zu erarbeiten, aber diese auch immer wieder neu zu hinterfragen und in der Diskussion zu bleiben, um den Schutz der Objekte in der Ausstellung zu gewährleisten und zu verbessern.

Dies ist der Anfang eines langen Weges, der irgendwann in der Ewigkeit endet.

way. It is also necessary to sensitise visitors to all these problems. Primarily, the museum should remain a place of originals. The importance of cultural insight lies not only in the form of an object, which could be presented as a copy, but in the aura of an ancient exhibit. It is a dubious development when museum visitors doubt whether they are seeing authentic originals, or even prefer copies because they can be touched and presented in the actual historical context, which is usually not possible for conservational reasons in the case of original objects. Meeting the visitor's desire for an authentic context and possible activities "on the object" may appear to attract a greater number of visitors to some museums initially, but it contradicts the original idea of a museum. It must be clear to museum experts that a museum cannot ever replace a leisure park. For this reason, it is completely unnecessary to try and imitate one. Instead, we should utilise the opportunity to differentiate between museums and such parks quite clearly, which can be done by displaying original artefacts. If we also permit visitors to share in the responsibility which each of us has for the preservation of the past by clearly communicating modern possibilities for the protection of objects, the museum will regain its independent character and unique quality.

The museum is not a place where cultural artefacts are collected and only made available to an elitist circle of scientists for research purposes, but a setting in which people come face to face with man's past and learn to understand it through the selection and explanatory combination of the exhibits. Different epochs attract in different ways, meaning that some museums will be more frequently visited than others. Lack of visitors is a curse, but a mass of visitors may be, too. The demands of conservation can no longer be met—particularly in historical buildings like the Neues Museum Berlin—when a specific number of daily visitors is exceeded, and at boom times figures may reach up to 5,000. At this point, it may seem justified to show fewer originals and more copies in order to preserve the ancient objects for as long as possible. But will we keep the attraction of the museum and its primary definition in this way? Cultural artefacts are transient, and museums can decide whether they disappear unreflected by the public or—bearing in mind the risks and consciously calculating them—are perceived and understood by more of the population.

The existential tasks of the museum with respect to preservation and mediation need to be fulfilled in an innovative way today. Restorers, academics and scientists are called upon to devise optimal solutions together with those responsible for climate technology, display case construction and security. However, they should continue to question these solutions and involve themselves in discussion to help guarantee and improve upon the protection of objects in exhibitions.

This is the beginning of a long path ending some time in eternity.

Das Neue Museum Berlin

Michele De Lucchi

Ein Spaziergang durch die Säle des Neuen Museums ist ein einzigartiges Erlebnis: Der Besucher durchwandert die Geschichte, von der Kultur zur Zeit Friedrich Wilhelms IV. über die Zerstörungen des Zweiten Weltkriegs bis zur Modernität der zeitgenössischen Architektur. In diesen bedeutsamen Kontext wurden auch die Ägyptische Sammlung und die Sammlung für Vor- und Frühgeschichte integriert, so wie es die ursprüngliche Bestimmung des Gebäudes vorsah. Diese beiden wichtigen Sammlungen unterscheiden sich grundlegend voneinander durch ihre Beschaffenheit und Nutzung:

Das Ägyptische Museum mit der Papyrussammlung ist eher als Kunstmuseum gedacht, das über Werke und Objekte großer Ausstrahlung und Schönheit verfügt. Mit meinem Ausstellungskonzept habe ich versucht, der Präsentation der Werke einen besonderen Wert zu verleihen, indem ich für jedes Ausstellungsobjekt einen eigenen, spezifischen Raum definierte, der es umgeben sollte, mit einer moderaten, aber präzisen Beleuchtung und eigens ausgesuchter Farbgebung, die eine besondere Atmosphäre erzeugt.

Das Museum für Vor- und Frühgeschichte dokumentiert durch Alltagsobjekte das Leben und die Gedankenwelt unserer Vorfahren und verfolgt einen im Wesentlichen wissenschaftlichen Ansatz. Einige Ausstellungsobjekte sind sehr einfach, andere ausgesprochen opulent – von Gürtelschnallen bis zum Schatz der Helena. Alle sind sie aber ohne ausführliche Erläuterungen dem Publikum kaum verständlich. Dem-

The Neues Museum Berlin

Michele De Lucchi

Taking a walk through the halls of the Neues Museum is a unique experience: the visitor strolls through history, from culture in the age of Friedrich Wilhelm IV via the destruction of the Second World War to the modernity of contemporary architecture. The Egyptian Collection and the Collection of Pre- and Early History have been integrated into this significant context, just as the building's original concept and definition envisaged. These two important collections differ fundamentally in terms of their nature and usage:

The Egyptian Museum including the papyrus collection is conceived as an art museum possessing works and objects with tremendous aura and beauty. I attempted to lend particular significance to the presentation of the works with my exhibition concept, defining a separate, specific space for each object exhibited; a space to surround it, with restrained but precise lighting and a carefully chosen use of colours to create a special atmosphere.

The Museum of Pre- and Early History documents the lives and ideas of our forefathers using everyday objects, pursuing an approach that is essentially scientific. Some exhibits are very simple, others are decidedly opulent—from belt buckles to the Treasure of Helena. But the public cannot understand any of them without detailed explanations. This means that their presentation needs to occur within a comprehensive symbolic context, which helps us to decipher the functions and meanings of the objects themselves.

zufolge muss ihre Präsentation in einem umfassenden symbolischen Kontext erfolgen, der die Funktionen und Bedeutungen der Objekte entschlüsseln hilft.
All diese Objekte haben in der Folge von antiken und modernen Sälen ihren Platz gefunden. Ich habe ein System von Sockeln und Vitrinen entworfen, das in seiner Anlage so homogen und flexibel ist, dass es trotz der Unterschiedlichkeit der Ausstellungsobjekte und der sie umgebenden Räume den soziokulturellen Kontext der Objekte zum Ausdruck bringen kann. Die Vitrinen, monolithisch oder in Tischform, präsentieren die Ausstellungsobjekte in der ihnen angemessensten Form und mit dem größten Respekt für die sie umgebenden historischen Räumlichkeiten.
Beim Durchwandern der Säle des Neuen Museums mit ihrer ausgewogenen und feinfühligen Balance von ferner und naher Vergangenheit, von heute und morgen kann man sich nun von der Schönheit der Architektur und der Ausstellungsobjekte verzaubern lassen.

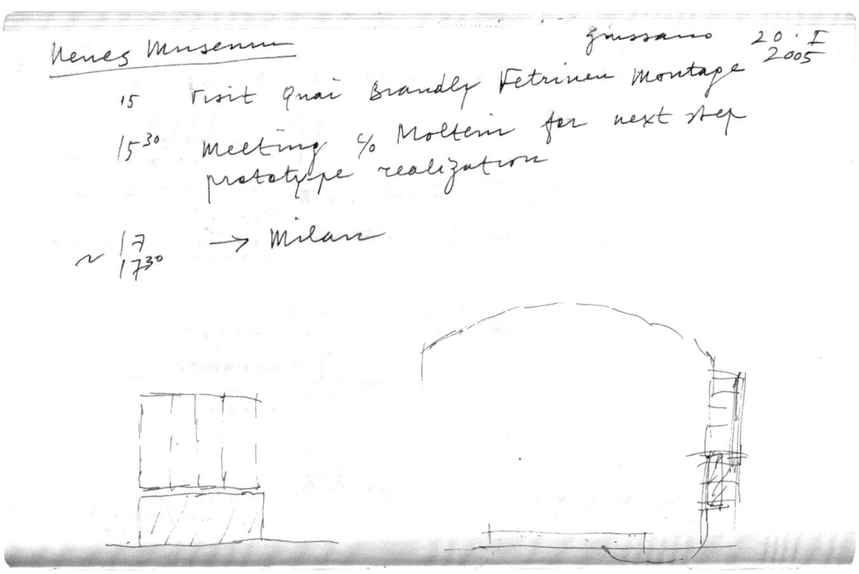

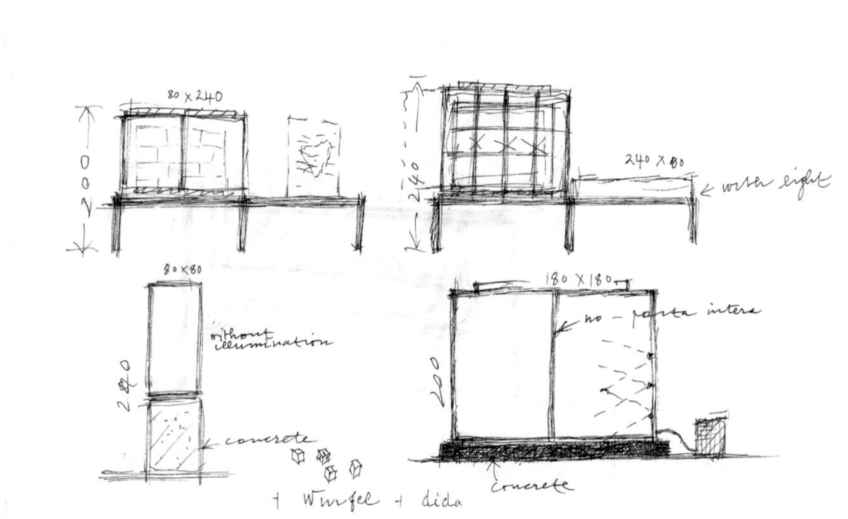

All these objects have found a place in the sequence of ancient and modern halls. I have designed a system of pedestals and vitrines, the principle of which is so homogeneous and flexible that it is capable of showing the sociocultural context of the objects despite the differences between the exhibits and the spaces surrounding them. The display cases, monolithic or in table form, present the objects of the exhibition in the most suitable form and with the greatest respect for the surrounding historical architecture.
Now, browsing the halls of the Neues Museum with their harmonious and sensitive balance of distant and recent past, today and tomorrow, one can permit oneself to be enchanted by the beauty of the architecture and the objects exhibited.

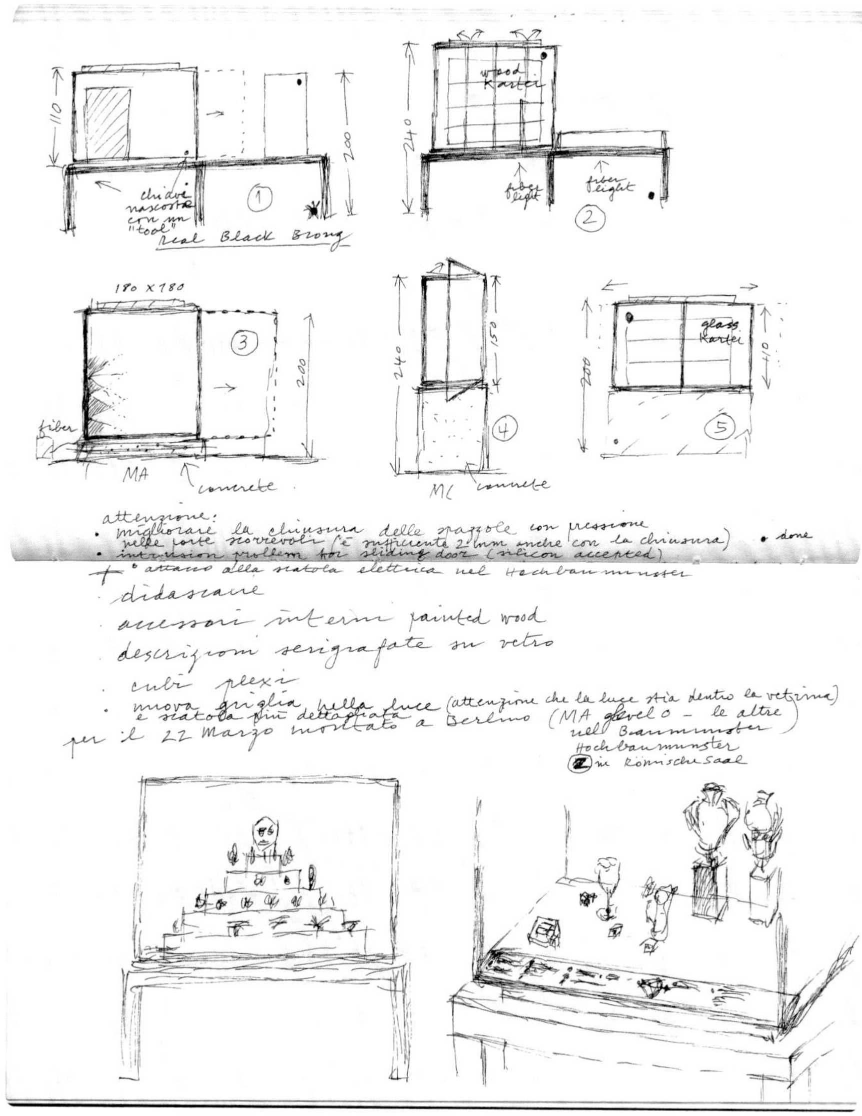

Raum und Bewegung

Vitrinen und „Käfige“ im Neuen Museum

Dietrich Wildung

Die „Käfige“ im Neuen Museum – ohne erklärende Worte wird die Raumhaltigkeit der Figuren erlebbar. | The “cages” in the Neues Museum—it is possible to experience the figures’ spatial content without the need for explanatory texts.

David Chipperfield hat mit dem Wiederaufbau des Neuen Museums auf der Berliner Museumsinsel ein archäologisches Denkmal des 19. und 20. Jahrhunderts geschaffen. Hier die Archäologie Ägyptens und des Sudan als Dialog zwischen Objekt und Raum zu präsentieren, war für das Ägyptische Museum und die Papyrussammlung eine Chance, die sich an keinem anderen Ort geboten hätte. Nofretete im Nordkuppelsaal, die Amarna-Porträtköpfe im gleißenden Licht der Plattform des ehemaligen Ägyptischen Hofes, die Bibliothek der Antike im Niobidensaal und die von einem Lichtkranz erhellte Unterwelt der Archäologischen Promenade bieten in ihrem Wechselspiel von Spannung und Harmonie, zwischen Alt und Neu den Besuchern faszinierende Seherfahrungen. Die auch im zweiten

Space and Movement

Display Cases and "Cages" in the Neues Museum

Dietrich Wildung

David Chipperfield has created an archaeological memorial of both the nineteenth and twentieth centuries with his rebuilding of the Neues Museum on Berlin's Museum Island. Presenting the archaeology of Egypt and the Sudan here as a dialogue between object and space offered an opportunity to the Egyptian Museum and Papyrus Collections that could never be provided in another location. Nefertiti below the dome of the north rotunda, the Amarna portrait heads in the fierce light of a platform within the former Egyptian court, the Library of Antiquity in the "Niobidensaal," and the Netherworld in the Archaeological Promenade illuminated by a coronet of light: with their reciprocal interplay of tension and harmony, old and new, all these rooms offer visitors fascinating visual experiences. The large number of visitors who continue to come, even in the second year after the museum's reopening, and the unusually long time that they spend in the museum are indications of the magical aura emanating from this symbiosis of the building and its content.

The severe, unembellished rooms of the newly built north-west quadrant of the Neues Museum invite a very special kind of dialogue. Their cubic structure means that they provide the ideal framework for erecting three-dimensional objects. On the ground floor, these objects are tomb chambers from the age of the pyramids, set up as freestanding architectural volumes. On the first floor, in the room of "Egyptian Sculpture" in the former Greek Hall, visitors enter an initially confusing conglomeration of almost fifty tall, narrow display cases. Cases? Not all of them, since many are just cages without glass, spaces within the room, defined by metal profiles; three-dimensional picture frames. What is the purpose of this?

The answer is provided by the ancient Egyptian sculptures occupying these spaces within a space. Ancient Egyptian statues are characterised by a rectangular base—a slab or a block. Stone sculptures have a back pillar or back panel behind the figure, which not only serves to stabilise the statue, but forms—in conjunction with the base—a three-dimensional framework. Back pillar and base create an invisible, virtu-

Jahr nach der Eröffnung gleichbleibend hohe Besucherfrequenz und die außergewöhnlich lange Verweildauer sind Indizien für die Faszination, die von dieser Symbiose von Bauwerk und Inhalt ausgeht.
Zu einem Dialog besonderer Art luden die strengen, schmucklosen Räume des neu errichteten Nordwestquadranten des Neuen Museums ein. Sie bieten mit ihrer kubischen Struktur den idealen Rahmen für die Aufstellung dreidimensionaler Objekte. Im Erdgeschoss sind es die als freistehende Architekturkörper errichteten Grabkammern der Pyramidenzeit. Im ersten Obergeschoss treten die Besucher im Raum „Ägyptische Skulptur", im ehemaligen Griechischen Saal, in einen zunächst verwirrenden Wald von nahezu 50 schlanken, hohen Vitrinen. Vitrinen? Nur teilweise, denn viele von ihnen sind glaslos, und eine Vitrine ohne Glas – lateinisch *vitrum* – ist ein Widerspruch in sich. Also Räume im Raum, definiert durch Metallprofile, dreidimensionale Bilderrahmen. Was soll das?
Die Antwort geben die altägyptischen Skulpturen, die diese Räume im Raum bewohnen. Altägyptische Statuen sind durch eine rechteckige Basis – Platte oder Block – charakterisiert. Steinskulpturen weisen hinter der Figur einen Rückenpfeiler oder eine Rückenplatte auf, die nicht zur Stabilisierung der Statue dienen, sondern zusammen mit der Basis ein dreidimensionales Gerüst bilden. Rückenpfeiler und Basis lassen um die Figur einen unsichtbaren, einen virtuellen Raum entstehen. Er gibt den Statuen, ungeachtet ihrer Maße, eine ausgeprägte Monumentalität. Er ist das Raster, von dem sich Asymmetrien, Abweichungen von der Frontalität, Drehungen des Körpers abheben. Dieser virtuelle Raum ist die Voraussetzung für die latente Bewegung, die in vielen ägyptischen Statuen steckt.
In einer musealen Präsentation geht es darum, diese in der Statue angelegte Raumhaltigkeit sichtbar zu machen. Dies geschieht im Neuen Museum in einem dreistufigen Prozess. Der in der Statue angelegte Raum wird im groß dimensionierten kubischen Sockel aus Werkstein aufgenommen und gesteigert. Der den Sockel großräumig umgebende kräftige Metallrahmen – mit oder ohne Verglasung – thematisiert den Raumbegriff und macht ihn zu einem sichtbaren Aspekt der Präsentation. Boden, Wände und Decke des Ausstellungsraums übertragen diese Raumhaltigkeit der Skulptur in die Architektur des Museumsgebäudes. Das funktioniert nur, wenn der vom Metallrahmen definierte Raum nach allen Seiten offen bleibt. Lichtkästen auf den Vitrinen und Rahmen sind daher ausgeschlossen, da sie den Ausstellungsraum in eine beleuchtete Objektzone und eine funktionslose unbeleuchtete obere Zone zerlegen würden. Der ganze Ausstellungsraum ist eine Großvitrine, in der die Raumhaltigkeit der Skulptur ihre letzte Steigerung erfährt.

Im ehemaligen Griechischen Saal treten die Besucher in einen zunächst verwirrenden Wald von nahezu 50 schlanken, hohen Vitrinen. | In the former Greek Hall, visitors enter an initially confusing conglomeration of almost 50 tall, narrow glass diplay cases.

Der Vitrine kommt in diesem Prozess der Visualisierung des in der Figur angelegten Raumbegriffs die entscheidende Funktion zu, Mittler zwischen Objekt und architektonischem Raum zu sein, eine Funktion, die die Vitrine nur wahrnehmen kann, wenn sie einen markanten sichtbaren Rahmen hat. Eine rahmenlose Ganzglasvitrine ist nicht in der Lage, diese raumschaffende Wirkung zu übernehmen. Das Wesentliche der Vitrine sind nicht mehr die Glasflächen, sondern die Metallholme, die nicht in erster Linie konstruktionsbedingt sind, sondern eine wichtige inhaltliche Aussage über das Objekt machen, dessen Lebensraum sie bilden. Die Umsetzung der Sichtweisen des kunstwissenschaftlich arbeitenden Ägyptologen und der Erfahrungen des Ausstellungsgestalters Michele de Lucchi in realisierbare Konstruktionen bleibt als behutsamer langfristiger Dialog in angenehmer Erinnerung.

Die Präsentation ägyptischer Skulpturen in kräftig ausgebildeten dreidimensionalen Rahmen führt Dogmen der Kunstgeschichte ad absurdum. Als streng geometrische Parameter offenbaren die Rahmen und gerahmten Vitrinen die Unhaltbarkeit der Behauptung, ägyptische Skulpturen wiesen keinerlei Drehung von Kopf und Schultern auf, seien immer nach einem rechtwinkligen Raster ausgerichtet und seien folglich bewegungslos. In dem virtuellen Raum, der ägyptische Skulpturen umgibt und durch die Rahmung sichtbar gemacht wird, manifestiert sich die virtuelle Bewegung, die als Essenz ägyptischer Skulptur gelten muss. Kaum eine der im Neuen Museum ausgestellten Skulpturen entspricht dem Dogma der Frontalität und Bewegungslosigkeit. Das Geheimnis der Lebendigkeit ägyptischer Statuen liegt darin, dass sie in einer Neigung des Kopfes, einer Drehung der Schultern, „im Gehen stehend und gehend im Stehen“ (Thomas Mann) mit subtilen formalen und stilistischen Mitteln ihre vielfältigen Bewegungen eher verhüllen als offenbaren.

Den Anstoß, die Entdeckung der virtuellen Bewegung, des virtuellen Raumes ägyptischer Skulptur durch die dreidimensionale Rahmung der Figuren in der musealen Präsentation nachvollziehbar zu machen, verdanken wir zwei Künstlern der Moderne, Alberto Giacometti und Francis Bacon. Schon die frühen surrealistischen Arbeiten Giacomettis zeichnen sich durch ein Strukturelement aus, das zu einem Markenzeichen seiner Skulpturen wird – rechteckige Basisplatten oder -blöcke. Nicht selten umgibt Giacometti seine Figuren mit einem dreidimensionalen Metallgestell, das er „cage“ nennt, „Käfig“. Der Anstoß zu diesem Gestaltungsprinzip mag durchaus in der ägyptischen Skulptur liegen, hat doch Giacometti zeitlebens wieder und wieder ägyptische Kunst gezeichnet. Die Monumentalität seiner Miniaturskulpturen beruht ebenso auf deren kubischen Basisblöcken wie bei ägyptischen Statuetten mit ihren rechteckigen Standplatten.

Die Rahmen offenbaren die Unhaltbarkeit der Behauptung, ägyptische Skulpturen wiesen keinerlei Drehung von Kopf und Schultern auf. | The frames reveal the untenability of claims that Egyptian sculptures display no turning of the head and shoulders.

al space around the figure. This gives the statues a striking monumentality, regardless of their actual dimensions. It is the grid against which asymmetries, deviations from the frontal perspective, or any turns of the body stand out. This virtual space is the precondition to the latent movement displayed by many Egyptian statues.

When presenting this in a museum context, the important thing is to visualise the spatial content inherent in the statue. In the Neues Museum this is achieved in a three-stage process. The space laid out in the statue is adopted and heightened by the large-scale cubic pedestal made of artificial stone. The strong metal frame surrounding the pedestal at some distance—with or without glass—takes up the spatial concept and makes it into a visible aspect of the presentation. Floor, walls, and ceiling of the exhibition hall transpose this spatial content of the sculpture to the architecture of the museum building. This only works if the space defined by the metal frame remains open to all sides. Light boxes on the display cases and frames are out of the question, therefore, as they would split the exhibition space into an illuminated object zone and an unlit upper zone with no function. The entire exhibition space is a large-scale display case, in which the spatial content of the sculpture experiences its final culmination.

In this process of visualising the spatial concept laid out in the figure, it is the display case that is given the decisive function as mediator between object and architectural space; a function which the case can only fulfil if it has a strikingly visible frame. A fully glazed display case with no frame is incapable of achieving this space-generating effect. The essential feature of the display cases is no longer the glass but the metal bars, which are not determined by construction first and foremost, but make an important statement about the object which is housed within them. The integration of the perspectives of the Egyptologist working as an art historian, the experience of exhibition designer Michele de Lucchi and finally the implementation in functioning constructions, means that this process will remain pleasingly in the mind as a cautious, long-term dialogue.

The presentation of the Egyptian sculptures in solidly constructed three-dimensional frames leads a dogma of art history ad absurdum. As strict geometrical parameters, the frames and framed display cases reveal the untenability of claims that Egyptian sculptures display no turning of the head and shoulders, are always laid out according to a rectangular grid, and therefore lack movement. In the virtual space that surrounds Egyptian sculptures, visualised here by their framing, the virtual movement which should be considered the essence of Egyptian sculpture is manifest. Very few of the sculptures exhibited in the Neues Museum correspond to the dogma of frontal presentation and lack of movement. The secret of Egyptian statues' animation lies

Rückenpfeiler und Basis lassen um die Figur einen unsichtbaren, einen virtuellen Raum entstehen. | Back pillar and base create an invisible, virtual space around the figure.

Ein weiterer Anstoß kommt von Francis Bacon, der in der von Diego Velázquez inspirierten Bildfolge Innozenz' X. den Papst mit einem in dünnen weißen Linien gemalten, dreidimensionalen transparenten Käfig umgibt und in den späten Triptychen durch schwarze Rahmen Räume um die Figuren schafft. Auch für Francis Bacon ist seine Auseinandersetzung mit ägyptischer Kunst vielfach bezeugt.
Giacomettis „Käfige" und die dreidimensionalen Gehäuse, die Francis Bacon um seine Figuren malt, stehen auf derselben Ebene der Visualisierung von Raum und Bewegung wie die Präsentation ägyptischer Statuen im Neuen Museum. Die Vitrinen bedienen nicht nur konservatorische und sicherheitstechnische Notwendigkeiten, sondern sind in ihrer pointierten räumlichen Struktur Medien, die essenzielle Aspekte der Kunstwerke erfahrbar machen. Ohne erklärende Worte wird die Raumhaltigkeit der Figuren erlebbar. Generell in Augenhöhe aufgestellt, optimal ausgeleuchtet, treten die Skulpturen in einen direkten Dialog mit ihren Betrachtern, die selbst zu Betrachteten zu werden scheinen. Durch die Betonung des Rahmens und durch den Wechsel mit glaslosen „Käfigen" gewinnen auch die verglasten Vitrinen eine hohe Transparenz und machen als raumbildende Elemente den architektonischen Raum des Museumsgebäudes zum Lebensraum der in den Skulpturen dargestellten Menschen einer längst vergangenen und doch so lebendig gebliebenen Epoche.

in the fact that they employ subtle formal and stylistic means to veil rather than reveal their various movements: a bowing of the head, a turn of the shoulders, or "standing still while walking and walking while standing still" (Thomas Mann).

We owe our realisation of Egyptian sculpture's virtual movement and space, and the stimulus to show this in the museum presentation by framing the figures three-dimensionally to two modern artists, Alberto Giacometti and Francis Bacon. Giacometti's early surrealist works are already characterised by a structural element that became the trademark of his sculptures—rectangular base slabs or blocks. It was not unusual for Giacometti to surround his figures with a three-dimensional metal frame, which he called a "cage." The impetus behind this principle of design may certainly have been Egyptian sculpture, as Giacometti drew Egyptian art again and again throughout his life. The monumentality of his miniature sculptures is based on their cubic base blocks to the same extent as that of Egyptian statuettes with their rectangular standing slabs.

Further stimulus comes from Francis Bacon, who—in his Innocence X series of paintings inspired by Diego Velázquez—surrounded the pope with a three-dimensional transparent cage painted in thin white lines and also used black frames to create spaces around his figures in the late triptychs. There is also repeated evidence of Francis Bacon's interest in Egyptian art.

Giacometti's "cages" and the three-dimensional frames that Francis Bacon painted around his figures visualise space and movement on the same level as the presentation of Egyptian statues in the Neues Museum. The display cases not only comply with the requirements of conservation and security technology; their pointed spatial structure makes them into a means enabling us to experience the essential aspects of the artworks. It is possible to experience the figures' spatial content without the need for explanatory texts. Generally positioned at eye level, optimally illuminated, the sculptures enter into a direct dialogue with their viewers, who thus seem themselves to be observed. The emphasis of the frame and their alternation with unglazed "cages" also gives the glazed display cases great transparency; as space-generating elements they turn the architectonic space of the museum building into a fitting home for the people from a distant, yet still vital epoch embodied in the sculptures.

SEHNSUCHT

Der deutsche Beitrag zur 12. Internationalen Architekturbiennale in Venedig

Cordula Rau

Die Biennale di Venezia gilt seit 1980 als Treffpunkt der internationalen Architekturszene und ist die bedeutendste internationale Architekturausstellung. Neben dem Gelände des Arsenale, einer ehemaligen Werft, ist die historische Gartenanlage Giardini di Castello der traditionelle Ausstellungsort, der sukzessive mit Länderpavillons bebaut wurde. Der deutsche Pavillon, 1909 als „Bayerischer Pavillon" von dem italienischen Architekten Daniele Donghi errichtet, ist 1938 während des Nationalsozialismus umgebaut worden. Immer wieder werden diese nationalsozialistische Architektur und Formensprache kritisiert und Diskussionen um den Abriss und Neubau des Gebäudes in Gang gesetzt. Der Pavillon steht jedoch unter italienischem Denkmalschutz und funktioniert als Ausstellungsgebäude einwandfrei.

> *„Jede kreative Arbeit beginnt mit Sehnsucht und sie wird bis zum Schluss von ihr begleitet." (Die Walverwandtschaften)*

Für ihr Motto „People Meet in Architecture" wünschte sich Kazuyo Sejima, die Direktorin der 12. Architekturbiennale, den Inhalt „übergreifend" und „in einem konstanten Dialog zwischen den Teilnehmern und den Besuchern". Bei dem deutschen Beitrag stellten *die Walverwandschaften* München Zürich Boston, Cordula Rau, Eberhard Tröger und Ole W. Fischer, das Thema „Sehnsucht" in den Mittelpunkt der Betrachtungen. Wir verwandelten den Pavillon in den Gärten von Venedig in einen atmosphärischen Ort. Um die Architekturlandschaft zu personifizieren und zu emotionalisieren, verzichteten wir bewusst auf die Präsentation von Einzelprojekten und setzten stattdessen auf die direkte Erfahrbarkeit und die Anregung von Assoziationen. Der Pavillon wurde als erstes Ausstellungsobjekt interpretiert und zu einem Sehnsuchtsort Deutschlands in Italien aufgeladen. Vor dem Hintergrund der Diskussion über den Abriss und Neubau des Pavillons setzte dieser Umgang ein Zeichen für die Qualität historischer Schichtung, deren Gleichzeitigkeit temporär eine weitere hinzugefügt wird. Ohne die Geschichte des Pavillons zu vertuschen, wird das Haus im Sinne seiner architektonischen Möglichkeiten inszeniert.

> *„Es gibt eine Sehnsucht, die nichts von sich weiß. Erst wenn man sich ihr überlässt, erfährt man, wohin sie einen haben will."*
> *(Martin Walser)*

SEHNSUCHT

The German Contribution to the 12th International Architecture Biennial in Venice

Cordula Rau

Der mit einem golden schimmernden venezianischen Vorhang verkleidete Portikus | The portico dressed in a shimmering golden Venetian curtain

Since 1980, the Biennale di Venezia, the most important architecture exhibition world-wide, has been regarded as *the* meeting place of the international architectural scene. Besides the site of the Arsenale, a former shipyard, the traditional exhibition venue is the historical gardens Giardini di Castello, where the construction of more and more national pavilions has brought successive development. The German pavilion was built as the "Bavarian Pavilion" by Italian architect Daniele Donghi in 1909 and converted during National Socialism in 1938. Its National Socialist architecture and formal language are criticised repeatedly and discussions are often initiated about its demolition and the construction of a new pavilion. However, it is a listed monument in Italy, and it certainly functions impeccably as an exhibition building.

> *"Every work of creativity begins with longing and is attended by longing until its completion." (Die Walverwandtschaften)*

Under her motto "People Meet in Architecture," Kazuyo Sejima, director of the 12th Architecture Biennial, wished for content that was "overarching" and involved "constant dialogue between participants

Bereits der mit einem golden schimmernden venezianischen Vorhang verkleidete Portikus sowie der Neonschriftzug „Sehnsucht" tragen das Thema und die Botschaft des deutschen Pavillons nach außen. Der rechteckförmige Zentralraum mit angelagerter halbrunder Apsis wird als Gesellschaftsraum etabliert. Von Beginn an galt für uns der „Rote Salon" der Berliner Volksbühne als Vorbild. In Venedig ist der Hauptraum mit einer roten Wandbespannung „weich" inszeniert. Auf eine fest vorgegebene Aufstellung der Möbel wird verzichtet, um programmierten und spontanen Veranstaltungen eine Bühne zu bieten. An den Wänden sind Skizzen architektonischer Sehnsüchte zu sehen, die von ausgewählten Architekten, Künstlern und Kulturschaffenden angefertigt wurden. Als „Panorama der Sensibilität" regen sie zum Gespräch über persönliche Sehnsüchte an. Die 183 Zeichnungen vermitteln unterschiedlichste Impressionen – manche ganz abstrakt, andere wiederum sehr konkret. Das inhaltliche Konzept des „Roten Salons" sah vor, dass während der gesamten Laufzeit der Biennale in Venedig Workshops und darüber hinaus in München, Zürich und Berlin Salonabende stattfanden, um das Thema nach außen zu tragen.

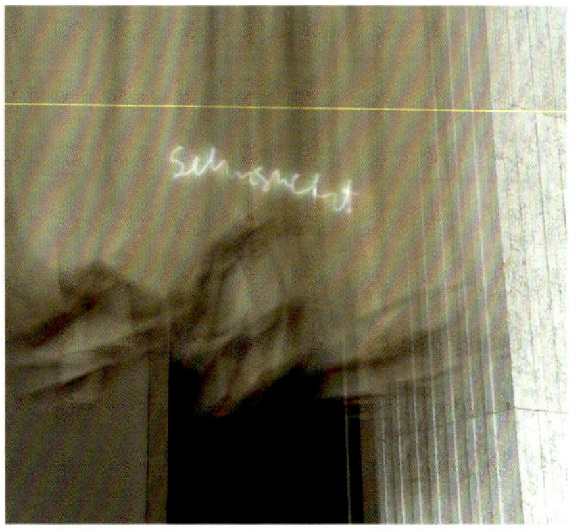

Neonschriftzug „Sehnsucht" | Neon writing "Sehnsucht"

„Das einzige was ein Kunstwerk kann, ist Sehnsucht wecken nach einem anderen Zustand der Welt. Und diese Sehnsucht ist revolutionär." (Heiner Müller)

Der Hauptraum wird von vier Themenkabinetten umgeben, die einen inspirierenden Rundgang ermöglichen. Die künstlerisch inszenierten Kabinette „Spiegelsaal", „Zimmer mit Aussicht", „Dark Room" und „The Void" bilden unterschiedliche Aspekte des Themas „Sehnsucht" ab. Um Freiraum für die Interpretation und Interaktion zu schaffen, bleibt das große Seitenkabinett rechts neben dem Eingang leer und in seiner ursprünglichen Gestalt als Ausstellungsraum erhalten. An der Wand befindet sich ein Gemälde von Siegrun Appelt mit einer künstlerischen Projektion, das in dezenten Tönen überlagerte Farbstimmungen wiedergibt und das Thema „Sehnsucht" imaginär umsetzt. Textfragmente im Bereich der Sockelleiste ergänzen die assoziative Wirkung. Das kleine, dahinter liegende Seitenkabinett ist komplett in schwarze Farbe getaucht. Abgekehrt vom Besucher steht ein hoher Schrank, aus dem eine Stimme in verschiedenen Sprachen tönt. Im Schrank selbst entdeckt man ein verfremdetes Abbild des deutschen Pavillons. Der Beitrag des Künstlers Gottfried Müller verbindet zwei Pole: Fernweh und Heimweh. Seine fiktive private Sternwarte, eingezwängt zwischen gewaltigen Mietskasernen im Berliner Stadtteil Wedding, steht ebenso für den Wunsch nach gesellschaftlicher Anerkennung durch die Erforschung unendlicher Weiten wie für die Sehnsucht nach Heimat. In der umgekehrten Analogie zum „Dark Room" sind im gegenüberliegenden „Zimmer mit Aussicht" alle Wände weiß gehalten. Zum ersten Mal ergibt sich ein unvermutet sich öffnender Blick auf die Lagune von Venedig. Durch eine inszenierte Fenstertür erblickt man einen romantischen Aussichtsplatz am Meer. Der weiße, raumhohe Vorhang trägt das Wehen der Meeresbrise in einer sinnlichen Bewegung nach innen. Ein neu geschaffener Weg zum Aussichtspunkt steht für die Verbindung von Architektur und Natur.

„Architektur sollte sich nie um sich selbst, sondern immer nur um eines drehen: den Menschen." (Zvi Hecker)

and visitors." The German contribution by *Die Walverwandtschaften* Munich, Zurich, Boston–Cordula Rau, Eberhard Tröger and Ole W. Fischer—focused its ideas on the subject of *Sehnsucht* (Longing). We transformed the pavilion in the gardens of Venice into an atmospheric setting. In order to personify and emotionalise the architectural landscape, we consciously rejected the presentation of individual projects and instead backed qualities that could be experienced directly and the triggering of associations. The pavilion was interpreted as the first exhibition object and atmospherically charged to create a setting of Germany's longing in Italy. Before the background of discussions over the pavilion's demolition and reconstruction, this way of handling it was a gesture underlining its many simultaneous historical layers, to which another layer was being temporarily added. Without seeking to conceal the history of the pavilion, the structure was staged to make the most of its architectural possibilities.

"There is a longing that knows nothing of itself. We only find out where it wants to lead us when we give in to it." (Martin Walser)

The portico dressed in a shimmering golden Venetian curtain and the neon writing Sehnsucht already convey the German pavilion's theme and its message to those outside. The rectangular-shaped central space with adjacent semicircular apse is defined as a social space. From the beginning, our pattern was the "Roter Salon" of the Berliner Volksbühne. In Venice, the main room is presented in a "soft" way with red cloth on the walls. No fixed layout was decided for the furnishings, so that a stage could be provided for programmed and spontaneous events. Sketches of architectural longings could be seen on the walls, produced by selected architects, artists and those working in the creative industries. As a "panorama of emotions" they stimulate the discussion of personal longings. The 183 drawings create a wide spectrum of impressions—some quite abstract, others very concrete. The concept for the content of the "Roter Salon" envisaged workshops taking place throughout the Biennial in Venice, as well as additional salon evenings in Munich, Zurich, and Berlin to raise the subject outside the exhibition.

Der „Rote Salon" in Venedig mit dem „Panorama der Sehnsüchte" | The "Roter Salon" in Venice with the "panorama of emotions"

"All that a work of art can do is trigger longing for a different state of the world. And this longing is revolutionary." (Heiner Müller)

The main room is surrounded by four thematic cabinets, which together create an inspiring tour for visitors. The artistically staged cabinets "Spiegelsaal" (Hall of Mirrors), "Zimmer mit Aussicht" (Room with a View), "Dark Room," and "The Void" illustrate different aspects of the subject of Sehnsucht. In order to generate space for interpretation and interaction, the large side cabinet to the right of the entrance remains empty, retaining its original form as an exhibition space.

Dem Spiegelsaal, dem ersten Kabinett links neben dem Eingang, kommt in unserem Konzept ein besonderer Stellenwert zu. Die Besucher geben sich hier ganz ihren Träumen und Illusionen hin. Auf fast 200 Quadratmetern verspiegelter Wandfläche duplizieren sich diese in das Unendliche. Selbst die Spiegel sind Teil dieser Illusion, denn sie bestehen nicht aus Glas, sondern aus Faserzement mit verspiegeltem Schichtstoff. Die illusorische Wirkung wird von einer Folie verstärkt, die ein leicht verschwommenes Bild wiedergibt. Der besondere Überraschungseffekt befindet sich unter der Decke. Dort sind die Originallampen aus dem Berliner „Palast der Republik" installiert. Aus einem Lager in Berlin wurden sie für die Dauer der Ausstellung nach Venedig transportiert, zusammengebaut und als eigenständige, auf den Raum zugeschnittene Installation eingebaut. Die Palastleuchten als Stellvertreter des „Palastes der Republik" symbolisieren den Sehnsuchtsgedanken in mehrfacher Hinsicht: Sie stehen für die „Ostalgie", in der die DDR und das Gebäude selbst verklärt und idealisiert wurden und die in den Nachwendejahren immer weiter um sich griff. Sie sind aber auch das Symbol für eine Aufbruchstimmung in der Architektur und Stadtplanung, die sich in der Zwischennutzung des Palastes manifestierte. Und sie spielen auf den Umgang mit der Ostmoderne an, einschließlich der Frage, ob nicht die nächste Generation über die Gestaltung der Mitte Berlins entscheiden sollte. All diese immanenten Sehnsüchte wurden mit den Palastleuchten nach Venedig transportiert und international zur Schau gestellt. Während der dreimonatigen Biennale spiegelten sich dort, in einer Mischung aus Kunst- und Tageslicht, Hunderte von Besuchern tausendfach. Angeregt durch die Reflexionen der Lüster ließen sie ihren Sehnsüchten freien Lauf. Der Spiegelsaal war der Brennpunkt von Assoziation und Provokation und löste unterschiedliche Reaktionen aus. Die Abwesenheit von Exponaten ließ alles offen, die Spiegelung in das Unendliche versetzte Raum und Zeit. Somit wandelte sich die Installation zum Inbegriff der „Sehnsucht", die alles beinhaltet und gleichzeitig nichts.

Der Spiegelsaal wandelte sich zum Inbegriff der „Sehnsucht", die alles beinhaltet und gleichzeitig nichts. | The "Hall of Mirrors" was thus transformed into the epitome of *Sehnsucht*, which manages to contain everything and nothing at the same time.

On the wall there is a painting by Siegrun Appelt: a creative projection that reproduces colour moods using subtle tones and realises the theme of *Sehnsucht* in the imagination. Text fragments near the skirting boards add to the associative effect. The small side cabinet behind this is immersed in blackness. Turned away from the visitors there is a tall cupboard, from which a voice can be heard speaking in various languages. In the cupboard itself, there is an alienated image of the German pavilion. The contribution by artist Gottfried Müller combines two extremes: a longing to travel and homesickness. His fictive private observatory, squashed between huge blocks of flats in the Berlin district of Wedding, represents a longing for social recognition through the exploration of infinite, far-distant places, but equally a longing for home. In a reverse analogy to the "Dark Room," all the rooms of the "Room with a View" opposite are kept white. Here, for the first time a view of Venice lagoon is unexpectedly revealed. A highlighted window-cum-door gives visitors a view of a romantic vantage point by the sea. The white, ceiling-to-floor curtain wafts the sea breeze inside with its sensual movement. A newly made path to the vantage point stands for the link between architecture and nature.

"Architecture should never revolve around itself, but always have a single focus: man." (Zvi Hecker)

Our concept accentuates the "Hall of Mirrors," the first cabinet on the left beside the entrance. Here, visitors can abandon themselves completely to their dreams and illusions. They are duplicated into infinity on almost 200 square metres of reflecting wall surface. Even the mirrors are part of this illusion, since they are not made with glass but with fibre elements covered in a layer of reflecting material. The illusionary effect is heightened by a foil that creates a slightly blurred image. The surprise effect is below the ceiling, where the original lamps from the "Palast der Republik" in Berlin have been installed. They were transported to Venice from a depot in Berlin for the duration of the exhibition, assembled, and set up as a separate installation conceived especially for this space. As representatives of the "Palast der Republik," the lamps symbolise the idea of longing in several respects: they stand for "Ostalgia," whereby the GDR and the building itself were transfigured and idealised; a tendency that spread widely in the years after radical political change. But they are also symbolic of a mood of departure in architecture and urban planning, which was manifest in the palace's interim use. And they are a reference to our handling of modernity in the East, including the question of whether the next generation ought to decide on the design of Berlin's centre. All these immanent longings were transported to Venice along with the lamps from the "Palast der Republik" and exhibited internationally. During the three-month biennial, hundreds of visitors were reflected a thousand times there—in a combination of artificial illumination and daylight. Stimulated by the reflections of the lustre, they could give free rein to their own longings. The "Hall of Mirrors" functioned as the focal point of association and provocation, triggering very different reactions. The absence of exhibits left everything open and the reflection into infinity created shifts in space and time. The installation was thus transformed into the epitome of Sehnsucht, which manages to contain everything and nothing at the same time.

Die Neupräsentation des Domschatzes zu Halberstadt aus konservatorischem Blickwinkel

Katrin Tille

Am Dom St. Stephanus und St. Sixtus zu Halberstadt ist mit dem Domschatz ein einzigartiges Ensemble überwiegend mittelalterlicher Kirchenkunst überliefert, das die einstige Ausstattung der Kathedrale in großen Teilen widerspiegelt. Dazu gehören Tafelbilder, Altaraufsätze, Skulpturen, Mobiliar, Handschriften, liturgisches Gerät und Paramente. Alle Schatzstücke stehen mit der Bischofskirche in untrennbarem Zusammenhang und bilden den umfangreichsten Bestand, der in Deutschland an einer Kirche erhalten blieb.

Die Anfänge des Domschatzes reichen bis in das frühe 9. Jahrhundert, die Gründungszeit des Bistums Halberstadt, zurück.[1] Den Grundstock bildete der Reliquienschatz, das eigentliche „Heiltum" der Kathedrale.[2] Über die Jahrhunderte erfuhr er durch Schenkungen, Stiftungen und Auftragsarbeiten beträchtlichen Zuwachs.[3] Der erste evangelische Gottesdienst im Dom wurde erst im Jahr 1591 gefeiert. Auch trat das Domkapitel nicht geschlossen zum neuen Glauben über. Es war fortan gemischt-konfessionell, das heißt mit Protestanten und Katholiken, besetzt. Bis zur Säkularisierung im Jahr 1810 wurde der Domschatz daher in seiner Gesamtheit achtsam behandelt und zum Teil weiter liturgisch genutzt. Seit dem frühen 19. Jahrhundert setzte sich die evangelische Domgemeinde engagiert für den Erhalt ein. Über 150 Jahre stellte sich auch die staatliche Denkmalpflege dieser Aufgabe. Sie begleitete unter anderem die Einrichtung der musealen Präsentationen von 1936 und 1959 und sorgte bis 1989/90 für eine restauratorische Betreuung.[4] In den 90er Jahren wurden die Zuständigkeiten für das Bauwerk und die Schatzkunst auf der Grundlage eines Präsentations- und Nutzungsvertrags zwischen dem Land Sachsen-Anhalt und der Evangelischen Kirche geregelt. Seit 1996/98 steht die Stiftung Dome und Schlösser in Sachsen-Anhalt[5] als Eigentümerin in der Verantwortung, sowohl für den baulichen Unterhalt des Domes und der Klausur, in deren Räumen der Domschatz präsentiert wird, als auch für seine kontinuierliche restauratorische Betreuung zu sorgen.[6] Der evangelische Kirchenkreis Halberstadt übt das Präsentations- und Nutzungsrecht an Dom und Domschatz aus. Ihm obliegen deshalb die inhaltliche Vermittlung und der Ausstellungsbetrieb vor Ort. Das Landesamt für Denkmalpflege und Archäologie Sachsen-Anhalt führt weiterhin eine intensive wissenschaftliche und denkmalfachliche Beratung durch.

Große Anstrengungen waren und sind nötig, um den Dom und seinen Kirchenschatz unbeschadet nachfolgenden Generationen zu erhalten. Im Vordergrund stehen langfristig und nachhaltig wirkende Maßnahmen zur Verbesserung der konservatorischen Umgebungsbedingungen (Raumklima, Licht, Schadstoffbelastung u. ä.) und der Aufbewahrungssituation in Ausstellung und Depot (Vitrinen, Magazinschränke u. ä.).

The New Presentation of the Cathedral Treasury of Halberstadt from a Conservational Standpoint

Katrin Tille

Blick von der Empore mit freistehender Ganzglas-vitrine | View from the balcony with free-standing, all-glass display case

A unique ensemble of primarily mediaeval religious art has been handed down to us in the cathedral treasury of the Cathedral St. Stephanus and St. Sixtus in Halberstadt; to a large extent, it mirrors the cathedral interior in bygone years. It includes panel pictures, altarpieces, sculptures, furnishings, manuscripts, and liturgical equipment and robes. All the items of the treasury are linked inseparably to the Episcopal Church and form the most extensive collection to have survived in any German church.

The earliest items of the cathedral treasury date back to the early ninth century, when the diocese of Halberstadt was founded.[1] The main collection is formed by the treasury of relics, the true "sanctum" of the cathedral.[2] Over the centuries, it expanded considerably as a result of gifts, donations, and commissioned works.[3] The first protestant service in the cathedral was not held until the year 1591. The cathedral chapter did not convert to the new faith as one, either. From that time onwards, its members represented a mixture of confessions, including both Protestants and Catholics. Up until the cathedral's secularisation in 1810, therefore, the entire cathedral treasury was handled with great care and indeed, parts of it were still used in the liturgy. Since the early nineteenth century, the protestant cathedral parish has been actively committed to its preservation. For more than 150 years, the state department for the preservation of monuments was also involved in the task. Among other things, it supervised the setting up of the museum presentations in 1936 and 1959 and was in charge of overseeing restoration work up until 1989/90.[4] In the nintieth, the responsibilities for both the building and the treasury's artefacts were regulated by a contract of presentation and usage concluded between the state of Saxony-Anhalt and the Protestant Church. Since 1996/98, the owner—the Foundation Cathedrals and Castles in Saxony-Anhalt[5]—has been responsible for the structural upkeep of the cathedral and the cloisters, in the rooms of which the cathedral treasury is presented, as well as for its continuing care and restoration.[6] The "Protestant Church Circle" of Halberstadt exercises the right to present and use the cathedral and the cathedral treasury. It is therefore responsible for conveying its content and for the exhibition business on site. The State Office for the Preservation of Monuments and Archaeology in Saxony-Anhalt continues to offer far-reaching scientific advice and consultation regarding the care of monuments.

Außerdem ist es wichtig, eine kontinuierliche restauratorische Betreuung zu gewährleisten. Unter dieser Maßgabe stand auch die grundlegende Neupräsentation des Domschatzes, die die Stiftung gemeinsam mit ihren Partnern – dem Evangelischen Kirchenkreis Halberstadt und dem Landesdenkmalamt – und mit Unterstützung von Fachleuten der unterschiedlichsten (Bau-)Gewerke, Restauratoren, Wissenschaftlern und Ausstellungsspezialisten realisiert hat.

Akuter Handlungsbedarf bestand, da Mitte der 90er Jahre mikrobielle und andere klimatisch bedingte Schadensbilder an verschiedenen Kunstwerken festgestellt wurden. Extreme Schwankungen des Raumklimas und ein generell zu hohes Niveau der Luftfeuchtigkeit beförderten diese Situation ebenso wie die zum Teil verschlissene Ausstellungsinfrastruktur der 1959 wiedereröffneten und seitdem technisch nahezu unveränderten Präsentation. Negativ wirkte sich auch das Fehlen einer kontinuierlichen Pflege aus, die aufgrund der strukturellen und institutionellen Veränderungen nach 1990 ausgeblieben war.[7]

Ansicht Kapitelsaal | View of the chapter house

Als ersten Schritt hat die Stiftung die personellen Voraussetzungen für eine regelmäßige restauratorische Betreuung geschaffen.[8] Außerdem führte sie die bereits eingeleiteten raumklimatischen Untersuchungen weiter, auf deren Grundlage erste technische und konstruktive Notmaßnahmen erfolgt waren. Doch die miteinander verflochtenen und vielschichtigen Aufbewahrungsprobleme ließen sich durch separate Eingriffe in Teilkomponenten nicht mehr bewältigen. Nur die Entwicklung einer langfristig tragfähigen, wissenschaftlich fundierten und umfassenden Planungsgrundlage bot den richtigen Lösungsansatz für die dauerhafte Sicherung, Pflege und Präsentation des Domschatzes.[9]

Die Komplexität der Aufgabenstellung verlangte nach einer Zusammenarbeit von Fachleuten verschiedener Disziplinen und einer Einbeziehung aller für den Domschatz verantwortlichen Institutionen. Bereits im Dezember 1999 wurde unter der Leitung der Stiftung eine interdisziplinäre Arbeitsgruppe gegründet. Ausgehend von einer baulichen Bestandsaufnahme, der Klärung der Umweltbedingungen im Domschatz sowie der Analyse und Definition der konservatorischen Rahmenbedingungen wurden die Anforderungen an eine zeitgemäße, kunstgeschichtlich, theologisch wie museumsdidaktisch schlüssige Präsentation formuliert. 2001 lagen die Ergebnisse in Gestalt einer Projektstudie vor.[10] Sie bildete die Grundlage für den Architektenwettbewerb, den 2003 das Berliner Architekturbüro von Helge Sypereck für sich entschied.[11]

2004 begannen die Bauarbeiten mit der Errichtung eines modernen Funktionsgebäudes in direkter Nachbarschaft zur Domklausur. Darin befinden sich neben dem Besucherempfang und Büroräumen für die

There was and still is a need for great effort to preserve the cathedral and its treasury undamaged for subsequent generations. Currently, the key focus is on long-term measures with an enduring impact to improve the overall conservational conditions (room temperatures, light, level of pollutants, etc.) and the storage situation within the exhibition and in the depot (display cases, storage cupboards, etc.). In addition, it is important to ensure that the objects are continually supervised by restorers. The fundamentally new presentation of the cathedral treasury was developed with these stipulations in mind; it was realised by the foundation together with its partners—the Protestant Church Circle of Halberstadt and the State Office of Monuments—and with assistance from experts in a wide range of specialist fields including (building) trades, restorers, scientists, and exhibition-makers.

The need to act was acute, as microbic and other climate-induced signs of damage had been discerned in various works of art in the mid-nintieth. Extreme fluctuations of room temperature and a raised overall level of humidity exacerbated this situation, as well as the partially worn-out infrastructure of the presentation, which had been reopened in 1959 and remained almost unchanged technically since then. A negative effect also ensued from the lack of regular maintenance, which had been neglected following the structural and institutional changes after 1990.[7]

As a first step, the foundation created the staffing preconditions for regular supervision by restorers.[8] In addition, it continued investigations into the room climate that had already been initiated; indeed, the first technical and structural emergency measures had been realised on their basis. But it was no longer possible to deal with the interrelated, multifaceted problems of storage by means of isolated interventions into part aspects. The only real way to ensure the enduring preservation, maintenance, and presentation of the cathedral treasury was to develop a lastingly tenable, scientifically founded, and comprehensive planning concept.[9]

Beleuchtete und klimatisierte Standvitrine mit rückseitiger Objektträgerplatte | Illuminated, air-conditioned upright display case with object bracket at the back

The complexity of the tasks being faced called for cooperation among specialists of various disciplines and the incorporation of all the institutions responsible for the cathedral treasury. As early as December 1999, an interdisciplinary working group was established under the direction of the foundation. Starting out from a structural stocktaking, clarifying the environmental conditions in the cathedral treasury, and an analysis and definition of the framework conditions for conservation, the group formulated the requirements of an up-to-date presentation with a convincing art-historical, theological and didactic foundation. The results, in the form of a project study, became available in 2001.[10] They formed the basis for an architectual competition

Domschatzverwaltung auch zwei Depots. Im gleichen Gebäude sind auch zwei klimatisch unterschiedlich konditionierbare Werkstätten für Restauratoren untergebracht.[12]

Mit der Inbetriebnahme des Funktionsgebäudes im Sommer 2006 waren die räumlichen Voraussetzungen gegeben, um die alte Domschatzausstellung aufzulösen und Baufreiheit für die Neupräsentation in der Domklausur zu schaffen. Die Verbesserung der konservatorischen Umgebungsbedingungen verlangte nach einer grundlegenden denkmalgerechten Instandsetzung der historischen Bausubstanz. Grundgedanke war, die Bauhülle raumklimatisch so zu ertüchtigen, dass mit minimalem klimatechnischen Aufwand, geringem personellen Einsatz und ohne massive Eingriffe in die Bausubstanz die Räume so konditioniert werden, dass ein im Jahresverlauf kaum schwankendes Raumklima innerhalb festgelegter Sollwerte erzielt wird. Dazu gehörte unter anderem, dass der unkontrollierte Luftwechsel – beispielsweise durch undichte Fenster- und Türöffnungen – unterbunden und Ausstellungsbereiche durch das Verschließen von Raumöffnungen in kleinere Einheiten unterteilt wurden. Technisch umgesetzt wird das Vorhaben durch eine Raumtemperierung mittels Fußbodenheizung und geregelte Luftentfeuchtung durch stationäre Geräte.[13]

In das Klimakonzept sind auch die Vitrinen integriert. Sie haben die Aufgabe, jahreszeitlich bedingte Klimaschwankungen zu dämpfen und die Kunstwerke vor Beschädigungen und Beeinträchtigungen jeglicher Art zu schützen. Ende der 90er Jahre setzten erste Überlegungen ein, da der zum Teil desolate Zustand der alten Vitrinen, die mitunter schon in der ersten Domschatzausstellung von 1936 in Gebrauch waren, zum Handeln zwang. 2001 wurde eine Mustervitrine gebaut, die einer Langzeitbeprobung unterzogen wurde.[14] Im Ergebnis wurde beschlossen, die Vitrinen passiv mittels kontrollierter Belüftung und durch Einlegen sorptionsaktiver Stoffe wie Prosorb und Aktivkohle zu konditionieren, das heißt auf eine aktive technische Klimatisierung zu verzichten. Der Generalplaner Helge Sypereck und die mit der Ausführung betraute museumstechnik berlin arbeiteten bei der Projektierung und Umsetzung eng mit den Domschatz-Verantwortlichen zusammen. Der gemeinsame Erfolg lässt sich daran ablesen, dass ohne Zeitverzug und aufwändige Nachbesserungen die qualitativ hochwertigen Vitrinen im Rahmen des aufgestellten Zeitplans nutzbar waren. Beim Bau der Vitrinen kamen nur Materialien wie Glas und Metall zum Einsatz, die kein bzw. kaum Schadstoffpotenzial aufweisen. Die abschließenden, vor Ort durchgeführten Tests verliefen sehr zufriedenstellend. Eine verschließbare, staubgeschützte Öffnung im Vitrinenboden lässt eine kontrollierte Belüftung zu. Zusätzlich können schadstoffabsorbierende oder klimaregulierende Materialien in einem Servicefach im

Stand- und Pultvitrine aus entspiegeltem Glas | Upright display cases and counters made from non-reflecting glass

Historische Altarbilder im Kapitelsaal | Historic altar paintings in the chapter house

won by the Berlin architectural office of Helge Sypereck in 2003.[11]

Construction work began in 2004 with the erection of a modern functional building directly adjacent to the cathedral cloisters. Besides the visitor reception area and offices for the administration of the cathedral treasury there are also two depots in this building. It also houses two workshops for restorers, in which the ambient climatic conditions can be regulated in a flexible way.[12]

When the functional building began operating in summer 2006, the resulting spatial conditions meant that the old exhibition of the cathedral treasury could be dismantled and structural space was available to develop a new presentation in the cathedral cloisters. To improve the ambient conditions in terms of conservation, it was necessary to fundamentally restore the existing historical structure, taking into account its status as a listed building. The basic idea was to toughen the structural casing with a view to inside temperatures, so that the rooms' condition—with minimal air-conditioning technology, little need for staff, and no massive interventions—became largely stable and it was possible to achieve an all-year room temperature within established target values. Among other things, this included the prevention of uncontrolled air changes—for example through unsealed windows—and the separation of smaller units of the exhibition by closing up room openings. The plan was realised technically by controlling room temperatures using underfloor heating and regulating the humidity with stationary devices.[13]

The display cases are also integrated into the climatic concept. Their task is to extenuate seasonally determined fluctuations in climate and to protect the artworks from damage and adverse effects of any kind. The first deliberations date from the end of the nineties, as action was essential due to the desolate—in parts—condition of the old display cases, some of which had even been used in the first cathedral treasury exhibition of 1936. In 2001, a sample display case was constructed and subjected to long-term testing.[14] The outcome was a decision to condition the display cases in a passive way by means of controlled ventilation and by placing absorptive materials such as Prosorb and active charcoal inside them; in other words, active technical climatisation was rejected. The overall planner, Helge Sypereck, and museumstechnik berlin—which was put in charge of realisation—cooperated closely with those responsible for the cathedral treasury on the project and its implementation. Their joint success is evident; the high-quality display cases could be made usable within the original timetable, with no delays and complex subsequent adjustments or improvements. Only materials such as glass and metal, which have no or very little

Vitrinensockel eingelegt werden. Die Beleuchtung ist meist in Lichtkästen untergebracht. Dimmbare und einzeln fokussierbare Glasfaserleuchten in Kombination mit Leuchtstäben gewährleisten eine auf die Lichtempfindlichkeit der Kunstwerke abgestimmte Beleuchtung.[15]
Parallel zu den Bauarbeiten liefen die musealen und restauratorischen Vorbereitungen. Hier war vor allem der besonderen Spezifik eines Kirchenschatzes Rechnung zu tragen, dessen religiöse Themen und Zusammenhänge einem meist kirchenfernen Publikum zu vermitteln sind.[16] Diesem Grundanliegen folgte auch die Auswahl der etwa 300 Kunstwerke, die in der neuen Ausstellung präsentiert werden sollten. Viele Arbeitstreffen und Fachgespräche fanden statt, um die Anforderungen an eine optimierte Präsentation zu formulieren, zu planen und umzusetzen. Große Anstrengungen wurden hinsichtlich des Textilschatzes unternommen. Die romanischen und gotischen Wandteppiche wurden fortan nicht mehr hängend, sondern vollflächig aufliegend präsentiert. Es wurden spezielle Vitrineneinbauten aus Aluminiumlochblech gefertigt, in einem Neigungswinkel von 15 Grad montiert, mit einem Vlies abgepolstert und einem Baumwollstoff bezogen. Ein zusätzliches Polyestervlies gleicht die Übergänge zwischen den einzelnen Platten aus und wirkt rutschhemmend für die Teppiche, die an der Oberkante der Lochblechunterlage mit einem verkleideten Klettband befestigt sind. Eine ähnlich intensive Vorbereitung ging der Präsentation der mittelalterlichen Gewänder voraus. Hier waren individuell angepasste Figurinen anzufertigen, um die Beanspruchung der Gewebe auf ein Minimum zu reduzieren. Alle Gestelle basieren auf einem Grundgerüst aus Metall, das ein mit Filz abgepolstertes Drahtgitter trägt.[17]
Neben optimierten Aufbewahrungsbedingungen in Ausstellung und Depot ist letztlich eine behutsame konservatorisch-restauratorische Bearbeitung der Domschatzobjekte grundlegend. Die im Hinblick auf die Neupräsentation durchgeführte gründliche Begutachtung ergab, dass die seit 1998 praktizierte Pflege erfolgversprechend ist. Nur an einem Dutzend Domschatzstücke waren umfangreichere Bearbeitungen notwendig.[18]
Dank des beispielhaften Einsatzes aller Beteiligten konnte die Neupräsentation des Domschatzes termingerecht am 13. April 2008 eröffnet werden. Die Resonanz war überwältigend. Mehr als 100.000 Besucher besichtigten bis Ende des Jahres den Domschatz. Seitdem hält das Interesse auf hohem Niveau an.
Auch unter konservatorischen Gesichtspunkten markiert dieses Datum einen wichtigen Meilenstein. Durch die optimierten Bedingungen in Ausstellung und Depot reduziert sich der restauratorische Betreuungsaufwand.[19] Das lässt neue Schwerpunktsetzungen zu. Derzeit wird ein detailliertes Monitoring-Programm vorbereitet[20], das im Sinne einer Evaluierung die durchgeführten Maßnahmen auf ihre Praxisrelevanz und Nachhaltigkeit umfassend untersucht. Darauf aufbauend wird ein effizientes Pflegemodell für den Domschatz entwickelt, das

Standvitrine mit seitlich ausfahrbarem Präsentationsboden | Upright display case with moveable base for presentation

potential as pollutants, were used to make the display cases. The final tests, carried out on the spot, proved very satisfactory. A closable, dust-protected opening in the base of the display cases allows for controlled ventilation. In addition, it is possible to put pollutant-absorbing or climate-regulating materials into a service drawer in the pedestals. Most of the lighting is accommodated in light boxes. Glass-fibre lamps that can be dimmed and individually focused, in combination with fluorescent bars, guarantee lighting that can be adjusted to the light sensitivity of the artefacts.[15]

Preparations for the museum presentation and restoration took place parallel to this construction work. Above all, here justice had to be done to the specifics of a church treasury, whose religious themes and contexts should be conveyed to a public that is not predominantly church-oriented.[16] This basic aim was also pursued in the selection of the circa 300 artworks to be presented in the new exhibition. Many working meetings and specialist discussions took place to formulate, plan and realise the prerequisites to optimal presentation. Great care had to be taken with the textile items in the treasury. The Romanesque and Gothic tapestries are no longer presented hanging, but are laid out flat to show their full area. Special constructions for the display cases were made from perforated aluminium sheeting, mounted at an angle of 15°, padded with fleece, and covered with a cotton fabric. An additional polyester fleece balances out the transitions between the separate panels and prevents the tapestries from slipping. They are fixed to the upper edge of the perforated sheeting base and fastened with a concealed Velcro strip. Similar intensive preparation preceded the presentation of the mediaeval robes. In this case it was necessary to produce individual, made-to-measure figurines in order to keep the wear on the fabric to a minimum. All the figures are based on a metal frame surrounded by wire mesh and padded with felt.[17]

Teilansicht einer Wandvitrine mit liturgischen Gewändern | Detail of a wall display case with liturgical robes

Besides optimised storage conditions in the exhibition and the depot, the key demand is ultimately quality handling of the cathedral treasury objects in terms of conservation and restoration. The outcome of a throrough report made on the new presentation is that the practice of care since 1998 has been promising. Extensive treatment was only necessary for a dozen items in the cathedral treasury.[18]

Thanks to the exemplary efforts of all those involved, it was possible to open the new presentation of the cathedral treasury in good time on 13 April 2008. The response was overwhelming. More than 100,000 visitors had viewed the cathedral treasure by the end of that year. Interest has continued at a high level since then.

This date also marks an important milestone from a conservational point of view. The optimised conditions in the exhibition and the depot mean that the demands made on restorers to maintain the objects have been reduced.[19] This allows for the setting of new emphases. Currently, a detailed monitoring-programme is being prepared.[20]

die Tätigkeiten aller Beteiligten koordiniert und synchronisiert. Somit steht ein wichtiges Arbeitsinstrument für die weitere Bestandsbetreuung zur Verfügung, das aufgrund seines Modellcharakters nicht nur im Halberstädter Domschatz, sondern auch in anderen musealen Einrichtungen zur Anwendung kommen kann.

Ensemble aus Pult- und Wandvitrinen mit Teppichen aus dem 12. Jahrhundert | Group of counters and wall display cases showing 12th century tapestries

Anmerkungen

1 Zur Geschichte des Domschatzes sind jüngst erschienen: Pregla, Barbara/Richter, Jörg/Schmitt, Reinhard: „Zur Geschichte und Baugeschichte des Ensembles". In: Meller, Harald/Mundt, Ingo/Schmuhl, Boje E. Hans (Hg.): *Der Heilige Schatz im Dom zu Halberstadt.* Regensburg 2008, S. 10-34; Janke, Petra: „Zur Geschichte des Domes und des Domschatzes im Mittelalter" und Krause, Hans-Joachim: „Zur Bestandsgeschichte und Verwahrung des Domschatzes vom Mittelalter bis zur Gegenwart". In: *Kostbarkeiten aus dem Domschatz Halberstadt.* Hg. vom Landesamt für Denkmalpflege und Archäologie Sachsen-Anhalt, der Stiftung Dome und Schlösser in Sachsen-Anhalt und dem Evangelischen Kirchenkreis Halberstadt – Domschatz-Verwaltung. Dößel 2009, S. 33–54 und 57–67

2 Dazu Janke, Petra: *Ein heilbringender Schatz. Reliquienverehrung am Halberstädter Dom im Mittelalter.* München/Berlin 2006

3 Siehe dazu den Tagungsband: ... *Das Heilige sichtbar machen. Domschätze in Vergangenheit, Gegenwart und Zukunft.* (= Veröffentlichungen des Landesamtes für Denkmalpflege und Archäologie Sachsen-Anhalt, Arbeitsberichte 9). Regensburg 2010

4 Danz, Karoline/Pregla, Barbara/Rüber-Schütte, Elisabeth: „Der Domschatz zu Halberstadt in neuer Präsentation. 150 Jahre Betreuung durch die staatliche Denkmalpflege." In: *Denkmalpflege in Sachsen-Anhalt* 16 (2008), S. 7–36, hier S. 8–15

5 Zum 1. Januar 2005 wurde die 1996 von der Landesregierung errichtete Stiftung zum Erhalt und zur Nutzung der Dome, Kirchen und Klöster des Landes Sachsen-Anhalt (Domstiftung) mit der ebenfalls 1996 gegründeten Stiftung Schlösser, Burgen und Gärten des Landes Sachsen-Anhalt zur Stiftung Dome und Schlösser in Sachsen-Anhalt zusammengeführt.

6 Ein Überblick über das Baugeschehen am Dom zu Halberstadt findet sich in den im Jahrbuch der Stiftung veröffentlichten Bauberichten. Siehe dazu u.a. *Jahrbuch der Stiftung Schlösser, Burgen und Gärten des Landes Sachsen-Anhalt und der Stiftung zum Erhalt und zur Nutzung der Dome, Kirchen und Klöster des Landes Sachsen-Anhalt 1999,* S. 65f.; ebd. 2002/03, S. 60ff.; *Jahrbuch der Stiftung Dome und Schlösser in Sachsen-Anhalt 2004/05*, S. 19f., ebd. 2006/07, S. 18–20; ebd. 2008/09, S. 14

7 Danz/Pregla/Rüber-Schütte, wie Anm. 4, S. 15 f.

8 Die Stiftung Dome und Schlösser in Sachsen-Anhalt arbeitet im Rahmen von Pflegeverträgen mit freiberuflichen Fachrestauratoren für die wichtigsten Materialgruppen Textil, Metall, gefasstes Holz, Stein und Pergament/Papier zusammen. Um Mobiliar und ungefasste Holzobjekte kümmert sich der Restaurator der Stiftung. Seit kurzem ist auch eine fachkundige Betreuung für Objekte mit Edelstein, Elfenbein, Glas, Email u. ä. sichergestellt. Zu den wichtigsten Arbeitsaufgaben der Pflege zählen die regelmäßige Durchsicht des Bestandes, die Durchführung von Sofortmaßnahmen bei akuter Gefährdung und die systematische Erfassung des Erhaltungszustandes. Regelmäßige Arbeitstreffen dienen der Abstimmung und Festlegung der konkreten Arbeitsaufgaben. Bei speziellen restauratorischen Fragestellungen findet auch ein Gedankenaustausch mit weiteren externen Fachleuten statt. Siehe dazu auch Tille, Katrin: „Pflege- und Restaurierungsmaßnahmen am Domschatz Halberstadt". In: *Jahrbuch der Schlösser- und Domstiftung 1999*, wie Anm. 6, S. 86–88 und Frank, Erdmute: „Pflege und Betreuung der im Domschatz Halberstadt aufbewahrten Textilien". In: Ebd., S. 89–91

9 Seit 1996/97 führt das Institut für Diagnostik und Konservierung an Denkmalen in Sachsen und Sachsen-Anhalt e.V. kontinuierliche Klimamessungen in Dom und Domschatz durch, wertet diese wissenschaftlich aus und berät seit 1998 die Stiftung Dome und Schlösser in Sachsen-Anhalt. Siehe dazu Kalisch, Uwe: „Die Verbesserung der raumklimatischen Aufbewahrungsbedingungen im Domschatz Halberstadt". In: *Jahrbuch 2006/07*, wie Anm. 6, S. 53–57

10 Die Erarbeitung der Studie wurde mit Mitteln der Deutschen Bundesstiftung Umwelt und des Landes Sachsen-Anhalt finanziell unterstützt. *Der Domschatz Halberstadt. Studie zur modellhaften Erforschung der Bedingungen für die Bewahrung und Pflege von umweltbelastetem national wertvollem Kunstgut in denkmalgeschützten Innenräumen.* 2001

11 Siehe dazu Grau, Eckehardt/Sypereck, Helge: „Neukonzeption der Präsentation des Domschatzes im Halberstädter Dom". In: *Jahrbuch der Schlösser- und Domstiftung 2002/2003*, wie Anm. 6, S. 65–67

12 Danz/Pregla/Rüber-Schütte, wie Anm. 4, S. 19 und 30.; Tille, Katrin: „Restauratorische Arbeiten im Vorfeld der Neupräsentation des Halberstädter Domschatzes". In: Jahrbuch 2006/07, wie Anm. 6, S. 58–62, hier. S. 59

13 Danz/Pregla/Rüber-Schütte, wie Anm. 4, S. 29 f. und Kalisch, wie Anm. 9

14 Janke; Petra: „Die Schatzkammer des Halberstädter Domes". In: *Jahrbuch der Schlösser- und Domstiftung 2000/01*, wie Anm. 6, S. 71–76, hier S. 75 f. und Kalisch, wie Anm. 9, S. 55 f.

15 Danz/Pregla/Rüber-Schütte, wie Anm. 4, S. 30

16 Richter, Jörg: „Das Heilige sichtbar machen? Notizen über das Ausstellen sakraler Kunst." In: *Tagungsband*, wie Anm. 3, S. 405–424 und ders.: *Der Domschatz Halberstadt. Führer durch die Ausstellung. Hrsg. vom Evangelischen Kirchspiel Halberstadt und der Stiftung Dome und Schlösser in Sachsen-Anhalt.* Dößel 2009

17 Zu den restauratorischen Vorbereitungen siehe Tille, wie Anm. 12, S. 58 ff.

18 Zu einzelnen restauratorischen Maßnahmen siehe Gerhold, Geertje: Zur Konservierung einer Glockenkasel aus der ersten Hälfte des 13. Jahrhunderts aus dem Dom zu Halberstadt." In: *Jahrbuch 2006/07*, wie Anm. 6, S. 73-78; Körber, Marie: „Zur Maltechnik und Restaurierung der Tüchlein des Halberstädter Heiltumsschrankes, um 1520." In: *Jahrbuch 2006/07*, wie Anm. 6, S. 63-71 und Meier, Hartmut: „Die Restaurierung und Konservierung des sogenannten Heiltumsschrankes im Halberstädter Domschatz." In: Jahrbuch 2008/09, wie Anm. 6, S. 101-103

19 Tille, Katrin: „Die konservatorisch-restauratorische Betreuung des Halberstädter Domschatzes nach der Neueröffnung." in: *Jahrbuch 2008/09*, wie Anm. 6, S. 38 f.

20 Kalisch, Uwe: „Monitoring fragiler Oberflächen in Abhängigkeit von Raumklimaschwankungen". In: *Jahrbuch 2008/09*, wie Anm. 6, S. 36

Östliche Wandansicht des komplett umbauten Textilsaals | Eastern wall of the completely redesigned textiles chamber

In the sense of an evaluation, this will make a full investigation into the measures realised in order to assess their relevance in practice and their sustainability. Building on this, an efficient maintenance model for the cathedral treasury will be developed, coordinating and synchronising the activities of all those participating. Thus, an important working instrument will be made available for the continued supervision of the collection. Due to its model character, this may be applied not only in the case of the cathedral treasury of Halberstadt, but also in other similar museums and institutions.

Notes

1 Recent publications on the history of the cathedral treasury include: Pregla, Barbara/Richter, Jörg/Schmitt, Reinhard: "Zur Geschichte und Baugeschichte des Ensembles." In: Meller, Harald/Mundt, Ingo/Schmuhl, Boje E. Hans (eds.): *Der Heilige Schatz im Dom zu Halberstadt*. Regensburg 2008, pp. 10–34; Janke, Petra: "Zur Geschichte des Domes und des Domschatzes im Mittelalter" and Krause, Hans-Joachim: "Zur Bestandsgeschichte und Verwahrung des Domschatzes vom Mittelalter bis zur Gegenwart." In: *Kostbarkeiten aus dem Domschatz Halberstadt*. ed. by the Landesamt für Denkmalpflege und Archäologie Sachsen-Anhalt, the Stiftung Dome und Schlösser in Sachsen-Anhalt, and the Evangelischer Kirchenkreis Halberstadt – Domschatz-Verwaltung. Dößel 2009, pp. 33–54 and 57–67.

2 On this, cf. Janke, Petra: *Ein heilbringender Schatz. Reliquienverehrung am Halberstädter Dom im Mittelalter*. Munich/Berlin 2006.

3 On this, cf. the conference publication: … *Das Heilige sichtbar machen. Domschätze in Vergangenheit, Gegenwart und Zukunft.* (= Veröffentlichungen des Landesamtes für Denkmalpflege und Archäologie Sachsen-Anhalt, Arbeitsberichte 9). Regensburg 2010.

4 Danz, Karoline/Pregla, Barbara/Rüber-Schütte, Elisabeth: "Der Domschatz zu Halberstadt in neuer Präsentation. 150 Jahre Betreuung durch die staatliche Denkmalpflege." In: *Denkmalpflege in Sachsen-Anhalt* 16 (2008), pp. 7–36, here pp. 8–15.

5 On the 1 January 2005, the foundation set up by the state government in 1996 to preserve and use the cathedrals, churches and monasteries of the state of SaxonyAnhalt (Cathedral Foundation) was amalgamated with the Foundation Palaces, Castles and Gardens of the State of Saxony-Anhalt, also founded in 1996, to create the Foundation Cathedrals and Castles in Saxony-Anhalt.

6 A survey of building activity at Halberstadt Cathedral can be found in the building reports published in the yearbook of the foundation. On this, see e.g., *Jahrbuch der Stiftung Schlösser, Burgen und Gärten des Landes Sachsen-Anhalt und der Stiftung zum Erhalt und zur Nutzung der Dome, Kirchen und Klöster des Landes Sachsen-Anhalt 1999* p. 65f.; ibid. 2002/03, p. 60ff.; *Jahrbuch der Stiftung Dome und Schlösser in Sachsen-Anhalt 2004/05*, p. 19f., ibid. 2006/07, pp. 18–20; ibid. 2008/09, p. 14.

7 Danz/Pregla/Rüber-Schütte, as note 4, p. 15 f.

8 The Foundation Cathedrals and Castles in Saxony-Anhalt cooperates via maintenance contracts with freelance restorers specialising in the most important material groups textiles, metal, painted wood, stone and parchment/paper. The restorer of the foundation cares for furniture and unpainted wooden objects. Expert supervision of objects with precious stones, ivory, glass, enamel and the like has also been assured recently. Among the most important tasks of maintenance are regular checking of the collection, the realisation of immediate measures in case of acute endangerment, and the systematic registration of states of preservation. Regular working meetings help to reach agreement on and definition of concrete tasks. An exchange of ideas with other external experts also takes place when special questions arise regarding restoration. On this, cf. also Tille, Katrin: "Pflege- und Restaurierungsmaßnahmen am Domschatz Halberstadt." In: *Jahrbuch der Schlösser- und Domstiftung 1999*, as note 6, pp. 86–88 and Frank, Erdmute: "Pflege und Betreuung der im Domschatz Halberstadt aufbewahrten Textilien." In: ibid., p. 89–91.

9 Since 1996/97 the Institute for Diagnostics and Conservation of Monuments in Saxony and Saxony-Anhalt (registered society) has been carrying out regular measurements of climatic conditions in the cathedral and the cathedral treasury, evaluating them scientifically and advising the Foundation Cathedrals and Castles in Saxony-Anhalt since 1998. On this, cf. Kalisch, Uwe: "Die Verbesserung der raumklimatischen Aufbewahrungsbedingungen im Domschatz Halberstadt." In: *Jahrbuch 2006/07*, as note 6, pp. 53–57.

10 The development of the study was supported by funds from the German Federal Foundation Environment and the State of Saxony-Anhalt. *Der Domschatz Halberstadt. Studie zur modellhaften Erforschung der Bedingungen für die Bewahrung und Pflege von umweltbelastetem national wertvollem Kunstgut in denkmalgeschützten Innenräumen*. 2001.

11 On this, cf. Grau, Eckehardt/Sypereck, Helge: "Neukonzeption der Präsentation des Domschatzes im Halberstädter Dom." In: *Jahrbuch der Schlösser- und Domstiftung 2002/2003*, as note 6, pp. 65–67.

12 Danz/Pregla/Rüber-Schütte, as note 4, pp. 19 and 30; Tille, Katrin: "Restauratorische Arbeiten im Vorfeld der Neupräsentation des Halberstädter Domschatzes." In: Jahrbuch 2006/07, as note 6, pp. 58–62, here. p. 59.

13 Danz/Pregla/Rüber-Schütte, as note 4, p. 29 f. and Kalisch, as note 9.

14 Janke; Petra: "Die Schatzkammer des Halberstädter Domes." In: *Jahrbuch der Schlösser- und Domstiftung 2000/01*, as note 6, pp. 71–76, here p. 75 f. and Kalisch, as note 9, p. 55 f.

15 Danz/Pregla/Rüber-Schütte, as note 4, p. 30.

16 Richter, Jörg: "Das Heilige sichtbar machen? Notizen über das Ausstellen sakraler Kunst." In: *Tagungsband*, as note 3, pp. 405–424 and same author: *Der Domschatz Halberstadt. Führer durch die Ausstellung. Hrsg. vom Evangelischen Kirchspiel Halberstadt und der Stiftung Dome und Schlösser in Sachsen-Anhalt*. Dößel 2009.

17 On the preparations for restoration, cf. Tille, as note 12, p. 58 ff.

18 On individual restoration measures, cf. Gerhold, Geertje: "Zur Konservierung einer Glockenkasel aus der ersten Hälfte des 13. Jahrhunderts aus dem Dom zu Halberstadt." In: *Jahrbuch 2006/07*, as note 6, pp. 73–78; Körber, Marie: "Zur Maltechnik und Restaurierung der Tüchlein des Halberstädter Heiltumsschrankes, um 1520." In: *Jahrbuch 2006/07*, as note 6, pp. 63–71 and Meier, Hartmut: "Die Restaurierung und Konservierung des sogenannten Heiltumsschrankes im Halberstädter Domschatz." In: *Jahrbuch 2008/09*, as note 6, pp. 101–103.

19 Tille, Katrin: "Die konservatorisch-restauratorische Betreuung des Halberstädter Domschatzes nach der Neueröffnung." in: *Jahrbuch 2008/09*, as note 6, p. 38 f.

20 Kalisch, Uwe: "Monitoring fragiler Oberflächen in Abhängigkeit von Raumklimaschwankungen." In: *Jahrbuch 2008/09*, as note 6, p. 36.

Lebenswelt Schiff

Ausstellungsbauten für die Dauerausstellung zur Schifffahrt im Deutschen Technikmuseum Berlin

Franziska Eidner

Das Deutsche Technikmuseum gehört mit jährlich mehr als 600.000 Besuchern zu den fünf beliebtesten Ausstellungshäusern der Hauptstadt. Es hat sich explizit der Vermittlung eines „facettenreichen Spektrums von alter und neuer Technik und ihren vielseitigen Bezügen zur Kultur- und Alltagsgeschichte des Menschen“ verschrieben. Exemplarisch wird dieser Anspruch an der Dauerausstellung zur Schifffahrt deutlich. Die Schau wurde Ende 2003 unter dem Titel „Lebenswelt Schiff“ in einem Erweiterungsbau des Museums am Berliner Landwehrkanal eröffnet.

„Der Titel der Ausstellung ist zugleich Programm“, beschreibt Prof. Dr. Dirk Röndel, Direktor der Stiftung Deutsches Technikmuseum und ehemaliger Leiter der Abteilung Schifffahrt, das Ausstellungskonzept auf der Museumswebsite. „In [der Ausstellung] steht nicht das isolierte technische Objekt Schiff im Mittelpunkt, sondern vielmehr die enge Beziehung zwischen Mensch und Schiff, zwischen Kulturgeschichte und Schifffahrtsgeschichte.“ 1100 Exponate erzählen auf drei Etagen mit insgesamt 6600 Quadratmetern Präsentationsfläche die Entwicklung der Hochsee- und Binnenschifffahrt im kulturhistorischen Kontext. Ergänzt werden die Modelle und Originalobjekte durch interaktive Medien. Die Ausstellung gliedert sich dabei in thematische Module, die jeweils durch Querverweise miteinander verknüpft werden. Als eine „veritable Tour d'horizon“ bezeichnete *Die Welt* den Ausstellungsrundgang: „Weil alles mit allem ineinander greift, sind in der Ausstellung 30 Abteilungen über Binnen- und Hochseeschifffahrt, Wasserbau, Sport, Navigation, Modellbau, Piraterie, den Sklavenhandel Brandenburgs in Afrika und anderes in sich verzahnt“ (*Die Welt*, 15. Dezember 2003). Ein besonderer Fokus liegt dabei auf der regionalen Schifffahrtsgeschichte.

Die Größenordnung der gezeigten Objekte reicht dabei vom Schiffsmodell im Maßstab 1:100 bis hin zum 20 Meter hohen originalen Kaffenkahn von 1840, der einst in der Havel versank. Besondere Aufmerksamkeit kam bei diesem Projekt der Ausleuchtung der filigranen Modellbauten zu. Über Umlenkspiegel wurde eine Beleuchtung mit Lichtfasern realisiert. In den Sondervitrinen mit beweglichen Lupen wurden LED-Beleuchtungssysteme installiert.

1

2

1 „Lebenswelt Schiff“ stellt die enge Beziehung zwischen Mensch und Schiff, zwischen Kulturgeschichte und Schifffahrtsgeschichte vor. | “Lifeworld Ship” presents the close relationship between man and ships, between cultural history and the history of seafaring.

2 Lupenvitrinen der Ausstellungsmanufaktur Hertzer | Magnifying display cases by exhibition manufacturer Hertzer

3

4

3 Interaktive Großvitrine | Large interactive display case
4 Objektvitrine mit Schiffsmodell | Object display case with a model ship

Lifeworld Ship

Exhibition Architecture for the Permanent Exhibition on Shipping in the Deutsches Technikmuseum Berlin

Franziska Eidner

Attracting more than 600,000 visitors each year, the Deutsches Technikmuseum is one of the five most popular exhibition venues in the capital. It has dedicated itself explicitly to the mediation of a "multifaceted spectrum of old and new technology and its diverse references to man's cultural and everyday history." This pretension is quite obvious when viewing the permanent exhibition on shipping. The show entitled "Lifeworld Ship" was opened in an extension building to the museum beside Berlin's Landwehrkanal at the end of 2003.
"The title of the exhibition is also its programme," says Prof. Dr. Dirk Röndel, director of the Foundation Deutsches Technikmuseum and former head of the department of shipping, in his description of the exhibition project on the museum's website. "The focus of the exhibition is not on ships as isolated technical objects, but on the close relationship between man and ships, between cultural history and the history of seafaring." On three floors with a total exhibition area of 6,600 square metres, 1,100 exhibits recount the emergence of ocean-going and inland shipping within a cultural historical context. Models and original objects are supplemented by interactive media. The exhibition is divided into thematic modules, which are interlinked by means of cross referencing. *Die Welt* described a tour of the exhibition as a "veritable tour d'horizon": "Because everything is connected to everything else, the exhibition's thirty sections about inland and ocean-going shipping, waterways construction, sport, navigation, model building, piracy, Brandenburg's slave trade in Africa, etc. are all interlocking" (*Die Welt*, 15th December 2003). There is a special focus on the history of regional shipping.
The size of the objects shown ranges from model ships on a scale of 1:100 to a twenty-metre-high original barge dating from 1840, which once sank in the Havel. During this project, special attention had to be paid to the illumination of some filigree models. Lighting using optical fibres was achieved with the aid of tilted mirrors. LED lighting systems were installed in the special display cases with moveable magnifiers.

Denkmal für die ermordeten Juden Europas

Ausstellungsbauten und Beleuchtung für den Ort der Information

Franziska Eidner

1 + 2 Der „Ort der Information" – im Mittelpunkt stehen die Personalisierung der Opfer und die geografische Dimension des Holocaust. | The "Place of Information" — it focuses on a personalising of the victims and the geographical dimension of the Holocaust.

In unmittelbarer Nähe des Brandenburger Tors erinnert seit Mai 2005 ein Stelenfeld an die Verfolgung und Ermordung von sechs Millionen Juden im Nationalsozialismus. 2711 Betonquader symbolisieren das Unfassbare. Der darunter liegende „Ort der Information" ergänzt diese abstrakte Form der Erinnerung des Holocaust-Mahnmals mit konkreten Erläuterungen. Das unterirdische Informationszentrum wurde von Architekt Peter Eisenman in der südöstlichen Ecke des Stelenfelds angelegt. Im Mittelpunkt der etwa 800 Quadratmeter großen Ausstellung stehen die Personalisierung der Opfer und die geografische Dimension des Holocaust.

Die Ausstellungsgestaltung von Dagmar von Wilcken/F217 will dabei zwischen der expressiven Architektur des Denkmals und den bedrückenden historischen Inhalten vermitteln. Das Raster und die Formensprache des Stelenfeldes werden zitiert, indem ihre ursprüngliche Erscheinung in abgewandelter Form aufgegriffen und variiert wird. In jedem der vier Ausstellungsräume sieht diese Metamorphose anders aus. Im zweiten Raum scheinen etwa die Stelen des Feldes den Ort der Information von oben zu durchdringen – sie werden zu Informationsträgern und erzählen exemplarische jüdische Familienschicksale. Im Raum 4, dem „Raum der Orte", ragen die Stelen aus den Wänden auf den Ausstellungsbesucher herab und dienen als Projektionsflächen für historisches Film- und Fotomaterial.

Für die museumstechnik berlin, die für die Beleuchtung und, in Zusammenarbeit mit der ausstellungsmanufactur hertzer GmbH, für einen Teil der Konstruktion und Montage von Ausstellungsbauten verantwortlich war, stellten sich hier besondere Herausforderungen. Die 300 Kilogramm schweren Kuben mussten in alle Richtungen positionsgenau abgehängt werden. Außerdem galt es, die Betonoptik der oberirdischen Stelen für die Ausstellung möglichst genau zu replizieren. Dazu wurden MDF-Platten mit einem speziellen Oberflächenüberzug behandelt. Die museumstechnik berlin griff dabei auf die Expertise eines Stuckateurs zurück, der die Masse in mehreren Schichten auftrug und schliff. So entstand eine hochglatte, aber durch kleine Poren kontrastierende steinartige Oberfläche.

Eine Vielzahl technischer Medien musste zudem möglichst unsichtbar in die Stelen integriert werden, um so weniger der Präsentationstechnik, sondern vielmehr der Auseinandersetzung mit den gezeigten Inhalten Raum zu geben. Die fast kontemplativ anmutende Raumatmosphäre im Ort der Information wird aber vor allem durch die szenische Beleuchtung bestimmt. Ihr kam in den fensterlosen Räumen eine besondere Aufmerksamkeit zu und sie wurde mit der Ausstellungsarchitektin gemeinsam geplant, bemustert und abgestimmt. Zu den im Rahmen dieses Projektes von der museumstechnik berlin entwickelten Sonderkonstruktionen zählt auch ein System aus Umlenkspiegeln, durch die möglichst große Bilder bei vergleichsweise geringem Raumbedarf auf den hinterleuchteten Präsentationsflächen erzeugt werden konnten.

Mittlerweile wird der Ort der Information jährlich von fast einer halben Million Menschen frequentiert. Die Dauerausstellung zählt damit zu den zehn meistbesuchten Ausstellungsorten der Hauptstadt.

1

2

Monuments, Memorial Sites, Institutions and Museums in Commemoration of Nazi Victims

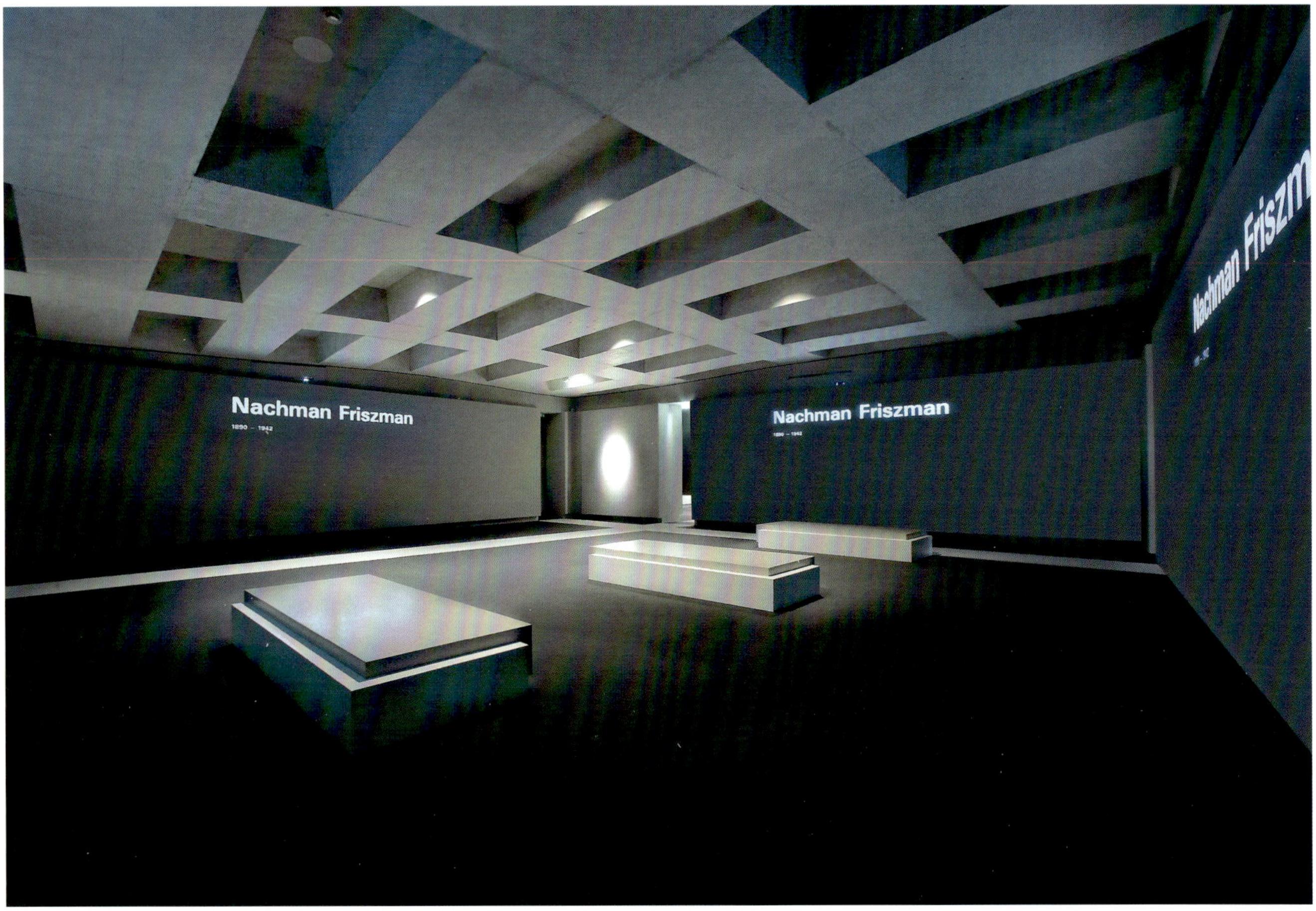

3

4

6

5

3–6 Das Raster und die Formensprache des Stelenfeldes werden zitiert, in jedem Ausstellungsraum sieht die Metamorphose anders aus. | The grid pattern and formal language of the Field of Stelae are cited, the metamorphosis is different in each exhibition room.

[Memorial to the Murdered Jews of Europe]

Exhibition Architecture and Lighting for the "Place of Information"

Franziska Eidner

Since May 2005, there has been a Field of Stelae very close to the Brandenburg Gate, a reminder of the persecution and murder of six million Jews under National Socialism. 2711 concrete blocks symbolise the inconceivable. The "Place of Information" situated below it supplements the Holocaust Memorial's abstract form of memorial with concrete commentaries. The underground information centre was laid out by architect Peter Eisenman in the south-eastern corner of the Field of Stelae. The exhibition comprising circa 800 square metres focuses on a personalising of the victims and the geographical dimension of the Holocaust.

The exhibition design by Dagmar von Wilcken/F217 is intended to mediate between the expressive architecture of the memorial and its oppressive historical content. The grid pattern and formal language of the Field of Stelae are cited by adopting their original appearance in a changed form and variations of it. This metamorphosis is different in each of the four exhibition rooms. In the second room, for example, the stelae appear to penetrate the "Place of Information" from the field above–they are carriers of information telling the exemplary stories of Jewish families and their fate. In room four, the "Room of Places," the stelae project from the walls down towards the exhibition visitor and function as projection areas for historical film and photo material.

This layout created several challenges for museumstechnik berlin, which was responsible not only for the lighting but also, in collaboration with ausstellungsmanufactur hertzer GmbH, for the construction and assembly of parts of the exhibition architecture. The cubes weighing 300 kilogrammes had to be hung in the exact positions required, facing in all directions. In addition, it was necessary to replicate the concrete optics of the stelae above ground as exactly as possible for the exhibition. To do this, MDF panels were treated using a special coating. During this process, museumstechnik berlin referred to the expertise of a stucco expert, who applied the mass in several layers and then sanded it down. In this way, he achieved a smooth surface resembling stone that nonetheless displays small pores for a contrasting impression. Many technical media had to be integrated into the stelae, invisibly wherever possible, in order to allow more space for debate with the exhibition content rather than the presentation technology. However, the atmosphere in the "Place of Information," which almost appears contemplative, is defined primarily by means of staged lighting. Particular attention was paid to lighting in the rooms without windows and so it was planned, tested, and agreed upon in close collaboration with the exhibition architect. The special constructions developed by museumstechnik berlin in the context of this project also include a system of tilted mirrors, which make it possible to produce the biggest possible images on the back-lit presentation areas despite the comparatively limited space.

In the meantime, the "Place of Information" is frequented by almost half a million people every year, making the permanent exhibition one of the ten most visited exhibition venues in the capital.

All Art Has Been Contemporary

Neonskulptur des Künstlers Maurizio Nannucci an der Fassade des Alten Museums in Berlin

Kerstin Gust

2004 entdeckte der damalige Direktor des Ägyptischen Museums, Dietrich Wildung, die Neonskulptur „ALL ART HAS BEEN CONTEMPORARY“ des Künstlers Maurizio Nannucci in einer Berliner Galerie. „Kunst ist immer zeitgenössisch gewesen“ – dieses einfache und allgemein gültige Fazit fesselte ihn nachhaltig, da ihm für die Sicht auf die frühen Epochen der Kunstgeschichte eine wichtige Botschaft innewohnt. Es vergegenwärtigt, dass auch die alte Kunst in ihrer Entstehungszeit zeitgenössisch war und ihre ursprüngliche Modernität ungebrochen und noch heute lesbar und erfahrbar ist. Für das Konzept eines „Dialogs der Epochen“, den die archäologischen Museen auf der Berliner Museumsinsel anstreben, wurde Nannuccis subtile Botschaft gleichermaßen programmatisch.
2005 bezog das Ägyptische Museum und Papyrussammlung Berlin sein temporäres Domizil im Alten Museum und der rot leuchtende Schriftzug „ALL ART HAS BEEN CONTEMPORARY“ wurde hinter der Säulenkolonnade des Portikus installiert. Die ursprüngliche, nicht an einen Ort gebundene und wesentlich kleinere Neonskulptur wurde hierfür an die Dimension der Schinkel'schen Fassade angepasst. Die museumstechnik berlin plante, produzierte und installierte eine 3,80 Meter hohe und 17,60 Meter lange Stahlkonstruktion als Unterbau, auf der die speziell angefertigten und mit Neongas gefüllten Glasbuchstaben einzeln oder paarweise befestigt wurden. Die obere Zeile des Schriftzugs wurde direkt auf einen horizontal verlaufenden, extra angefertigten massiven Stahlträger montiert, die untere Zeile wurde daran abgehängt. Bis Ende 2009 erinnerte „ALL ART HAS BEEN CONTEMPORARY“ an die Aktualität des längst Vergangenen. Mit dem Einzug der Ägyptischen Sammlung in das Neue Museum wird nun auch die Lichtinstallation von Maurizio Nannucci einen neuen Standort finden.

1 ALL ART HAS BEEN CONTEMPORARY – Die Neonskulptur erinnert an die Aktualität des längst Vergangenen. | The neon sculpture serves as a reminder of the contemporariness and currentness of what is in the past.

1

All Art Has Been Contemporary

Neon Sculpture by the Artist Maurizio Nannucci at the façade of the Old Museum in Berlin

Kerstin Gust

In 2004 Dietrich Wildung, the director of the Egyptian Museum at the time, discovered the neon sculpture "ALL ART HAS BEEN CONTEMPORARY" by the artist Maurizio Nannucci in a Berlin gallery. The simple and universally valid statement of the title had a lasting impact on him, as it holds an important message that informs the perspective on past eras. It brings to light that old art was also contemporary at the time of its creation and that its original modernity can still be recognised and experienced today. For the purpose of establishing a "dialogue between different eras," which the archeological museums on Berlin's museum island are striving for, Nannucci's understated message also became programmatic.

In 2005, the Egyptian Museum and its papyrus collection relocated to its temporary residence in the Old Museum, and the inscription "ALL ART HAS BEEN CONTEMPORARY," illuminated in red, was installed behind the colonnade of pillars in the portico. The original, significantly smaller neon sculpture, not bound to one particular location, was adapted to the dimensions of Schinkel's façade. museumstechnik berlin planned, produced and installed a 3.80-metre-high and 17.60-metre-long steel construction as a supporting structure, on which the specially made glass letters filled with neon gas were fixed individually or in pairs. The upper row of the lettering was mounted directly onto a horizontal, custom-made solid steel support, the lower row was appended onto it. Until the end of 2009, "ALL ART HAS BEEN CONTEMPORARY" served as a reminder of the contemporariness and currentness of what is in the past. When the Egyptian collection moves into the New Museum, the light installation by Maurizio Nannucci will also now find a new location.

1

1 „30 Meter Glas“ – die Präsentation der Studiensammlung | “30 Metres of Glass” — the presentation of the study collection
2 Informationsbereich zu den Sammlern und Sammlungen des Museums | Information area: the museum’s collectors and collections
3 Sammlungspräsentation im Erdgeschoss | Ground floor presentation of the collection

2

3

Glass Museum Hentrich

Display Cases and Lighting for a Re-design of the Collection in the "Kunstpalast" Museum

Franziska Eidner

The Glass Museum Hentrich is one of the most important collections of glass in the world. The permanent exhibition covering an area of 1,200 square metres presents more than 3,000 exhibits–outstanding evidence of 3,500 years of glass-making. The museum's collection, shown in part of the Kunstpalast Museum in Düsseldorf, has been developed mainly through the commitment of private patrons, particularly architect Helmut Hentrich (1905–2001). In 2006, the city of Düsseldorf financed an extension and complete re-design of the Glass Museum's permanent collection, aiming to do justice to the institution's growing international significance.
The office STEINER SARNEN SCHWEIZ was responsible for the re-design of the exhibition space, devising a kind of "house-within-a-house" concept. A so-called "treasure house" forms the heart of the presentation. Here, on three floors, the visitor's tour takes him through the various epochs and relevant regions of artistic glass production—from the Roman Empire to the present day. "The aim is for every room to surprise the visitor, introducing him or her to a fresh aspect of the subject," according to the project description published by the Swiss architectural office. "By consciously staging its use of light, the presentation models the forms, colours and luminosity of the glass objects. A gently wandering play of light reveals each object's multifaceted qualities and character to the viewer. ... Plastic form, colour and written inscriptions lead to a harmony enabling him to sense the aura of the relevant epoch. Yet the scenography's considerable degree of abstraction leaves sufficient room for the glass exhibits to develop their own essence and magic." The exhibits in the treasure house are supplemented by a sculpture gallery and an information area about the museum's patrons.
museumstechnik berlin developed, constructed and produced a total of more than 200 different-sized display cases as well as light-boxes and wall displays for the newly designed glass collection. Among other things, two continuous, thirty-metre-long display cases were fitted into existing niches.
In accordance with the overall colour concept, the display cases were printed in a typographical pattern and with other graphic motifs. Glass low in iron oxide was chosen to avoid irritations of colour. Laminated safety glass was used for the partially satined glass panels, some of which are part colour-printed, to decrease the risk of breakage. To ensure that the display cases in the glass museum were airtight, museumstechnik berlin developed a special cavity gasket made of silicon. An electromagnetic locking system using chipcards means that the opening mechanisms are kept invisible.
The lighting of the display cases is dazzle-free at all levels, including below the shelf-boards. museumstechnik berlin developed a special aluminium-thread moulded extrusion profile for this, which is fitted with fluorescent tubes and has been used as the standard lighting element.

Glasmuseum Hentrich

Vitrinen und Beleuchtung für die Neugestaltung der Sammlung im Museum Kunstpalast

Franziska Eidner

Das Glasmuseum Hentrich zählt zu den bedeutendsten Glassammlungen der Welt. In der Dauerausstellung werden auf 1200 Quadratmetern mehr als 3000 Exponate präsentiert – herausragende Zeugnisse aus 3500 Jahren Glaskunst. Die Bestände des Museums, dessen Standort sich im Düsseldorfer Museum Kunstpalast befindet, sind maßgeblich durch das Engagement privater Mäzene, insbesondere des Architekten Helmut Hentrich (1905–2001), geprägt. Die Stadt Düsseldorf finanzierte im Jahr 2006 die räumliche Erweiterung und komplette Neugestaltung der ständigen Ausstellung des Glasmuseums, um dessen zunehmender internationaler Bedeutung gerecht zu werden.
Für die Umgestaltung der Ausstellungsräume war das Büro STEINER SARNEN SCHWEIZ verantwortlich, das eine Art „Haus-im-Haus"-Konzept entwickelte. Das sogenannte „Schatzhaus" bildet das Zentrum der Präsentation. Auf drei Etagen eröffnet sich hier ein Rundgang durch die verschiedenen Epochen und relevanten Regionen künstlerischer Glasproduktion – vom Römischen Reich bis in die Gegenwart. „Jeder Raum soll den Besucher überraschen und neu auf das Thema einstellen", heißt es in einer Projektbeschreibung des Schweizer Architekturbüros. „Durch die bewusst inszenierte Lichtführung werden die Glasobjekte in Form, Farbe und Lumineszenz modelliert. Leise Lichtwanderungen machen dem Betrachter die Vielschichtigkeit und Charaktere des jeweiligen Objektes sichtbar. (…) Raumform, Farbton und Schriftbild ergeben einen Klang, der die Aura der betreffenden Epoche spüren lässt. Der hohe Abstraktionsgrad der Szenografie lässt dem Wesen und der Magie der Glasexponate aber ihren Raum." Die Exponate im Schatzhaus werden durch eine Skulpturengalerie und einen Informationsbereich zu den Mäzenen des Museums ergänzt.
Insgesamt entwickelte, konstruierte und produzierte die museumstechnik berlin mehr als 200 Vitrinen unterschiedlicher Größe sowie Leuchtkästen und Wanddisplays für die neukonzipierte Glassammlung. Unter anderem wurden auch zwei 30 Meter lange, durchgehende Vitrinen in Bestandsnischen eingepasst. Gemäß dem Farbkonzept wurden die Vitrinen mit einem typografischen Muster und anderen grafischen Motiven bedruckt. Zur Vermeidung von Farbirritationen wurde eisenoxidarmes Glas verwendet. Für die teilsatinierten und partiell vierfarbig bedruckten Glasscheiben wurde Verbundsicherheitsglas verwendet, um eine erhöhte Bruchsicherheit zu gewährleisten. Für die Dichtigkeit der Vitrinen im Glasmuseum entwickelte die museumstechnik berlin eine spezielle Hohlkammerdichtung aus Silikon. Ein elektromagnetisches Schließsystem mit Chipkarten ermöglichte nicht sichtbare Öffnungsmechanismen.
Die Beleuchtung der Vitrinen ist auf jeder Ebene, auch unterhalb der Tablare, blendfrei gestaltet. Dafür entwickelte die museumstechnik berlin ein spezielles Aluminiumstrang-Pressprofil, das mit Leuchtstoffröhren ausgestattet und als maßgebliches Beleuchtungselement genutzt wurde.

4

5

4 Einbauvitrinen an der Haupttreppe zum Untergeschoss | Built-in display cases beside the main stairs to the basement
5 Loungemöblierung | Lounge furnishings (Konzept | Concept: art+com)
6 Eingang zum „Schatzhaus" und der Skulpturengalerie | Entrance to the "Treasure House" and the sculpture gallery

6

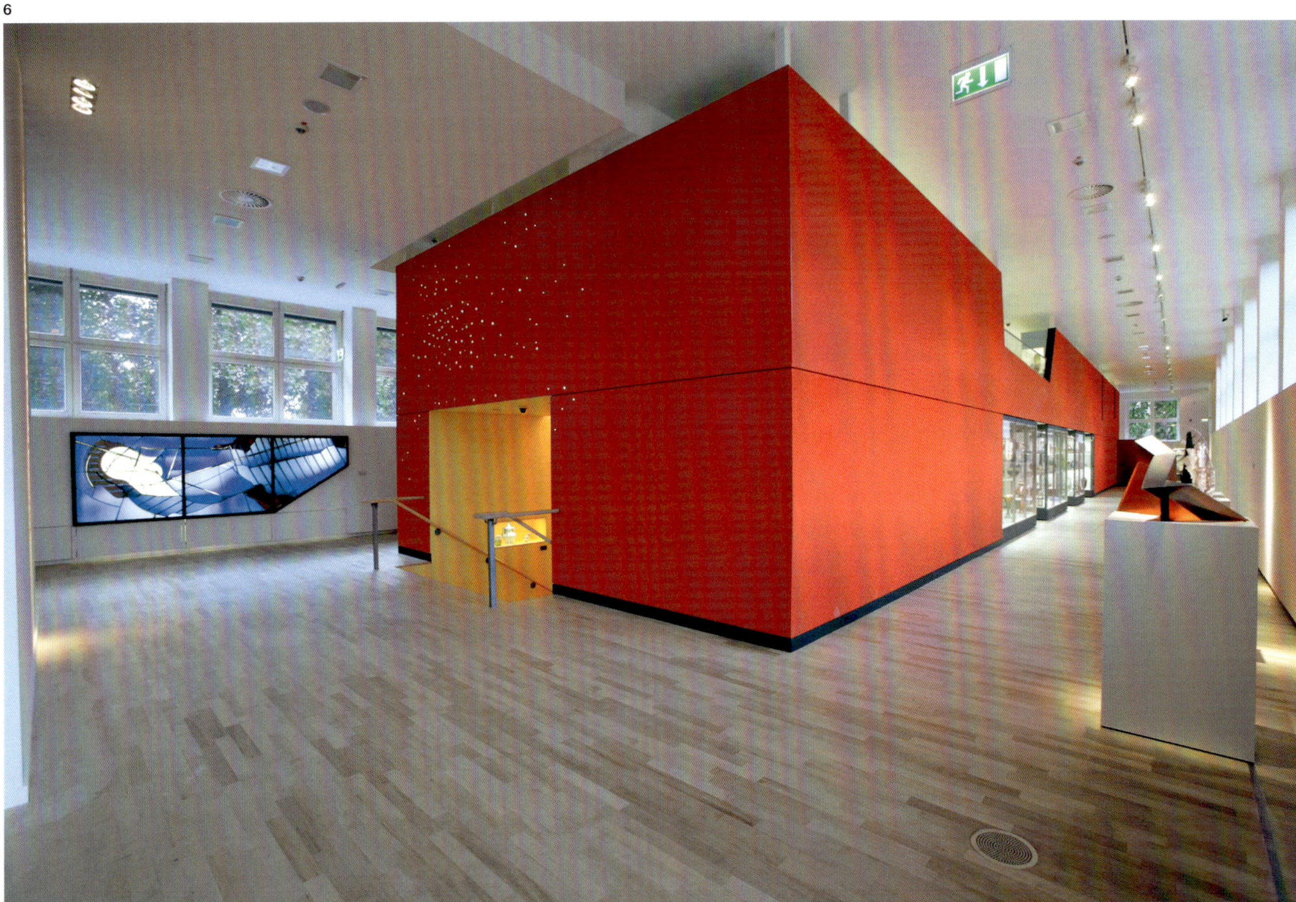

7

8

9

7 Glasobjekte in der Studiensammlung | Glass objects in the study collection
8 Exponatvitrinen in der Jugendstil-Abteilung | Display cases for exhibits in the section "art nouveau"
9 Blick in den Wechselausstellungsraum | View into the space for changing exhibitions
10 Präsentation in der Mittelalter-Abteilung | Presentation in the mediaeval section
11 Blick in die Schatzkammer | View into the treasury

10

11

Bode-Museum Berlin

Ausstellungseinrichtung für den umfangreich sanierten Museumsbau

Franziska Eidner

1 „Beim Durchwandern des Gebäudes soll ein neuer Atem spürbar sein, der Gewohntes und Überraschendes miteinander verbindet.“ | “When walking through the building, it should be possible to experience a new atmosphere combining the familiar and the surprising.” (Heinz Tesar)

Das neobarocke Bode-Museum markiert die nördliche Spitze der Berliner Museumsinsel. Heute beherbergt es bedeutende Bestände der Stiftung Preußischer Kulturbesitz wie die Skulpturensammlung, das Museum für Byzantinische Kunst, das Münzkabinett und Werke aus der Gemäldegalerie. Zu den besonderen Attraktionen zählt unter anderen das reich verzierte Tiepolo-Kabinett. Mehr als sechs Jahre lang war es wegen umfassender Sanierungsarbeiten komplett geschlossen. Die Wiedereröffnung im Oktober 2006 wurde mit Spannung erwartet und im Vorfeld durchaus kontrovers diskutiert. Wie viel Bode steckt noch im Museum?

Gründungsdirektor Wilhelm von Bode entwickelte mit seinen „Epochenräumen“ zu Beginn des 20. Jahrhunderts ein damals revolutionäres Konzept. Kunstwerke, Möbel und andere Exponate wurden so aufeinander abgestimmt, dass ein Gesamtbild einer Stilepoche entstand. Dieses Ausstellungsprinzip haben viele zeitgenössische Museen übernommen – etwa der Pariser Louvre. Im Bode-Museum selbst war das originale Präsentationskonzept nach den Kriegszerstörungen nur noch vereinzelt zu finden. In der Neubespielung der 66 Ausstellungsräume mit ihren rund 11.000 Quadratmetern Präsentationsfläche entschied sich das Team um Museumsdirektor Arne Effenberger für eine „enthaltsame, nur vorsichtig skeptische Rekonstruktion des Bode-Konzeptes“ (*Die Zeit*, 17.10.2007). Der hauptverantwortliche Architekt Heinz Tesar beschrieb das Ziel der Grundinstandsetzung und Ausstellungsgestaltung folgendermaßen: „Beim Durchwandern des Gebäudes soll ein neuer Atem spürbar sein, der Gewohntes und Überraschendes miteinander verbindet.“ Daher wird Bode nur exemplarisch in drei Räumen zitiert, darüber hinaus aber vor allem mit Zurückhaltung inszeniert. „Waren bei Bode viele Tische voll gestellt wie die Auslagen eines Antiquitätenhändlers, bekommen die Plastiken nun den Raum, in dem sie wirken können“, beschreibt etwa das *Art-Magazin* (10/2006) die neuen Präsentationsstrategien. Im Vordergrund steht weniger die reine Chronologie, sondern das Aufzeigen von Verwandtschaften. Die Wochenzeitung *Die Zeit* resümiert: „Tatsächlich ist in der Ausstellung etwas Seltenes gelungen: echte Evidenzen, Aha-Erlebnisse ebenso wie verblüffende Einsichten.“

Die museumstechnik berlin war für einen Großteil der Ausstellungseinrichtung zuständig. Mehr als 60 Vitrinen wurden dafür unter anderem konstruiert und produziert. Dabei kamen neue, hochwertige Materialien wie Alkantara oder Nextel-Lackierungen ebenso zum Einsatz wie maßgeschneiderte technische Lösungen. Die großen Wandvitrinen etwa wurden mit Lichtleitfasertechnik und Umlenkspiegeln ausgestattet und können mithilfe von Gasdruckfedern geöffnet werden. Die Tischvitrinen wiederum wurden mit einer speziellen Hydraulik-Öffnungstechnik versehen – die Lösung der museumstechnik berlin setzte sich hier im direkten Wettbewerb mit anderen Firmen durch. In die stählernen Standvitrinen für das Münzkabinett wurden Lupen und individuelle Beleuchtungssysteme integriert. Die Sonderanfertigungen für das Bode-Museum zeigen auch ein breites Spektrum von „beweglichem Ausstellungsinventar“ auf: Eine Spezialanfertigung der museumstechnik berlin sind etwa die geneigte und bewegbare Tunika-Vitrine mit ihrer 200 Kilogramm schweren Glashaube und die mit zahlreichen ausziehbaren Schubladen bestückte Textilvitrine, ebenso wie die Studientische mit ihren per Hand verfahrbaren Tablaren. Weitere bewegliche Elemente finden sich an dem drei Meter langen Lupentisch, an dem die Besucher mehrere Vergrößerungsgläser über den Objekten nach Belieben platzieren können.

1

2

3

2 Hydraulische Tischvitrinen | Hydraulic table-top display cases

3 Tischvitrine mit Rückwand | Table-top display case with back wall

[Bode-Museum Berlin]

Exhibition Plan for the Extensively Restored Museum Building

Franziska Eidner

The neo-baroque Bode-Museum is located at the northern tip of Berlin's Museum Island. Today it houses the key collections of the Foundation Prussian Cultural Heritage (Stiftung Preußischer Kulturbesitz), as well as the Sculpture Collection, the Museum of Byzantine Art, the Coin Collection and works from the Gemäldegalerie. Among its special attractions are the richly embellished Tiepolo cabinet. For more than six years, it was completely closed for extensive restoration measures. The reopening in October 2006 was awaited with great excitement and triggered some controversial advance discussions. How much Bode would still be evident in the museum?

The founding director Wilhelm von Bode developed what was—at the beginning of the twentieth century—a revolutionary concept with his "epochal rooms." Artworks, furniture, and other exhibits were related to each other so that an overall picture of a stylistic epoch emerged. This exhibition principle was taken over by many contemporary museums—like the Paris Louvre, for example. In the Bode-Museum itself, the original presentation concept could be found only in isolated instances after wartime destruction. In the new staging of the sixty-six exhibition rooms, totalling 11,000 square metres of presentation area, the team surrounding museum director Arne Effenberger decided in favour of a "modest, only cautiously sceptical reconstruction of the Bode concept" (*Die Zeit,* 17 October 2007). The architect with prime responsibility, Heinz Tesar, described the aims of the basic restoration work and exhibition design in the following way: "When walking through the building, it should be possible to experience a new atmosphere combining the familiar and the surprising." This is why Bode is cited in an exemplary way in only three rooms, but the staging is otherwise restrained. "Whereas many tables were covered like the display tables of an antiques dealer in Bode's day, now the sculptures are given space in which to develop their impact," is one description of the new presentation strategies in *Art-Magazin* (10/2006), for example. The emphasis is less on pure chronology and more on the disclosure of interrelations and references. The weekly newspaper *Die Zeit* sums up: "Indeed, a rare achievement has been made in this exhibition: authentic evidence, real eye-opener and astounding insights."

museumstechnik berlin was responsible for the majority of the exhibition fittings. Among other things, more than sixty display cases were constructed and produced. New, high-quality materials such as Alcantara fabric and Nextel coatings were employed, as well as specifically devised technical solutions. The large wall display cases, for example, are equipped with fibre optical technology and tilted mirrors and can be opened using gas-pressure springs. The table-top vitrines, meanwhile, are provided with a special hydraulic opening technology—here, the solution conceived by museumstechnik berlin succeeded in direct competition with other companies. Magnifying glasses and individual lighting systems have also been integrated into the upright steel display cases for the Coin Collection. The special fixtures for the Bode-Museum also include a broad spectrum of "mobile exhibition furnishings": for example, one item especially made by museumstechnik berlin are the sloping, mobile tunic cases with their 200 kilogramme glass covers and the textile vitrine equipped with many pull-out drawers, as well as study tables with hand-operated shelf boards. Additional mobile elements may be found at the three-metre-wide magnifying table, where visitors are able to move several magnifying glasses over the objects as they wish.

4

5

6

4 Wechselausstellungsraum im Münzkabinett | Space for changing exhibitions in the coin collection
5 Münzvitrine mit Schatztruhe und umlaufender Wandvitrine im Hintergrund | Display case for coins with treasure chest and full-wall display cabinets in the background
6 Blick in die Ausstellung | View into the exhibition
7 Geneigte und bewegliche Spezialvitrine für eine Tunika | Special tilted, moveable display case for a tunic
8 Lupentisch | Magnifying table
9 Textilvitrine mit Schubladen | Display case for textiles with drawers
10 Die Wiedereröffnung des Bode-Museums | The re-opening of the Bode-Museum

7

8

9

10

[Museum für Naturkunde Berlin]

Ausstellungsmodule und Hochsicherheitsvitrine für die neue Dauerausstellung „Evolution in Aktion“

Franziska Eidner

Das Berliner Museum für Naturkunde zählt mit seinen mehr als 30 Millionen Objekten zu den bedeutendsten naturkundlichen Sammlungen der Welt. Von 2005 bis 2007 wurden Teile der Präsentationsflächen umfangreich saniert und neu konzipiert. Die im Juli 2007 unter dem Motto „Evolution in Aktion“ wieder eröffneten Ausstellungssäle haben das Museum endgültig zum Publikumsmagneten gemacht und neue Maßstäbe in der Ausstellungspraxis gesetzt.
Als „angenehm unaufdringlich“ und „erfrischend transparent“ beschreibt die *Süddeutsche Zeitung* (13.07.2007) die Neupräsentation der Sammlung, zu der auch der berühmte Sauriersaal und der Urvogel Archaeopteryx zählen. Über 40 Wissenschaftler des Museums haben an der Konzeption mitgewirkt, die Gestaltung der interaktiven Ausstellungsarchitektur wurde federführend durch das Berliner Büro ART + COM in Zusammenarbeit mit Bertron & Schwarz und der Schiel Projektgesellschaft realisiert. Die Entwicklung des Kosmos, der Erde und des Lebens sollte im Rahmen von „Evolution in Aktion“ in Beziehung zueinander gezeigt werden. Die Ausstellung von Originalobjekten hat dabei stets Vorrang vor Rekonstruktionen oder virtuellen Inszenierungen, welche die Originale unterstützen, aber nicht ersetzen. Die Ausstellungsbauten mussten damit sowohl hohen gestalterischen als auch museologischen Anforderungen entsprechen.
Die hier erfahrene museumstechnik berlin wurde mit der Planung, Konstruktion und Montage der zentralen Ausstellungsinseln, Präsentationswände und der Hochsicherheitsvitrine für den Archaeopteryx beauftragt. Die Vitrine ist Schaukasten und Forschungslabor zugleich und sorgte für großes mediales Aufsehen: „Jetzt haben sie dem Vogel in Stein einen Altar gebaut, der selbst den der Mona Lisa im Louvre übertrifft,“ so die *Süddeutsche Zeitung* (13.07.2007), „hinter Glas und mit Lichtspielen ausgestattet, die den Fossilabdruck des Vogels mit Schatten und Licht überziehen, so dass man das Tier auch im Detail studieren kann.“ Die Vitrinenbeleuchtung wurde dabei übrigens so integriert, dass die Leuchtmittel ohne ein Öffnen der Vitrine gewechselt werden können.
Auch die neun Ausstellungsinseln, auf denen Fossilien, Präparate und Skelette im engen Kontext zu ihrem damaligen Lebensraum präsentiert werden, und die fünf Stahlwände zur Entstehungsgeschichte des Weltalls erforderten spezielles technisches und gestalterisches Know-how. Sie sind jeweils von Vitrinen, Schubladen, Glastrennwänden und Informationsdisplays durchzogen. So kamen etwa allein vier verschiedene Glasklebearten zum Einsatz. Für die Inseln, deren Oberflächen die Anmutung von Urschlamm haben sollten, wurde ein Prototyp erstellt. Die Umrandungen sind aus blankem, archaischem Stahl gefertigt, der gegen Korrosion lediglich gewachst und geölt ist.
Die riesigen Dimensionen der Exponate verlangten zudem nach besonderer logistischer und technologischer Expertise. So werden die Besucher der Ausstellung im Eingangsbereich von einem Dinosaurierschädel begrüßt – dafür musste die museumstechnik berlin eine 400 Kilogramm schwere und knapp fünf Meter breite Glasscheibe durchbohren und einpassen. Mehr als 500.000 Menschen passieren das originale Skelett seitdem jährlich. „Evolution in Aktion“ hat seit ihrer Eröffnung die Besucherzahlen des Museums verdreifacht, Teile der interaktiven Präsentation – die sogenannten Juraskope – wurden mit dem Deutschen Multimedia Award ausgezeichnet und mittlerweile heißt die U-Bahnstation an der Zinnowitzer Straße „Naturkundemuseum“.

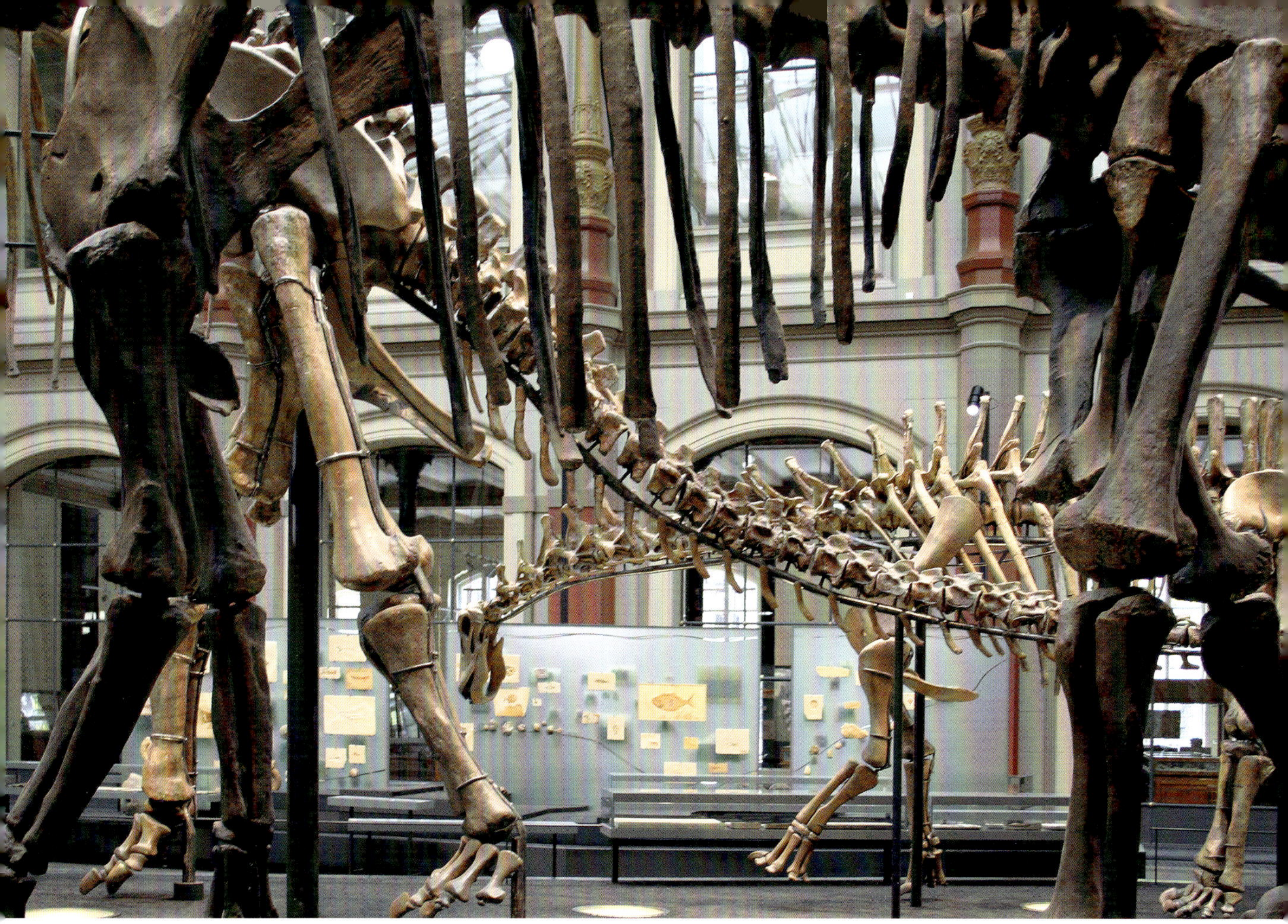

1

2

1 Blick in den Lichthof mit der großen „Saurierwelt" | View into the atrium with the great "World of Dinosaurs"

2 Beleuchtungs- und Projektionssystem am historischen Glasdach | System of lighting and projection on the historic glass roof

3

3 Themeninsel „Wasser“ mit beidseitig bespielter Fossilienwand | Thematic island “Water” with double-sided wall of fossils
4 Blick in den Vitrineninnenraum mit integrierter Flächenleuchte | View inside the display cases with integrated panel light

4

[Museum of Natural History Berlin]

Exhibition Modules and High-security Display Case for the New Permanent Exhibition "Evolution in Action"

Franziska Eidner

Berlin's Natural History Museum holds one of the most important natural history collections in the world, comprising more than 30 million objects. Between 2005 and 2007, some of the presentation areas were replanned and extensively restored. The exhibition halls reopened under the heading "Evolution in Action" in July 2007, finally establishing the museum as a magnet to visitors and setting new standards in exhibition practice.

The *Süddeutsche Zeitung* (13 July 2007) described the new presentation of the collection—which includes the famous dinosaur hall and the primordial bird archaeopteryx–as "pleasantly unobtrusive" and "refreshingly transparent." More than forty of the museum's scientists were involved in the concept, while prime responsibility for the design of the interactive exhibition architecture was taken by the Berlin office ART + COM in cooperation with Bertron & Schwarz and Schiel Projektgesellschaft. The aim was to show the interrelated development of the cosmos, the earth, and life itself within the framework of "Evolution in Action." The exhibition of original objects always took priority over reconstructions or virtual staging, which is employed to consolidate but never to replace the originals. The exhibition architecture therefore had to meet the highest demands in terms of both design and technical requirements.

museumstechnik berlin—with considerable experience in this field–was contracted to plan, construct, and assemble the central exhibition islands, presentation boards, and the high-security display case for the archaeopteryx. The display case is both showcase and research laboratory and triggered much furore in the media: "Now they have built an altar for the bird in stone which surpasses even that of the Mona Lisa in the Louvre," according to the *Süddeutsche Zeitung* (13 July 2007), "behind glass and incorporating a play of light that covers the fossil impression of the bird with shadows and brightness so that one can study the animal in detail." In this case, the light in the display case was integrated so that the lighting material can be changed without opening up the case.

The nine exhibition islands presenting fossils, prepared exhibits and skeletons in the context of their past habitats, and the five steel wallboards narrating the genesis of the cosmos also called for special technical know-how and design skills. In each case, they incorporate display cases, drawers, glass dividing walls, and information displays. During their construction, for example, as many as four different methods of adhering glass were used. A prototype was constructed for the islands, whose surfaces aim to give the impression of primordial mud. The edges are made of smooth, archaic steel, which has simply been waxed and oiled to prevent corrosion.

In addition, the huge dimensions of the exhibits called for particular expertise in the fields of logistics and technology. Visitors to the exhibition are greeted, for example, by the skull of a dinosaur in the entrance area–to achieve this, museumstechnik berlin had to drill and fit a glass panel almost five metres wide, weighing 400 kilogrammes. Since then, more than 500,000 people have passed the original skeleton each year. Since its opening, "Evolution in Action" has trebled the number of visitors to the museum, and parts of the interactive presentation–the so-called Jurascopes—received the German Multimedia Award. These days, the underground station on Zinnowitzer Straße is called "Naturkundemuseum" (Museum of Natural Science).

5 Blick in den Ausstellungssaal „System Erde“ | View into the exhibition hall “System Earth”

6 Meteoritenwand mit „dynamischen Legenden“ | Wall of meteorites with “dynamic legends”

7 Ansicht der Installation „Kosmos und Sonnensystem“ im Treppenhaus | View of the installation “Cosmos and Solar System” in the stairwell

5

6

7

1

The Duchess Anna Amalia Library in Weimar

A Fire and its Consequences—the Installation of Display Cases for the New Presentation of the Collections

Helge Sypereck

1 Globenvitrinen im Bücherturm mit drehbarer Präsentationsfläche | Globe display cases with revolving presentation areas in the book tower

On 2 September 2004, a fire broke out in the roof timbering of the Green Castle, whose world-famous rococo hall forms the historical centrepiece of the Duchess Anna Amalia Library, and which is a UNESCO World Heritage site. During the night of the fire and over the next few days more than one hundred helpers saved the valuable books and works of art from the building and salvaged them from the fire debris. The fire and the extinguishing water did extensive damage to the building and its valuable inventory. 50,000 volumes were burnt, including the Duchess Anna Amalia's (1739–1807) collection of musical scripts, which was almost completely destroyed. However, large parts of the museum collections were spared, such as medieval scripts, incunabula, globes and maps, along with the world's largest Faust collection and Nietzsche's private library.

"Save Anna Amalia" was an appeal that went around the world and many people and institutions supported it: immediately after the fire the federal government pledged emergency funds for the reconstruction, the J.Paul Getty Trust in Los Angeles declared its willingness to provide support through financial assistance and technical expertise. The Vodafone Foundation in Germany and the Allianz Cultural Fund made financial contributions. In total more than 22,000 individuals and institutions donated money or books.

On 24 October 2007, the birthday of the namesake Duchess Anna Amalia, the historic library building was reopened. For the Renaissance hall and the book tower within the Duchess Anna Amalia Library, customised display cases were created for the presentation of books, globes, and maps. The layout of the display cases in the Renaissance hall traces the architectural division of space: at the entrance, two display cases flank the visual axis towards the park. In the southern wing, book display cases line a central corridor in pairs. The northern wing houses a group of three display cases for map material. Frosted glass steles with visitor information were added to the display cases. The book display cases are closed on the side facing the wall and have adjustable illuminated shelves for displaying the books. Along the corridor, they provide space for additional exhibits, such as busts, globes, and so on. In the book tower, seven globe display cases are grouped around the central spiral staircase. The round baseplates of the display cases are revolving, so that the globes can be rotated for various groups of visitors. All display cases conform to the highest conservational standards as regards lighting and air-conditioning. Dampness and temperature sensors are connected to the library's central monitoring system. Adjustable LED lights provide the lighting. In addition uplights in the light boxes of the display cases provide a shadow-free illumination of the vaulted ceiling.

The restoration of the Anna Amalia Library and its collections was unable to fill all the gaps left by the fire. However, the great international solidarity and support shows that the role of the archives and collections is highly valued by a wide public as an indispensable cultural heritage.

Die Herzogin-Anna-Amalia-Bibliothek in Weimar

Ein Brand und seine Folgen – Vitrineneinrichtung für die Neupräsentation der Sammlungsbestände

Helge Sypereck

Am 2. September 2004 brach ein Feuer im Dachstuhl des Grünen Schlosses aus, das mit dem weltberühmten Rokokosaal das historische Kernstück der Herzogin-Anna-Amalia-Bibliothek bildet und zum Weltkulturerbe der UNESCO gehört.
Mehr als 900 Helfer haben in der Brandnacht und in den darauffolgenden Tagen die wertvollen Bücher und Kunstwerke aus dem Gebäude gerettet und aus dem Brandschutt geborgen. Das Feuer und Löschwasser richteten großen Schaden an dem Gebäude und den wertvollen Beständen an. Allein 50.000 Bände sind verbrannt, darunter auch die Musikaliensammlung der Herzogin Anna Amalia (1739–1807), die fast vollständig zerstört wurde. Große Teile der Sammlung sind jedoch erhalten geblieben. Hierzu zählen mittelalterliche Handschriften, Inkunabeln, Globen und Landkarten sowie die weltweit größte Faust-Sammlung und Nietzsches Privatbibliothek.
„Rettet Anna Amalia" war ein Appell, der um die Welt ging und zahlreiche Personen und Institutionen schlossen sich ihm an: Die Bundesregierung sagte bereits kurz nach dem Brand Sondermittel für den Wiederaufbau zu, der J. Paul Getty Trust in Los Angeles erklärte sich bereit, die Bibliothek mit finanziellen Mitteln und Fachkompetenz zu unterstützen. Auch die Vodafone-Stiftung Deutschland und die Allianz Kulturstiftung haben finanziell einen Beitrag geleistet. Insgesamt haben mehr als 22.000 Personen und Institutionen Geld oder Bücher gespendet.
Am 24. Oktober 2007, dem Geburtstag der Namenspatronin Herzogin Anna Amalia, wurde das historische Bibliotheksgebäude wiedereröffnet. Für den Renaissancesaal und den Bücherturm der Herzogin-Anna-Amalia-Bibliothek wurden spezielle Vitrinen für die Präsentation von Büchern, Globen und Karten entwickelt. Die Anordnung der Vitrinen im Renaissancesaal folgt der architektonischen Gliederung des Raumes:
Am Eingang flankieren zwei Vitrinen die Sichtachse in den Park. Im südlichen Flügel sind Büchervitrinen paarweise entlang eines Mittelganges angeordnet. Der nördliche Flügel beherbergt eine Gruppe von drei Vitrinen für Kartenmaterial. Die Vitrinen werden durch mattierte Glasstelen ergänzt, die als Besucherinformation dienen.
Die Büchervitrinen sind auf der Wandseite geschlossen und haben verstellbare beleuchtete Tablare für die Ausstellung der Bücher. Entlang des Mittelganges bieten sie Raum für ergänzende Exponate, wie zum Beispiel Büsten, Globen und ähnliches. Im Bücherturm sind sieben Globenvitrinen um die mittlere Spindeltreppe gruppiert. Die runden Grundplatten der Vitrinen sind drehbar, sodass die Globen für ausgewählte Besuchergruppen rotierend in Bewegung gesetzt werden können. Alle Vitrinen entsprechen höchsten konservatorischen Ansprüchen hinsichtlich des Lichts und der Klimatisierung. Sie sind über Feuchte- und Temperaturfühler an das zentrale Überwachungssystem der Bibliothek angeschlossen. Die Beleuchtung erfolgt über regelbare LED-Leuchten. Uplights in den Lichtkästen der Vitrinen des Renaissancesaales übernehmen darüber hinaus eine schattenfreie Ausleuchtung der historischen Gewölbe.
Die Restaurierung der Herzogin-Anna-Amalia-Bibliothek und ihrer Bestände konnte nicht alle Lücken schließen, die durch den Brand entstanden sind. Die große internationale Solidarität und Hilfeleistung machen jedoch deutlich, dass die Rolle der Archive und Sammlungen als unverzichtbares „kulturelles Gedächtnis" große Wertschätzung erfährt, die von einer breiten Bevölkerung getragen wird.

2

3

2 Ansicht einer Kartenvitrine mit Glasstele | View of a display case for maps with glass stele

3 Büchervitrinen, Detail Vitrinenböden | Display case for books, detail of the base

4 Blick in den südlichen Flügel des Renaissancesaales mit paarweise gruppierten Büchervitrinen | View into the south wing of the Renaissance Hall showing pairs of book display cases

4

Das Neue Museum

Ausstellungseinrichtung für das architektonische Schmuckstück der Berliner Museumsinsel

Franziska Eidner

In Spitzenzeiten besuchen täglich mehr als 4000 Besucher das Neue Museum. Dabei ziehen nicht nur die spektakulären Exponate wie die Büste der Nofretete oder der mehr als 3000 Jahre alte „Berliner Goldhut“ die Besucher an. Der mehrfach preisgekrönte Bau ist mittlerweile selbst zu einer der wichtigsten Sehenswürdigkeiten des UNESCO-Weltkulturerbe-Ensembles der Berliner Museumsinsel avanciert. 70 Jahre lang war er nicht öffentlich zugänglich.

Das Neue Museum, Mitte des 19. Jahrhunderts nach Plänen von Friedrich August Stüler errichtet und im Zweiten Weltkrieg stark beschädigt, wurde von 2003 bis 2009 durch den renommierten britischen Architekten David Chipperfield umfassend rekonstruiert und zeitgenössisch erweitert. Die gelungene Kombination von Alt und Neu erhielt unter anderem den Mies-van-der-Rohe-Preis und den Europa Nostra Award der Europäischen Union und wurde mit Auszeichnungen vom Bund Deutscher Architekten und dem britischen Royal Institute of British Architects geehrt.

Für die Gestaltung der mehr als 10.000 Quadratmeter umfassenden Ausstellungsfläche ist der italienische Designer Michele De Lucchi verantwortlich. Die im Oktober 2009 eröffnete Dauerausstellung präsentiert insgesamt fast 9000 Objekte aus den Sammlungen des Museums für Vor- und Frühgeschichte, des Ägyptischen Museums, der Papyrus- und der Antikensammlung. Das Ausstellungskonzept des Neuen Museums ist Bestandteil der Gesamtidee, die Museumsinsel als Zentrum der antiken Kulturen zu entwickeln.

„Sämtliche Vitrinen und Installationen sind aus intensiven Gesprächen mit den Kuratoren und Direktoren des Museums entstanden und wurden individuell angefertigt,“ beschreibt Gestalter De Lucchi in einem Interview (*designlines*, 22.12.2009) seine Vorgehensweise. „Die Präsentation der Exponate entstand auf diese Weise aus deren kunsthistorischer Interpretation heraus. Aus diesen Überlegungen haben wir anschließend ein System entwickelt, das sich auch formal in die Architektur von David Chipperfield integriert.“ Entstanden ist eine Ausstellungsarchitektur, die „mit farbigen Podesten, Vitrinen und Tischen aus schwarz oxidiertem Messing nicht ablenkt, sondern den Blick auf die Exponate konzentriert“, wie die Tageszeitung *Die Welt* anlässlich der Eröffnung am 16. Oktober 2009 schrieb. „Dass sie dennoch selbst bis ins Detail durchgestaltet und schön anzusehen ist, zeigt, dass De Lucchi die Schätze der Vergangenheit fraglos zum Star kürt. Und dennoch nicht den Anspruch an das Design der Gegenwart vergisst.“

Die Vitrine wird im Gestaltungskonzept von De Lucchi zum klassischen „Möbel“. Mehr als 220 dieser filigran anmutenden Vitrinen in fünf unterschiedlichen Typen und Größen hat die museumstechnik berlin für das Neue Museum konstruiert, produziert und montiert. Dazu kamen mehr als 150 Tische und Sockel, 60 Infotafeln und 30 Sonderbauten. Für die Ausstellungseinrichtung wurden überwiegend hochwertige Materialien wie brüniertes Messing, Edelstahl, Weißglas und Corian verwendet. Der Einsatz von ausschließlich schadstoffarmen Erzeugnissen wurde im Rahmen von Oddy-Tests nachgewiesen.

Besondere Aufmerksamkeit erhielt selbstverständlich die Präsentation der Nofretete. Für die Büste der 3000 Jahre alten Schönheit wurde eine vier Meter hohe Vitrine mit schwingungsentkoppeltem Sockel konstruiert. Diese Art „Stoßdämpfer“ soll jegliche Erschütterung der kostbaren Statue verhindern. Die „Lesetische“ im Niobidensaal erhielten für die Objektpräsentationen verfahrbare Tablare, die die Exponate zum optimalen Lichtschutz zeitgenau in das Depot fahren. Maßgeschneiderte Öffnungsmechanismen und spezielle Schiebetürbeschläge mit kleinsten Abmessungen sind das Ergebnis eines gleichwertig hohen Anspruchs an Technik und Design.

Diese gelebte Liebe zum Detail im Ganzen setzte sich ebenso in der präzisen Logistik fort.

1

1 Infotafel und Sockel mit Reliefwand, 2450 v. Chr., im Griechischen Hof | Information board and plinth with wall-relief, 2450 B.C., in the Greek Court

2 Moderner Saal mit Tischvitrinen und Sonderbauten | Modern hall with table-top display cases and special constructions

2

3

4

5

3 Mittelalterlicher Saal mit hohen Tischvitrinen und Hochvitrine light | Medieval hall with high table-top display cases and vertical display case, light

4 Niobidensaal mit Lesetischen | Niobidensaal with reading desks

5 Roter Saal mit historischen Vitrinen und Objekten in historischer Anordnung | The "Red Hall" with historic display cases and objects in their historical arrangement

6

8

6 Raum unter dem Vestibül mit Nilgott (um 1800 v. Chr.) und Hochvitrine im Hintergrund | Room below the vestibule with God of the Nile (ca. 1800 B.C.) and vertical display case in the background

7 + 8 Mythologischer Saal mit hohen und flachen Tischvitrinen, im Hintergrund die Stand-Schreitfigur des Amenemhet III. (um 1850 v. Chr.) | Mythological hall with high and low table-top display cases; in the background the striding figure of Amenemhet III (circa 1850 B.C.)

7

9

10

9 Hochvitrinen light auf der Plattform Ägyptischer Hof | Vertical display cases, light on the Plattform Ägyptischer Hof
10 Wandvitrinen im Kabinett des Apollosaals | Wall display cases in the cabinet of the Apollosaal

The Neues Museum

Exhibition Design for the Architectural Gem on Berlin's "Museum Island"

Franziska Eidner

At peak periods, the Neues Museum is visited by more than 4,000 people daily. Visitors here are attracted not only by spectacular exhibits like the bust of Nefertiti or Berlin's "Golden Hat," which is more than 3,000 years old. In the meantime, the award-winning building has also become one of the most important sights of the UNESCO World Cultural Heritage ensemble on Berlin's Museum Island. For seventy years it was closed to the public.

The Neues Museum, built in the mid-nineteenth century according to plans by Friedrich August Stüler and badly damaged in the Second World War, was largely reconstructed and extended in a contemporary style by acclaimed British architect David Chipperfield between 2003 and 2009. This successful combination of old and new has received the Mies-van-der-Rohe Prize and the Europa Nostra Award from the European Union, in addition to other accolades including awards from the Association of German Architects (BDA) and the Royal Institute of British Architects. The Italian Michele De Lucchi was responsible for designing the exhibition space, totalling more than 10,000 square metres. The permanent exhibition opened in October 2009 presents a total of almost 9,000 objects from the collections of the Museum of Pre- and Early History, the Egyptian Museum, the Papyrus Collection, and the Collection of Antiquity. The exhibition concept of the Neues Museum is part of the overall plan to develop the Museum Island into a centre of ancient cultures.

"All the display cases and installations evolved out of intense discussion with the curators and directors of the museum and were constructed individually," designer De Lucchi said of his approach in an interview (*designlines*, 22 December 2009). "In this way the presentation of the exhibits developed from their interpretation within art-history. On the basis of such considerations, we then developed a system that is also formally integrated into David Chipperfield's architecture." The emergent exhibition architecture "with coloured plinths, display cases and tables made from dark, oxidised brass, does not distract visitors but focuses their attention on the exhibits," as the daily newspaper *Die Welt* wrote following the opening on 16 October 2009. "The fact that it is designed down to every last detail, nonetheless, and is attractive to look at: this shows that De Lucchi sees the treasures of the past as the true stars without forgetting the demands of contemporary design." In De Lucchi's design concept the display case is transformed into a classical item of "furniture." museumstechnik berlin constructed, produced and assembled more than 220 of these seemingly filigree display cases for the Neues Museum—in five different types and sizes. In addition, more than 150 tables and plinths, sixty information boards and thirty special constructions were required. In the main, the materials used for the exhibition fittings were very high-quality, such as burnished brass, stainless steel, opti white glass, and Corian. The exclusive use of products low in pollutants was demonstrated by means of Oddy tests.

Particular attention was paid to the presentation of Nefertiti, of course. A four-metre-high display case with a vibration-decoupled pedestal was constructed for the 3,000-year-old beauty. This kind of "shock absorber" is intended to prevent any kind of trauma to the precious statue. The reading tables in the Niobidensaal were provided with slidable shelf-boards for the presentation of objects, which transfer exhibits into storage immediately after use to ensure optimal protection from light. Equal demands made on technology and design resulted in made-to-measure opening mechanisms and special, tiny sliding-door brackets. This love of detail within the whole continued in the logistics, which were similarly meticulous.

1

2

3

1 Ansicht der Alten Nationalgalerie Berlin mit *Ozone Layer* im Juni 2010 | View of the Alte Nationalgalerie Berlin with *Ozone Layer* in June 2010

2 + 3 Ein schimmernder Bildteppich, der sich bei näherer Betrachtung als große, brüchige Knüpfarbeit aus verrödelten Flaschenverschlüssen erweist | A shimmering carpet of images, viewed more closely, proved to be a large, fragmentary knotted work made of bottle tops wired together.

Who Knows Tomorrow

Installation "Ozone Layer and Yam Mound(s)" by the Artist El Anatsui

Kerstin Gust

In 2010, the eyes of the world were on Africa. For the first time in the history of the Fifa World Cup, South Africa played host to this major football competition. From June to July 2010 everything centred on football, fans, and vuvuzelas. Everything? Well, almost everything. In the exhibition "Who knows tomorrow," the Berlin Nationalgalerie presented five African artists showing contemporary art from Africa in a parallel staging in four exhibition venues from 4 June to 26 September 2010. However, the theme for Yinka Shonibare MBE, Pascale Marthine Tayou, Zarina Bhimji, António Ole, and El Anatsui was not Africa itself: their current pieces of work reflected on German history and culture as well as the involvement of Germany and the rest of Europe in the fate of the African continent.

One of the most striking installations of the exhibition was "Ozone Layer and Yam Mound(s)," which artist El Anatsui realised on the façade of the Old Nationalgalerie. He designed a shimmering carpet of images, which—seen from a distance—shone like precious gems in the sun and, viewed more closely, proved to be a large, fragmentary knotted work made of bottle tops wired together. "Let 100,000 schnaps tops speak" the magazine *Spiegel* texted in a rather rakish tone (4 June 2010). But the artist produced more than just a recycling collage. The diverse messages of his work, e.g., concerning the far-reaching effects of colonisation and the reality of our cultural and economic networks, were woven metaphorically into a metal fabric measuring 300 square metres, linking history and the present day. Below the inscription of the pediment which dedicates the museum "To German Art MDCCCLXXI," a tapestry-like sculpture was installed like a veil over the national significance of the art temple, telling a new story of reciprocal relations between Germany and Africa. museumstechnik berlin was commissioned to conceive, plan and set up the installation "Ozone Layer and Yam Mound(s)," which was developed together with the artist. In this context, the particular challenge was to reconcile the static and technical demands of Berlin's building regulations for a structure of UNESCO World Cultural Heritage with the artistic requirements for the presentation, and to fulfil the safety conditions for installations in outside areas. When developing the basic construction and its careful mounting onto the gable façade of the museum, the highest priority had to be lasting protection of the building's substance and that of the artwork. Especially high demands were made on the security and flexibility of the carrying frame. In order to cope with heavy winds, the construction was planned as a mobile one, while widening components at the sides ensured that possible changes during the mounting of the carpet-like segments could be taken into account. The enormous size of the installation and its erection in public space called for special care in planning the logistics. Over the course of the summer, this picture puzzle about German-African historical and cultural relations fascinated visitors to Museum Island and stimulated thought. Afterwards, it was dismantled into its individual components again, packed up and taken to the artist's storage depot—in its original form: a huge number of net-like, bright segments made of bottle tops that had been hammered flat.

Who Knows Tomorrow

Installation „Ozone Layer and Yam Mound(s)“ des Künstlers El Anatsui

Kerstin Gust

2010 richtete sich der Blick der Welt auf Afrika. Zum ersten Mal in der Geschichte des FIFA World Cup war Südafrika der Gastgeber der Fußballweltmeisterschaft. Von Juni bis Juli 2010 drehte sich alles um Fußball, Fans und Vuvuzelas. Alles? Fast alles. Mit der Ausstellung "Who Knows Tomorrow" stellte die Berliner Nationalgalerie vom 4. Juni bis 26. September 2010 fünf Künstler afrikanischer Herkunft vor, die in einer parallelen Inszenierung an vier Ausstellungsorten aktuelle Kunst aus Afrika zeigten. Doch nicht Afrika selbst war für Yinka Shonibare MBE, Pascale Marthine Tayou, Zarina Bhimji, António Ole und El Anatsui das Thema. In aktuellen Beiträgen reflektieren ihre Arbeiten die deutsche Geschichte und Kultur sowie die Verwicklung Deutschlands und Europas in das Schicksal des afrikanischen Kontinents.

Eine der meist beachteten Ausstellungsinstallationen war „Ozone Layer and Yam Mound(s)“, die der Künstler El Anatsui an der Fassade der Alten Nationalgalerie realisierte. Er entwarf einen schimmernden Bildteppich, der aus der Ferne gesehen kostbar in der Sonne glänzte und sich bei näherer Betrachtung als große, brüchige Knüpfarbeit aus verrödelten Flaschenverschlüssen erwies. „Lasst 100.000 Schnapsdeckel sprechen“ textete der *Spiegel* (4. Juni 2010) sehr salopp.

Es entstand jedoch mehr als nur eine Recycling-Collage. So wurden vielfältige Botschaften, etwa zur Tragweite der Kolonisation und der Realität unserer kulturellen und ökonomischen Vernetzungen, metaphorisch in das 300 Quadratmeter große Metalltuch eingewoben, welches Geschichte und Gegenwart miteinander verknüpfte. Unterhalb der Giebelinschrift, die das Museum „Der Deutschen Kunst MDCCCLXXI“ widmet, wurde eine gobelinartige Skulptur installiert, die einen Vorhang über die nationale Bedeutung des Kunsttempels legte und eine neue Geschichte deutsch-afrikanischer Wechselbeziehungen erzählt.

Die museumstechnik berlin wurde mit der Konzeption, Planung und Montage der Installation „Ozone Layer and Yam Mound(s)“ beauftragt, die gemeinsam mit dem Künstler entwickelt wurde. Eine besondere Herausforderung war hierbei, die statischen und technischen Vorgaben der Berliner Bauordnung für ein Gebäude des UNESCO-Weltkulturerbes mit den künstlerischen Anforderungen für die Präsentation zu verbinden und die hohen Sicherheitsanforderungen für Installationen im Außenbereich zu erfüllen. Bei der Entwicklung der Basiskonstruktion und deren behutsamer Montage an der Giebelfassade des Museums hatte der nachhaltige Schutz der Gebäudesubstanz und des Kunstwerkes die höchste Priorität. Besonders hohe Anforderungen wurden an die Sicherheit und Flexibilität des Traggerüstes gestellt. Um die hohen Windlasten aufnehmen zu können wurde eine Beweglichkeit der Konstruktion vorgesehen, seitliche Verbreiterungen stellten sicher, dass mögliche Änderungen bei der Montage der teppichartigen Segmente berücksichtigt werden konnten. Die ernorme Größe der Installation und die Montage im öffentlichen Raum erforderten eine besondere Sorgfalt bei der Planung der Logistik. Einen Sommer lang faszinierte dieses Vexierbild zum deutsch-afrikanischen Verhältnis von Geschichte und Kultur die Besucher der Museumsinsel und regte zum Nachdenken an. Danach wurde es wieder in seine Einzelteile zerlegt, verpackt und wanderte in das Depot des Künstlers – als das, was es ursprünglich war: eine Vielzahl netzartiger, bunter Segmente aus flach geklopften Flaschenbanderolen.

4

6

5

4 Materialstudie | Material study
5 Innenansicht des Tragwerks | Interior view of the carrying frame
6 *Ozone Layer* – ein Bildteppich in „fixierter Bewegung“ | *Ozone Layer*—a carpet of images in “fixed movement”

Das Museum der bayerischen Könige

Kerstin Gust

Mit dem Film *Ludwig II.* errichtete der Regisseur Luchino Visconti dem bayerischen „Märchenkönig“ ein bildgewaltiges Denkmal, die Schauspiellegende Helmut Berger gab ihm ein Gesicht. Noch heute ist der Mythos von König Ludwig II. ungebrochen. Mehr als eine Million Besucher aus aller Welt besichtigen jedes Jahr das Schloss Neuschwanstein, das er als sein privates Refugium errichtete.
Doch trotz des einzigartigen Landschaftspanoramas und der Opulenz der Einrichtung bleiben auch nach der Besichtigung bei den Besuchern noch viele Fragen offen. Das „Museum der bayerischen Könige“, das am 9. September anlässlich des 125. Todestages von König Ludwig II. in Hohenschwangau eröffnete, schafft nun Abhilfe. Die Idee zu dem Museum stammt von Franz Herzog von Bayern, das Konzept der Ausstellung wurde vom Haus der Bayerischen Geschichte erarbeitet und ergänzt den Besuch der Schlösser Hohenschwangau und Neuschwanstein. Finanziert und getragen wird das Museum vom Wittelsbacher Ausgleichsfonds. Das ehemalige „Königliche Hofhotel und Pension zur Alpenrose“ zu Füßen der beiden Königsschlösser wurde von Volker Staab Architekten zum Museum umgebaut. Die zeitgemäße architektonische Formensprache der Aus- und Einbauten steht dabei im bewussten Kontrast zu der denkmalgeschützten Bausubstanz von 1790.
Auf rund 1000 Quadratmetern Ausstellungsfläche wird die Geschichte der Wittelsbacher – einer der ältesten Dynastien Europas – von 1180 bis heute vorgestellt. Ein besonderes Anliegen hierbei ist es, das einseitige, unpolitische Bild König Ludwigs II. und die Reduzierung der Familiengeschichte auf seine Person zu korrigieren und in einen größeren historischen Zusammenhang einzuordnen. Eine neue Gewölbekonstruktion aus Stahl und Glas erhebt sich über dem eingeschossigen Mittelbau, in dem vormals der Speisesaal des Hotels untergebracht war. Die moderne dreischiffige Erweiterung bildet den Auftakt der Ausstellung, die ebenfalls die Handschrift der Architekten trägt. Im Zentrum des dreigeteilten Ausstellungsraums steht der „Saal der Könige“. Hier stellt ein imposanter Tafelaufsatz aus vergoldeter Bronze mit 40 filigranen, figurativen Darstellungen die Nibelungensage vor. Im zweiten „Schiff“ erzählt ein „begehbarer Stammbaum“ die Lebensgeschichte der mehr als tausend Wittelsbacher. Im dritten Raum gibt ein 21 Meter breites Panoramafenster den Blick auf den Alpsee frei. Verspiegelungen in den Fensterrahmen erfassen gleichzeitig das Schloss Hohenschwangau – ein optischer Kunstgriff der Architekten, der die umgebende Landschaft in die Ausstellung bringt.
Mit zeitgemäßer multimedialer Ausstellungstechnik und zahlreichen Originalexponaten, die von dem Georgirittermantel Ludwigs II. bis zu den Feldmarschallstäben des Kronprinzen Rupprecht reichen, ist ein modernes Erlebnismuseum entstanden, das die Geschichte der Wittelsbacher anschaulich und lebendig vermittelt. In Kooperation mit der Weisse GmbH plante, produzierte und installierte die museumstechnik berlin raumbildende Vitrinen für den Ausstellungsbereich, mit denen die Zeugnisse der Geschichte in zeitgenössischem Ausstellungsdesign präsentiert werden. Themenschwerpunkte wie die Bau- und Kunstpolitik der Wittelsbacher, die Ära des Nationalsozialismus und der Mythos Ludwigs II. ergänzen und erweitern die Ausstellung. Das Ende der bayerischen Monarchie wird durch das 326-teilige Service der Nymphenburger Porzellanmanufaktur symbolisiert, das König Ludwig III. und Marie Therese von ihren Kindern 1918 zur Goldenen Hochzeit bekamen. Eine Allegorie auf die Realitätsferne und Zerbrechlichkeit der Monarchie, die mit einem Ausblick auf die Geschichte des Hauses in der heutigen Zeit den Ausstellungsrundgang beendet.

1 Außenansicht des Museums der bayerischen Könige mit Hotel Alpenrose am Ufer des Alpsees | Exterior view of the Museum of the Bavarian Kings, also showing Hotel Alpenrose on the bank of the Alpsee

2

3

2 Panoramafenster mit Blick auf den Alpsee, Verspiegelungen in den Fensterrahmen erfassen das Schloss Hohenschwangau | Panorama window with view of the Alpsee; the window frames capture reflections of Hohenschwangau Castle

3 Blick in die Ausstellungsräume im ehemaligen Jägerhaus | View into the exhibition rooms in the former hunting lodge

4 Der „Saal der Könige“ mit Tafelaufsatz | The “Hall of Kings” with table centrepiece

4

5

6

5 326-teiliges Service der Nymphenburger Porzellanmanufaktur, Porträts des Königs Ludwig III. und der Königin Marie Therese | 326-piece dining service made by the Nymphenburg Porcelain Manufactory; portraits of King Ludwig III and Queen Marie Therese

6 Georgirittermantel und Darstellung seines Trägers, König Ludwig II. | Robe of the Knights of St. George and a portrait of its wearer, King Ludwig II

Museum of the Bavarian Kings

Kerstin Gust

Director Luchino Visconti created a powerful visual monument to the Bavarian "fairy-tale" king with his film *Ludwig II*, while legendary actor Helmut Berger gave a face to the myth that remains unbroken today. Each year, more than a million visitors from all over the world visit Neuschwanstein Castle, which Ludwig II had built as his private residence. Despite the unique landscape panorama and the opulence of the furnishings, however, many of those visitors' questions remained unanswered after viewing the castle. Now all that is being changed by the "Museum of the Bavarian Kings," which opened in Hohenschwangau on 9 September to mark the 125th anniversary of King Ludwig II's death. The idea for the museum came from Franz Duke of Bavaria, the exhibition concept was developed by the Haus der Bayerischen Geschichte (House of Bavarian History), and the museum's purpose is to supplement a visit to Hohenschwangau and Neuschwanstein castles. The museum is being financed and run by the Wittelsbach Equalisation Fund. The "Königliches Hofhotel und Pension zur Alpenrose" (royal court hotel) situated below the two royal palaces was converted into a museum by Volker Staab Architekten. The up-to-date formal architectural language of the extension and conversion work presents a deliberate contrast to the listed, protected old building dating from 1790.

The museum shows the history of the Wittelsbach line—one of the oldest dynasties in Europe—from 1180 to the present day in circa 1000 square metres of exhibition space. One particular concern is to correct the biased, apolitical image of King Ludwig II as well as the reduction of the family history to his person. Instead, the story of the house of Wittelsbach is set into a wider historical context. A new vault-like construction made of steel and glass rises above the single-storey central building that used to accommodate the hotel dining room. A modern extension, also bearing the architects' signature, houses the introduction to the exhibition. At the centre of this exhibition space, which is divided into three parts, is the "Hall of Kings." Here, the legend of the Nibelungen is conjured by an imposing table-piece with forty filigree figurative depictions made of gilded bronze. In the second "bay" a "walk-in family tree" tells the life story of more than a thousand Wittelsbachs. In the third area there is a twenty-one-metre-wide panorama window offering a view of the Alpsee. Mirror insets in the window frame simultaneously reflect Hohenschwangau Castle—an optical trick included by the architects to bring the surrounding landscape right to the heart of the exhibition.

A modern, hands-on museum has emerged, with up-to-date multimedia exhibition technology and numerous original exhibits ranging from Ludwig II's robes of the Order of St. George to the field marshall's batons belonging to Crown Prince Rupprecht: the history of the Wittelsbach house is conveyed in a vivid and lively manner. In cooperation with Weisse GmbH, museumstechnik berlin planned, produced, and installed the spacious display cases for the exhibition area, which present the historical evidence while employing a contemporary exhibition design. Thematic emphases like the Wittelsbach building and art policies, the era of National Socialism, and the myth of Ludwig II add to and expand on the presentation. The end of the Bavarian monarchy is symbolised by a 326-piece service made by the Nymphenburg Porcelain Manufactory, which King Ludwig III and Marie Therese received from their children for their golden wedding anniversary in 1918.

It can be viewed as an allegory of the monarchy's distance from reality and its fragility; alongside this exhibit, the exhibition tour ends with a view of the royal house today.

Ethnologisches Museum und Museum der Europäischen Kulturen

Kerstin Gust

Der Museumsbau des Architekten Bruno Paul (1874-1968) in Dahlem war Schauplatz vieler bedeutender Sammlungen. Zuletzt befand sich hier die Gemäldegalerie, die 1998 einen Neubau am Kulturforum bezogen hat. Nach einer zweijährigen Umbauzeit halten das Ethnologische Museum und das Museum Europäischer Kulturen Einzug und ein frischer Wind weht durch das Gebäude. Die kabinettartigen Einbauten wurden entfernt und machen Platz für große zusammenhängende Ausstellungsflächen, die nach einem Entwurf von BHBVT Architekten gestaltet wurden. Den Auftakt macht das Ethnologische Museum, das am 11. November 2011 im ersten Obergeschoss des zweigeschossigen Museumsbaus die neue Dauerausstellung „Welten der Muslime" eröffnet, die zum ersten Mal ethnographische Sammlungen aus muslimischen Gesellschaften der Öffentlichkeit präsentiert. Auf insgesamt 850 Quadratmetern werden in vier Ausstellungsräumen Themen vorgestellt, die für die Selbst- und Fremdwahrnehmung von Muslimen bis heute eine wichtige Rolle spielen. So sind die geschlechtsspezifische Nutzung von Raum, die der Frau den privaten und dem Mann den öffentlichen Raum zuordnet, oder die Frage nach der Identität und dem Selbstverständnis, die in materiellen Kulturgütern zum Ausdruck kommt und Rückschlüsse über ihre Herkunftsgesellschaft erlaubt, Schwerpunkte der Präsentation. Auch den vielschichtigen Aspekten der islamischen Religion ist ein Ausstellungsraum gewidmet. Ausgewählte Objekte stellen ihre orthodoxe und mystische Dimension sowie die alltägliche religiöse Praxis vor. Interaktive Medien ergänzen und erweitern die Sammlungspräsentation und machen mit der Vielstimmigkeit des Themas vertraut.

Ab dem 9. Dezember 2011 präsentiert das Museum der Europäischen Kulturen im Erdgeschoss die neue Dauerausstellung „Kulturkontakte. Leben in Europa", die erstmals einen Querschnitt aus den vielfältigen musealen Sammlungen vorstellt. Auf 700 Quadratmetern Ausstellungsfläche geht man der Frage nach, welche Auswirkungen die Mobilität des Menschen in und nach Europa auf die kulturellen Begegnungen und Vermischungen oder die Entwicklung einer „globalen Kultur" und die Bedeutung von Identität und Zughörigkeit aber auch Heimat und Herkunft für den Einzelnen hat. Anhand von außergewöhnlichen Sammlungsobjekten wird untersucht, welche Rolle die kulturellen Gemeinsamkeiten Europas hierbei spielen. Das einheitliche Gestaltungskonzept für die beiden Museen stellt die Exponate in den Mittelpunkt. Die Wände und Vorhänge der Ausstellungsräume sind in einem dezenten Grauton gehalten. Die Gestaltung der Vitrineninnenräume und Präsentationsflächen wurde anhand der „Polychromie architecturale", dem Farbkonzept des Architekten Le Corbusier entwickelt, bei der mit Hilfe einer Schablone der Farbton und die Korrespondenzfarben ausgewählt werden. Drei verschiedene Beige-Töne, Grün, ein dunkles Rot, Orange und ein gedecktes Blau wurden auf die verschiedenen Objekte abgestimmt und bringen ihre individuelle Beschaffenheit zur Geltung. Die Ästhetik der Präsentation vermittelt die Wertigkeit der Exponate, die nicht als Kunstobjekte präsentiert werden. Die museumstechnik berlin hat die Planung, Konstruktion und Herstellung des Ausstellungsinventars für die beiden Museen übernommen. Neben rund 120 Vitrinen – als Hoch-, Pult- oder Sondervitrinen ausgeführt – wurden speziell gestaltete Glas-Sockelkonstruktionen, sogenannte Postamente, sowie Medienpulte in drei unterschiedlichen Bauformen angefertigt. Bei der Ausstattung der Vitrinen wurden ausschließlich getestete Materialien verwendet, die konservatorischen Maßgaben entsprechen. Hierbei wurden nicht nur die einzelnen Materialkomponenten sondern auch ihre Wirkung im Verbund auf ihre Unbedenklichkeit hin überprüft.

1

3

2

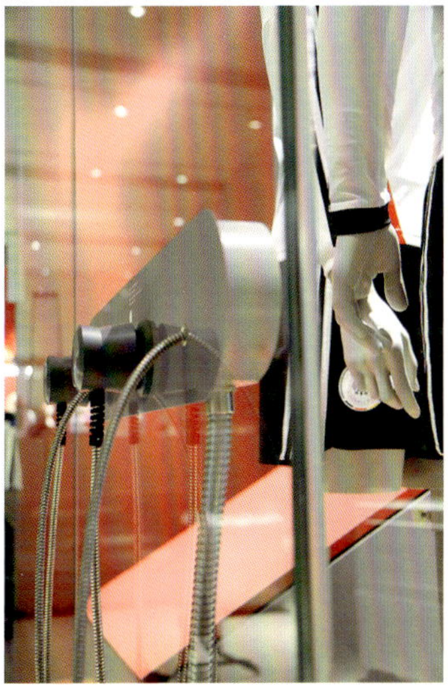

1 Exponatvitrinen in der Islamischen Abteilung, Ethnologisches Museum | Display cases for exhibits in the Islamic Department, Museum of Ethnology
2 Vitrinen-Frontglas mit Hörstation, Museum der Europäischen Kulturen | Front glass of display case with listening point, Museum of European Cultures
3 Vitrine Studiensammlung, Museum der Europäischen Kulturen | Display case, study collection, Museum of European Cultures

4

4 Blick in den Ausstellungsbereich „Kostüme und Trachten", Museum der Europäischen Kulturen | View into the exhibition section "National and Other Costumes", Museum of European Cultures

5 Hochvitrine mit stoffbespannter Innenauskleidung, Ethnologisches Museum | Upright display case with cloth-covered interior, Museum of Ethnology

6 Vitrinendetail mit abgehängtem Boden, Ethnologisches Museum | Detail of display case with uncoupled base, Museum of Ethnology

5

6

Museum of Ethnology and Museum of European Cultures

Kerstin Gust

The museum building in Dahlem by architect Bruno Paul (1874-1968) has provided a stage for many important collections. Most recently, it was home to the gallery of painting, which moved into a new building at the Kulturforum in 1998. After two years of conversion work, the Museum of Ethnology and the Museum of European Cultures will be moving in, bringing a breath of fresh air to the older structure. Cabinet-like installations have been removed to make space for large, coherent exhibition areas, which were designed according to plans by BHBVT Architekten. The Museum of Ethnology will initiate things, opening its new permanent exhibition "Worlds of the Moslems" on the first floor of the two-storey museum building on 11th November 2011. This presents Berlin's ethnographic collections from Moslem societies to the public for the first time. In a total of 850 square metres spread across four exhibition rooms, topics will be examined that play an important part in Moslems' self-perception and their perception by others, past and present. Emphases of the presentation include the gender-specific use of space, which allocates the private sphere to women and the public sphere to men, or the question of identity and self-awareness as expressed through material cultural goods, so permitting conclusions about their society of origin. One room of the exhibition is also devoted to multifaceted aspects of the Islamic religion. Here, selected objects introduce its orthodox and mystic dimensions as well as everyday religious practice. Interactive media supplement and expand on the presentation of the collection, familiarising visitors with the huge diversity of the subject.

As from 9th December 2011 the Museum of European Cultures will be presenting its new permanent exhibition "Cultural Contacts. Life in Europe" on the ground floor. It will be showing a cross-section from the various museum collections for the first time. In an exhibition area of 700 square metres, the presentation studies the effects that man's mobility within and to Europe are having on cultural encounters and mixes, the development of a "global culture", and the importance of identity and belonging but also of home and roots to the individual. On the basis of unusual collected objects, an investigation is made into the part played in all this by Europe's common cultural characteristics. The uniform concept of design for the two museums places the key focus on the exhibits. The walls and curtains of the exhibition rooms are a restrained shade of grey. The interiors of the display cases and presentation areas have been designed according to "polychromie architecturale", the colour concept devised by architect Le Corbusier: here, the main tone and its corresponding shades are selected with the aid of a template. Three different shades of beige, green, a dark red, orange and a muted shade of blue were chosen to harmonise with the various objects, accentuating their individual qualities and structures. The aesthetics of the presentation bring across the value of the exhibits, which are not presented as art objects. museumstechnik berlin took on the planning, construction and production of the exhibition fittings for both museums. Besides around 120 display cases – upright cases, counters or special constructions –, they produced specially designed glass base constructions, so-called pedestals, and media desks in three different types. Only tested materials corresponding to conservational standards were used to equip the display cases: not only the individual material components but also their combined effects were tested for safety and harmlessness.

Bausatz einer Vitrine im Neuen Museum, Berlin | Assembly set for a display case in the Neues Museum, Berlin

Der Designer als Faktensammler

Martin Jönsson

Ein Museum mit seinen Sammlungen, Ausstellungen und übrigen Angeboten hat die Aufgabe, als Impulsgeber in einer lebendigen Debatte über die Bedeutung der Geschichte für die Gegenwart zu wirken und aktiver Bestandteil der gesellschaftlichen Entwicklung zu sein. Ein Museum sammelt, dokumentiert, bewahrt und präsentiert ausgewählte Teile der kulturellen Identität der Menschheit und dient somit als eine Art Datenbank des kollektiven gesellschaftlichen Gedächtnisses. Vor diesem Hintergrund sollten die ständigen und temporären Ausstellungen eines Museums immer versuchen, Wissen zu entwickeln und zu vermitteln und zugleich ein Erlebnis für alle Sinne zu sein. Das Ausstellungskonzept dient dabei als Katalysator für die Geschichte oder Geschichten, die erzählt werden sollen. Es sollte der Ausstellung einen Schwerpunkt geben, eine erkennbare Absicht. Ein wichtiger Teil der Arbeit besteht darin, den Raum in Besitz zu nehmen und die Voraussetzungen für das Erlebnis zu schaffen, indem jeder Ausstellung die Form und Struktur gegeben wird, die erforderlich ist, damit die ausgewählten Objekte die Aufmerksamkeit bekommen, die sie verdienen. Eine Ausstellung wird dem interessierten Betrachter die Möglichkeit geben, sich auf das Wesentliche zu fokussieren, wenn das Konzept und die Aussage der Ausstellung von den Exponaten ausgehen und daraus eine innovative Ausstellungsarchitektur entwickelt wird. Zugleich muss eine Ausstellung Besucher anlocken und auf einem Markt kommunizieren, auf dem das Angebot so groß und die Besucher so bewusst und gut informiert sind wie nie zuvor. Dies ist keine leichte Aufgabe, und daher ist es heute wichtiger denn je, die Ausstellungsarchitektur nicht auf Oberflächen und halbherzige Szenografie zu reduzieren, die sich hinter Nebelschleiern aus schlecht untermauerter Theorie verbergen. Die Vermutung, dass spektakuläres Design sowie interaktive Hightech-Lösungen benötigt werden, um das Interesse des Besuchers zu wecken, birgt das Risiko, dass der Inhalt banalisiert und vernachlässigt wird. Die Jagd nach dem nie zuvor Gesehenen steigert die Gefahr, den eigentlichen Zweck der Ausstellung aus den Augen zu verlieren.

Die interdisziplinäre Analyse

Neue wissenschaftliche Erkenntnisse haben dazu beigetragen, dass die technischen Anforderungen an die Ausstellungsarchitektur und Museumseinrichtung nie so hoch waren wie heute. Der Ruf nach einer Präventiven Konservierung und dem Einsatz von zertifizierten, schadstoffarmen Materialien, die hohen Anforderungen an Sicherheit und kontrollierte klimatische Bedingungen stellen uns vor immer neue Herausforderungen.

Für Architekten und Fachfirmen ist es nicht ganz einfach, sich in einer Thematik zu orientieren, die sich im ständigen Wandel befindet und durch Forschung und neue Erfahrungen immer weiter vertieft wird. Daher ist die Aufgabe der Projektsteuerung, den Informations- und Erfahrungsaustausch zwischen den Forschungsinstitutionen, Museen, Architekten, Ingenieuren und Handwerkern zu koordinieren, heute noch wichtiger als früher. Da das Ergebnis der Zusammenarbeit ein gut durchdachtes und funktionierendes Design sein soll, das alle Sinne anspricht, bei dem alle erforderlichen technischen Komponenten integriert sind und das alle hohen konservatorischen Anforderungen erfüllt sowie den Besucher einbezieht, sollten alle Projektteilnehmer dasselbe Ziel vor Augen haben: eine höchstmögliche Qualität im Rahmen des Realisierbaren.

Um unnötige Kompromisse zu vermeiden, die oft das Resultat von mangelnder Kommunikation und unklar formulierten Zielen sind, muss ein Arbeitsprozess angestrebt werden, bei dem die Erforschung und Kommerzialisierung der Ergebnisse Hand in Hand gehen.

The Designer as a Fact-Gatherer

Martin Jönsson

The task of a museum and its collections, exhibitions, and other services is to provide impulses for a lively debate on the significance of history for the present day and to be an active component of social development. A museum collects, documents, preserves, and exhibits selected aspects of humanity's cultural identity and thus functions as a kind of database of society's collective memory. Before this background, a museum's permanent and temporary exhibitions should always attempt to develop and convey knowledge, and simultaneously offer experiences to all our senses. In this context, any exhibition concept functions as a catalyst for the history or histories to be told. It should lend the exhibition an emphasis and a recognisable intention. One important aspect of such work is taking possession of the space and creating the preconditions to experience, inasmuch as every exhibition needs to be given the form and structure that are necessary in order to assure the chosen objects get the attention they deserve. An exhibition will give interested viewers the chance to focus on the essentials as long as the exhibition's concept and message start out from the exhibits and innovative exhibition architecture is developed from that. At the same time, an exhibition must attract visitors and communicate within a market offering a bigger range of opportunities than ever before, when visitors are also more aware and better informed than at any time in the past. This is not an easy task, and so today it is more important than ever to avoid reducing the exhibition architecture to superficialities and a half-hearted scenography, hiding behind the mists of badly underpinned theory. Pursuing the idea that spectacular design and high-tech solutions are necessary in order to trigger the visitor's interest means risking banality and neglect as far as the content is concerned. Chasing after something that has never been seen before increases the danger of losing sight of the exhibition's true purpose.

Interdisciplinary Analysis

New scientific insights have contributed to greater technical demands being made on exhibition architecture and museum fittings and equipment today than ever before. The call for preventative conservation and the use of materials certified as low in pollutants, and the high demands made on security and controlled climatic conditions all confront us with continually new challenges.

It is not at all easy for architects and specialist companies to find orientation in issues that are continually changing and being expanded still further by research and new experience. That is why the project leader's task of coordinating exchanges of information and experience between the researching institutions, museums, architects, engineers and craftsmen is now more important than it was in the past. The result of cooperation should be a well-conceived, functioning design that addresses all our senses, integrates all the necessary technical components, and meets every advanced conservational demand as well as involving the visitors. All the participants in a project, therefore, should keep the same target in mind: the highest possible quality within the framework of what is feasible.

In order to avoid unnecessary compromises, which often result from a lack of communication and vaguely formulated aims, the participants must strive towards a working process in which research and the commercialisation of its findings go hand in hand.

Every exhibition project ought to begin with a systematic, interdisciplinary analysis clarifying and defining all the requirements and wishes. So that this analysis is as comprehensive and relevant as possible, the predominant working climate needs to be one in which customary structures and hierarchical systems

Jedes Ausstellungsprojekt sollte mit einer systematischen, interdisziplinären Analyse beginnen, bei der alle Notwendigkeiten und Wünsche beleuchtet und deutlich definiert werden. Damit diese Analyse so umfassend und relevant wie möglich wird, muss ein Arbeitsklima herrschen, in dem gewohnte Strukturen und hierarchische Systeme infrage gestellt werden, denn diese haben eine Tendenz, Kreativität und die Entwicklung guter Ideen zu hemmen. Antworten kann man bekanntlich oft dort finden, wo man sie am wenigsten erwartet.
Für die Entwicklung eines wirklich nachhaltigen Ausstellungskonzeptes ist die Analyse und Veranschaulichung all dieser Anforderungen und Wünsche unumgänglich. Das Zusammentragen aller Fakten von den verschiedenen Ratgebern und Experten ist dabei ein anstrengender und zugleich notwendiger Teil des Prozesses. Um eine Ausstellung zu schaffen, die alle diese hohen Anforderungen erfüllt, wird eine entschlossene Projektsteuerung benötigt, die bereitwillig die Rolle des pragmatischen Entscheidungsträgers und unermüdlichen Diplomaten übernimmt.
Der Prozess der Gestaltung, Ausarbeitung und Umsetzung einer Ausstellung kann nur mit einer klar definierten Zielsetzung funktionieren, und er bedarf der Mitarbeit von Experten verschiedener Disziplinen, die gemeinsam danach streben, das Ergebnis zu optimieren. Er ist ein Balanceakt, zwischen Prioritäten und Kompromissen, bei dem das Wünschenswerte und Notwendige mit Budget und Zeitplan kämpfen. Ein funktionierendes Ausstellungskonzept zu entwickeln, mit dem es gelingt, das Ausstellungsmedium innerhalb des gegebenen finanziellen Rahmens nach vorn zu bringen, erfordert viel Engagement. Ein solches Ergebnis setzt voraus, dass es der Projektsteuerung gelingt, sich in seine immer komplexere und facettenreichere Aufgabe hineinzuversetzen, sie zu verstehen und dafür Verantwortung zu übernehmen. Der laufende Prozess muss immer wieder systematisch reflektiert werden, um die Konsequenzen zu überdenken, die jede Entscheidung für die weitere Arbeit haben wird. Ein gelungenes Ergebnis beruht zum großen Teil auf der Fähigkeit der Projektteilnehmer, die gemeinsamen Ziele zusammen zu erfassen, zu reflektieren, zu besprechen und systematisch zu formulieren.

Prozessästhetische Erwägungen

Ein museales Einrichtungskonzept hat viele Bestandteile, wobei Materialwahl, Herstellungsmethoden und alle daraus resultierenden prozessästhetischen Erwägungen eine ebenso wichtige Rolle spielen wie die Form an sich. Prozessästhetik bezeichnet in diesem Fall die Qualität, die im Verlauf bewusst gewählter Herstellungsmethoden erreicht wird. Da viele Designer den Schwerpunkt auf das Aussehen des Materials legen und dabei selten die ihm innewohnenden Eigenschaften, seine Anwendungsmöglichkeiten und Geschichte beachten, sind die Wahl des Materials und der Form oft nur noch eine Frage des Stils. Mitunter werden dann Ausdrücke wie „konzeptionell" oder „zeitlos" zu Hilfe genommen, Worte ohne eigentlichen Inhalt, die die fehlende Botschaft in der Kommunikation übertünchen sollen; zuweilen setzt man das Spektakuläre zum Selbstzweck ein.
Aus einem solchen Gebaren entstehen Ausstellungen, die im schlimmsten Fall ihrem eigenen Ziel entgegenwirken. Eine Ausstellung sollte die ausgewählten Objekte hervorheben, das Thema beleuchten und die Voraussetzungen für Kommunikation schaffen – nicht umgekehrt.
Da das Gesamtwerk aus seinen Details besteht, muss sich der Designer stets bewusst sein, dass jedes Material eine eigene Aussage hat, dass jede Herstellungsmethode deutliche Spuren hinterlässt und dass jede Oberflächenbehandlung ihre eigene Sprache spricht. Nicht alles, was auf dem Zeichentisch gut aussieht, lässt sich in Wirklichkeit gut umsetzen. Eine allzu theoretische Haltung hat oft schlecht durchdachte und unkonzentrierte Ausstellungen zur Folge, geplant von Theoretikern mit wenig praktischer Erfahrung und ohne die Bereitschaft, hinter die Hochglanzoberfläche zu blicken. Für eine qualitativ gute Ausstellung sind offene Gespräche und eine Menge Fachwissen aus vielen verschiedenen Disziplinen erforderlich.

Die stille Kunst der Hand

Sehr wichtige Faktoren sind dabei die Geschicklichkeit und Erfahrung der Handwerker. Sie sollten mit größtem Respekt behandelt und genutzt werden, denn sie sind der Schlüssel zum Erfolg. Das Handwerk hat eine enge Verbindung zur Tradition und lässt sich nur erlernen, wenn man seine Arbeit wieder und wieder ausführt. Um ein geschickter Handwerker zu werden, muss man sehr viel arbeiten – und lange. Es ist unmöglich, ein Handwerk theoretisch zu erlernen; daher ist es für Designer so wichtig, diese Kunst zu verstehen und zu begreifen, dass man selbst nicht alle Antworten haben kann. In Zusammenarbeit mit spezialisierten Ingenieuren und erfahrenen Handwerkern lassen sich Lösungen erarbeiten, die man als Designer vorher nicht

are questioned, for these have a tendency to hamper creativity and block the development of good ideas. As we all know, answers are often found in the very places where one least expects them.

In order to develop a truly sustainable exhibition concept, it is essential to analyse and visualise all these demands and wishes. Gathering all the facts from the various advisors and experts is a difficult and yet vital part of this process. In order to create an exhibition that fulfills all these exacting demands, one requires determined project management; someone willing to take on the role of the pragmatic decision-maker and untiring diplomat.

The process of designing, developing and realising an exhibition only works with clearly defined aims, and it requires cooperation with experts from various disciplines, all striving together to optimise the outcome. It is a balancing act between priorities and compromises, whereby the desirable and the necessary wrestle with the budget and the timetable. Great commitment is needed to develop a functioning exhibition concept that successfully accentuates the medium of the exhibition within the given financial framework. Such an outcome presupposes that the project management is able to enter fully into an increasingly complex and multifacted task, showing understanding and taking over responsibility. It is necessary to reflect systematically and repeatedly on the ongoing process in order to consider the consequences that every decision will have for the work in progress. All in all, a successful outcome will be founded on the project participants' ability to grasp, reflect upon, discuss and systematically express their mutual aims within a collaborative process.

Matters of Processual Aesthetics

An architectural design concept for a museum has many components, whereby the choice of materials, production methods, and all the resulting matters of processual aesthetics play a part that is just as important as that of form itself. In this case, processual aesthetics refers to the quality that is achieved during the consciously chosen production methods. As many designers place emphasis on the appearance of the material and rarely pay attention, therefore, to its inherent qualities, possible applications, and history, the choice of material and form is often merely a question of style. Expressions such as conceptual or timeless—words with no actual content—may sometimes be employed in argument, but they are intended to hide the lack of communication and message; occasionally, the spectacular is even employed for its own sake.

In the worst scenario, this type of attitude leads to exhibitions which counteract their true aims. An exhibition should highlight the selected objects, illuminate its subject, and create the preconditions for communication—and not the opposite.

As the work as a whole comprises its details, the designer must always be aware that every material has its own message, that every production method leaves noticeable traces behind, and that every handling of every surface speaks its own language. Not everything that looks good on the drawing board can be implemented successfully in reality. An attitude that is over-theoretical often leads to badly thought-out exhibitions lacking in concentration, planned by theorists with little practical experience and with no willingness to look beyond the highly polished surface. Open discussions and a great amount of specialist knowledge from many different disciplines are necessary to organise a qualitatively good exhibition.

Quiet Dexterity

Here, the skill and experience of one's craftsmen are very important factors: they should always be treated and employed with the greatest respect, since they are the key to success. Craftsmanship is closely linked to tradition and can only be learnt by repeatedly putting work into practice. In order to become a skilled craftsman, it is necessary to work a lot—and for a long time. It is impossible to learn a craft theoretically; that is why it is so important for designers to understand this art and grasp that they cannot find all the answers themselves. In cooperation with specialist engineers and experienced craftsmen, it is possible to work out solutions that one did not consider possible as a designer. Solutions involving the collaboration of design, technology and skilled craftsmanship, which may work real magic. The craftsman is concerned with the workmanship here, and the designer with the planning—but it is only in the outcome, the final product, that both arts are truly expressed, and only this will show whether an idea functions and a product meets the demands made upon it.

This process has no fixed rules or limits, but depends entirely on a desire among all those involved for a deeper understanding of design, material and production methods. Skilled craftsmanship has equal impact on artistic expression here as the design, and so it is decisive for the quality of the results.

für möglich hielt. Lösungen, bei denen Design, Technik und handwerkliches Geschick zusammenwirken und wahre Magie entstehen kann. Der Handwerker kümmert sich dabei um die Ausführung, der Designer um die Gestaltung – aber erst im Ergebnis, im Endprodukt, kommt die Kunst beider wirklich zum Ausdruck, und erst daran lässt sich erkennen, ob die Idee funktioniert und ob das Produkt den Ansprüchen genügt.
Dieser Prozess hat keine festen Regeln oder Grenzen, sondern beruht ganz auf dem Wunsch nach einem erweiterten Verständnis von Design, Material und Herstellungsmethoden bei allen Beteiligten. Dabei hat das handwerkliche Geschick einen ebenso großen Einfluss auf den künstlerischen Ausdruck wie das Design und ist somit entscheidend für die Qualität des Ergebnisses.
Leider sind das Interesse für und das Wissen über Materialien und Handwerk dabei zu verschwinden, während sich Architektur und Design in immer komplizierteren akademischen Gedankengängen verheddern. Das führt dazu, dass die stille Kunst der Hand und die praktische Erfahrung des Handwerkers als weniger wichtig erachtet werden als die Theorien und Ideen, die sie in die Praxis umsetzen sollen.

Hohe Qualität ist kein Zufall

Jeder bewussten Entscheidung liegt eine Absicht zugrunde. Diese bewussten Entscheidungen bilden zusammen ein Ganzes, das größer ist als die Summe der gefassten Beschlüsse. Ein Ganzes, das auf einem Prozess aufbaut, bei dem jeder Beteiligte auf der Grundlage seines Wissens und seiner Erfahrungen sein Bestes gegeben hat. Ein Ergebnis, das auf die Essenz des Wesentlichen aufbaut.
Qualität an sich ist ein vielschichtiger Begriff. In diesem Zusammenhang ist sie der Maßstab dafür, inwieweit die in einem Produkt enthaltenen Eigenschaften den Erwartungen und Anforderungen des Nutzers entsprechen. Doch vielleicht kann Qualität auch Leuchtkraft sein, das Engagierende und Inspirierende, das Ergebnis einer leidenschaftlichen Arbeit. Qualität, die spürbar ist, sich jedoch nicht unbedingt messen lässt, eine gelungene Symbiose zwischen Theorie und Praxis.
Eine Ausstellung, die dem Besucher das Gefühl gibt, willkommen zu sein und respektiert zu werden, eine Ausstellung, bei der ein interessierter Besucher etwas Wirkliches und Bleibendes erlebt, an einer Geschichte teilnehmen und etwas Neues lernen kann, ist eine Ausstellung, die er gern ein zweites Mal besucht.

“Nicht das weitschweifige Erklärungen Erfordernde ist das Interessante im Leben, sondern das, was sich nur durch viele Erlebnisse erfahren lässt.“[1]

Anmerkung

1 Nörretranders, Tor: *Spüre die Welt. Die Wissenschaft des Bewusstseins.* Reinbek 1994

Unfortunately, interest in and knowledge about materials and craftsmanship are gradually disappearing, while architecture and design are becoming entangled in more and more complicated academic thought processes. Consequently, the silent art of craftsmanship and the practical experience of the craftsman are becoming regarded as less important than the theories and ideas which they are expected to implement in practice.

High Quality is No Coincidence

Every conscious decision is founded on intention. Together, these conscious decisions form a whole, which is greater than the sum of the resolutions made. A whole that builds upon a process, whereby each of those involved gives the best he can on the basis of his knowledge and experience. An outcome that builds upon the essence of what is essential.

Quality as such is a concept with many levels. In this context, it is a measure of the extent to which the qualities contained in a product meet with the user's expectations and demands. But quality may also be a guiding light, perhaps, something that inspires and prompts commitment, the result of work carried out with passion. This is quality that can be sensed but cannot necessarily be measured; a successful symbiosis between theory and practice.
An exhibition that gives visitors the sense that they are welcome and respected, an exhibition where interested visitors experience something real and lasting, where they are able to participate in a story and learn something new: that is an exhibition that they will enjoy visiting a second time.

"The interesting things in life are not those that require complicated explanations, but those we can only perceive through many experiences."[1]

Note

1 Nörretranders, Tor: *Spüre die Welt. Die Wissenschaft des Bewusstseins.* Reinbek 1994

Die Entstehung des schwingungsentkoppelten Sockels der Nofretete

Anne-Rose Lobsien,
Olivia Zorn

*„Wir sollten unsere Objekte heute zeigen
im vollen Bewusstsein ihrer Vergänglichkeit,
die mit Sicherheit zu ihrem Verlust
in der Zukunft führt.“ (Olivia Zorn)*

Das ist ein Appell vieler Archäologen und Wissenschaftler bei der Überlegung, wie Artefakte für die Nachwelt erhalten werden sollen: konserviert und eingelagert oder öffentlich zugänglich und vermittelt. Dem Wunsch, Sammlungen zu präsentieren und den Besuchern, interessierten Laien und Wissenschaftlern, zugänglich zu machen, steht die Endlichkeit der Exponate gegenüber. Bei dieser Gratwanderung die Balance zu halten, ist die hohe Kunst!

Es muss allen bewusst sein, dass der Verfallsprozess der Objekte – auch bei der besten Lagerung – nie vollständig aufgehalten werden kann und manches Exponat ungesehen und möglicherweise unreflektiert zerfällt. Eine Präsentation bei optimalen konservatorischen Bedingungen kann die Lösung sein: „Nicht anfassen, nur schauen“. Dies gilt insbesondere für die berühmten Werke der Sammlungen, wie für die Nofretete-Büste des Ägyptischen Museums.

Die entscheidenden konservatorischen Vorgaben zur Präsentation der Büste im Neuen Museum wurden mit Hilfe eines CT-Scans im Jahr 2007 gewonnen, der den Alterungsprozess und die Fragilität der „schönsten Frau der Welt“ deutlich wiedergibt. Die Büste besteht aus einem Kalksteinkern, der von einem antiken Künstler mit Gips überarbeitet worden ist, um das perfekte Ergebnis zu erhalten. Eine ältere CT-Aufnahme aus dem Jahr 1992 lieferte lediglich die Erkenntnis, dass die Schulterpartie, der Hals und der hintere Teil der Krone mit Gips großflächig ergänzt worden waren. Erst die detaillierteren CT-Aufnahmen von 2007 zeigten auch auf dem Gesicht eine – partienweise nur einen Millimeter dünne – Gipsschicht. Diese wurde im weiteren Prozess stellenweise mit einer dicken Farbschicht überzogen, die der Modellskulptur einen realistischen Ausdruck verleihen sollte.

Making Nefertiti's Vibration-Decoupled Pedestal

Anne-Rose Lobsien,
Olivia Zorn

"We should display our objects today with full awareness of their transience, which will certainly lead to their loss in the future." (Olivia Zorn)

This appeal is made by many archaeologists and scientists considering how artefacts should be kept for posterity: conserved and stored away, or publicly accessible and backed by information. The desire to present collections and make them available for viewing to visitors, interested lay persons and scientists conflicts with the objects' finite character. Balancing successfully when walking this fine line is an art indeed!
Everyone should be conscious that it is impossible to prevent the objects' decay completely—even when they are stored in optimal conditions—and that some exhibits disintegrate without us noticing, possibly without due reflection. Presentation under optimal conditions for conservation may be the solution: "Don't touch, just look." This is particularly relevant to the famous works in Berlin's collections, like the bust of Nefertiti belonging to the Egyptian Museum.
The decisive prerequisites for the bust's conservation and simultaneous presentation in the Neues Museum were assessed with the aid of a CT scan in 2007, which clearly showed the ageing process and the fragility of the "most beautiful woman in the world." The bust consists of a limestone core, which was worked on using plaster by the ancient artist in order to achieve the perfect result. An older CT scan made in 1992 only indicated that a large part of the shoulder area, the neck and the back of the crown had been completed with plaster. But the more detailed CT recordings from 2007 also show a thin layer—only one millimetre thick in parts—over the face. In the next stage of the process, this was covered by a thick layer of paint in places, intending to create a realistic impression with the model sculpture.

Die unterschiedlichen hygroskopischen Eigenschaften von Kalkstein und Gips, die sich bei starken Klimaschwankungen – wie sie insbesondere in der Kriegs- und Nachkriegszeit vorgeherrscht haben – bemerkbar machen, führten im Laufe der Zeit zu einer partiellen Ablösung der Gipspartien von ihrem Kalksteingrund und zur Bildung von Hohlstellen. Berührung und Druck an diesen Punkten können zum Abplatzen der Gipsschicht führen. Bewegung ist ebenso schädlich für das Objekt, weil dadurch kontinuierlich gefährdete Partien gelockert werden. Auch die Farbschicht hat keine an allen Stellen durchgehende ausreichende Haftung am Gipsuntergrund, sodass es durch Erschütterungen in einigen Bereichen zu Farbverlusten gekommen ist. Das wird besonders in der Rückansicht der Nofretete-Büste veranschaulicht (vgl. Fotos vor und nach dem Zweiten Weltkrieg).

„Erschütterungsfreiheit" und „Klimastabilität" waren daher die dominanten Parameter im Vorgabenkatalog für die technische Ausstattung der Nofretete-Vitrine. Zwischen den beteiligten Parteien, den Archäologen, Restauratoren und Naturwissenschaftlern, wurde hinsichtlich der Klimatisierung schnell eine Einigung erzielt. Die „Unberührbarkeit" der Büste zu gewährleisten, stellte allerdings eine ganz eigene Herausforderung dar. Welche Bedingungen mussten erfüllt werden? Nofretete durfte keinen Schwingungen und Erschütterungen ausgesetzt werden. Die Standsicherheit der Büste musste gewährleistet sein, sie sollte sicher und abgeschirmt in ihrer Vitrine ruhen dürfen. Im Notfall aber sollte Nofretete in kürzester Zeit möglichst kontaktfrei in Sicherheit zu bringen sein. Verschiedene Institutionen, wie die Technische Universität (TU) Berlin und die Bundesanstalt für Materialforschung und -prüfung (BAM), wurden vom Rathgen-Forschungsinstitut in den Entwicklungsprozess für eine spezielle Vorrichtung zum Schutz der Büste einbezogen.

Der möglichst kontaktfreie Transport der Nofretete sollte durch eine Vorrichtung ermöglicht werden, die ein Abnehmen der Büste von ihrem Primärsockel überflüssig macht. Hierfür wurde zunächst ein neuer Primärsockel entwickelt, eine Art Gestell, auf der die Büste mit einem Zapfen, der für die Erstpräsentation an dieser angebracht worden war, befestigt ist. Eine bewegliche Unterlegplatte kann durch manuelle Einstellung die leichte Seitwärtsneigung der Büste ausgleichen. Zum Transport wird an diesen Sockel ein Gestell angeschraubt, das die Nofretete wie einen Rahmen umfasst und an drei Punkten an der Büste fixiert ist, um die Belastung auf dem Befestigungszapfen bei der Bewegung des Objektes zu minimieren. Somit wird Nofretete beim Transport nicht mehr direkt berührt. Das obere Gestell wird nur zum Transport befestigt, das untere bleibt als Primärsockel permanent mit dem Objekt verbunden und wird mit diesem auf dem Sekundärsockel positioniert. Dieser lagert auf einem Basissockel, der mit schwingungsentkoppelten Stellfüßen ausgestattet ist. Der Primär- und der Sekundärsockel sind lediglich durch Zapfen verbunden. Eine leichte Demontage

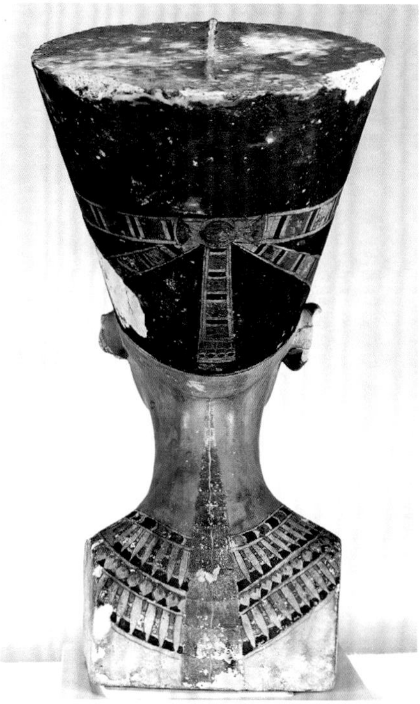

Die Büste der Nofretete nach dem Zweiten Weltkrieg, 1970er Jahre und ...| Bust of Nefertiti after the Second World War, 1970s and...

... kurz nach der Auffindung, um 1913 | ...shortly after its discovery, circa 1913

Over the course of time, the different hygroscopic qualities of limestone and plaster, which are noticeable when climatic conditions fluctuate—which happened especially during wartime and the post-war period—led to a partial loosening of the plaster areas from their limestone backing and to the formation of hollow sections. Touching and pressure on these points may cause the layer of plaster to break off. Movement is equally damaging to the object, because it makes the endangered areas become gradually looser. The layer of paint does not adhere sufficiently to the plaster base in all places, so that losses of paint have been caused by vibrations in some parts. This is especially obvious when looking at the back of Nefertiti's bust (Cf. photos before and after the Second World War).
"Protection from agitation" and "stability of climate," therefore, were dominant parameters in the catalogue of requirements for Nefretete's display case and its technical equipment. Agreement concerning air-conditioning was quickly reached between the parties involved—the archaeologists, restorers and scientists. In order to guarantee the "untouchability" of the bust, however, a very specific challenge had to be met. What conditions had to be fulfilled? Nefertiti was not to be exposed to any vibrations or agitation. It was necessary to ensure that the bust would stand securely, remaining safe and protected in its display case. But in an emergency, it would be necessary to rescue Nefertiti as quickly as possible and with minimum contact. The Rathgen Research Laboratory involved various institutions such as the Technical University (TU) Berlin and the Federal Institute for Materials Research and Testing (Bundesanstalt für Materialforschung und –prüfung, BAM) in the development of a special apparatus to protect Nefertiti.
The aim was to ensure Nefertiti's transport with as little contact as possible using a device that made the removal of the bust from its first pedestal superfluous. For this purpose, a new secondary pedestal was developed initially: it is a kind of frame, onto which the bust is fastened with a bolt that was attached to it for its initial presentation. A moveable base plate compensates for the slight slope of the bust when adjusted manually. For transportation, a kind of scaffold can be screwed to this base. It encloses Nefertiti like a frame and is fixed to the bust at three points in order to minimize the load on the securing bolt when the object is being moved. In this way, Nefertiti is no longer touched directly when being transported. The upper scaffold is only fastened for transportation, the lower part remains permanently connected to the object as a secondary pedestal and is placed on the first pedestal together with the exhibit. The first pedestal is positioned on a base plinth, which is equipped with vibration-decoupled feet. The first and secondary pedestals are connected by taps only. The two pedestals can therefore be dismantled easily in case of danger. For aesthetic reasons, all the pedestals are clad in identical Corian panels.
Experts working in the museum have criticised the fact that aspects

beider Sockel ist somit im Gefahrenfall gewährleistet. Aus ästhetischen Gründen sind alle Sockel mit farblich identischen Corianplatten verkleidet.

Von den Museumsfachleuten wurde beanstandet, dass bei der Entwicklungsarbeit die Aspekte der Bedienbarkeit zu wenig berücksichtigt worden waren. Im normalen Museumsbetrieb sind die Standsicherheit der Büste sowie der Schutz vor Erschütterung und Bewegung mit der neuen Sockelkonstruktion optimal gewährleistet. Problematisch ist, dass der schwingungsentkoppelte Basis-Sockel arretiert werden muss, bevor die Vitrine zur Entnahme der Büste betreten werden kann. Die Verankerung kann jedoch nicht befestigt werden, ohne Schwingung zu erzeugen. Es erfordert ein hohes Maß an Konzentration und Umsicht, den Sockel mit Hilfe von Schrauben mechanisch zu stabilisieren. Das Anbringen des Transportgestells und dessen Handhabung in der relativ engen Vitrine stellen hohe Anforderungen an ein umsichtiges Handeln dar. Die schnelle und gleichzeitig schwingungsfreie Entnahme der Büste ist kaum möglich und zudem relativ zeitaufwendig.

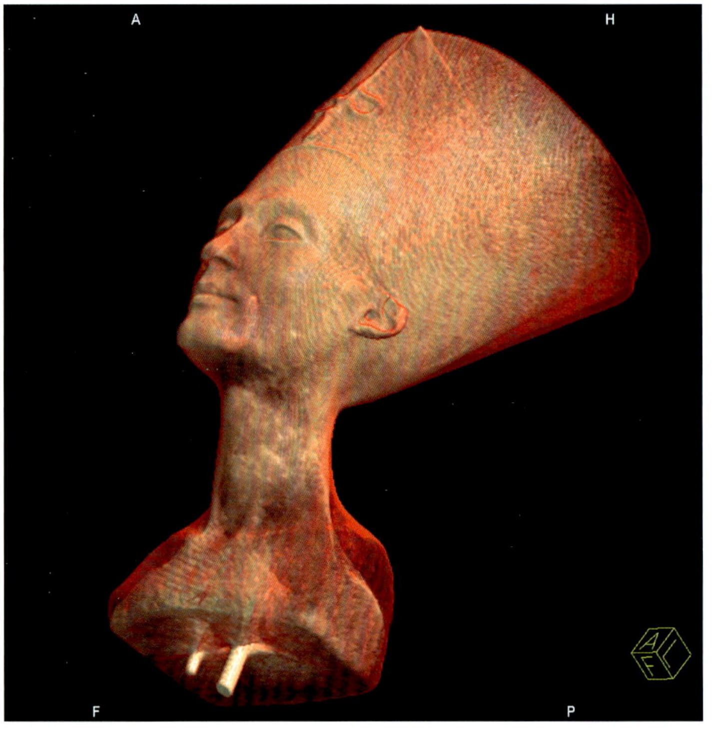

CT-Aufnahme der Büste, 2007 | CT scan of the bust, 2007

Der schwingungsentkoppelte Sockel der Nofretete ist ein Beispiel für eine konservatorisch maßgeschneiderte Sonderkonstruktion, deren Bewährung im musealen Alltag zukünftig sorgfältig beobachtet und dokumentiert werden muss. In diesem Prozess können weitere Erkenntnisse gewonnen werden, die bei dem Erhalt von Kulturgütern und dem Kampf gegen ihren Verfallsprozess Vorbildfunktion einnehmen und wegweisend sind. Die kontinuierliche interdisziplinäre Forschung, die Fachinstitute, Fachplaner und -berater sowie Museen zusammenführt, um gemeinsam neue Wege beim Konservieren und Präsentieren von Kunst- und Kulturgut zu beschreiten, wird zukünftig unerlässlich sein. Nur so können die bedeutenden Sammlungen und Artefakte antiker Kulturen im Hier und Jetzt ihre Wirkung entfalten.

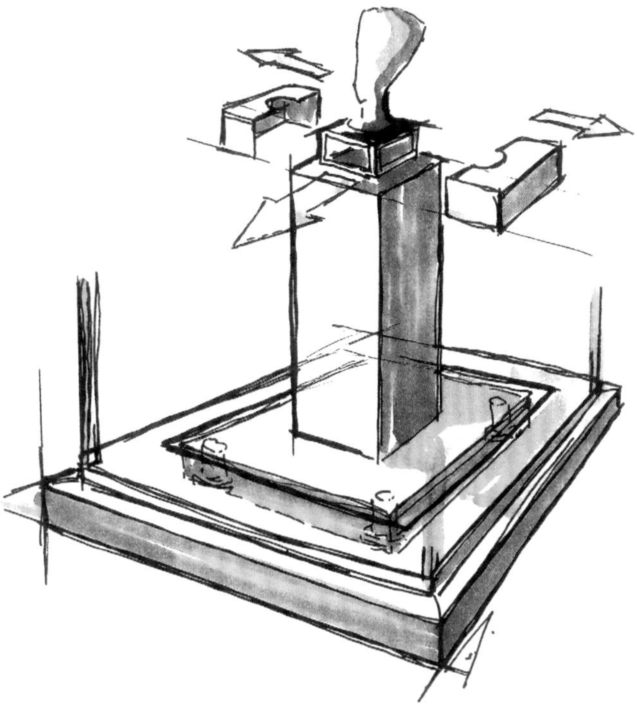

Skizze der Basiskonstruktion für die Büste der Nofretete | Sketch of the base construction for Nefertiti's bust

of operation were not taken into account sufficiently when developing this solution. During normal museum business, the bust stands secure, and its protection from agitation and movement is guaranteed optimally by the new pedestal construction. The problem is that the vibration-decoupled base plinth needs to be locked in place before it is possible to enter the vitrine to remove the bust. However, the necessary anchorage cannot be fixed without creating vibration. There is a need for tremendous concentration and care when stablising the plinth mechanically with the aid of screws. Fixing the transportation frame and handling it within the relatively narrow display case calls for great circumspection. It is almost impossible to remove the bust without causing vibration, and it also takes a relatively long time.

Nefertiti's vibration-decoupled pedestal is one example of a specially made construction for conservation whose everyday operation in the museum context calls for precise observation and documentation. Further insights may be gained in the process, adopting a model, pioneering function in the conservation of cultural artefacts and the struggle against decay. Continuing interdisciplinary research will be essential in the future, bringing together specialist institutes, planners and consultants as well as museums in common approaches to the conservation and presentation of art and cultural assets. Only in this way is possible for our important collections and the artefacts of all cultures to disclose their true impact in the here and now.

Marcel Duchamp. Belle Haleine: Eau de Voilette, 1921

Der Duft der Frauen

Kerstin Gust

Eine Ausstellung, flüchtig wie ein Hauch: 72 Stunden – Tag und Nacht geöffnet – präsentierte die Neue Nationalgalerie „Marcel Duchamp. Belle Haleine: Eau de Voilette, 1921“. Die Duftwasserphiole aus dem Jahr 1921 ist das einzige im Original erhaltene „assisted readymade“ eines der einflussreichsten Künstler des 20. Jahrhunderts. Aber nicht nur das Kunstwerk selbst birgt vielfältige Anspielungen auf „Belle Haleine“, den schönen Atem, und „Belle Hélène“, die schöne Helena. Auch die spektakuläre Präsentation des Flakons in der leeren, weitläufigen Halle der Neuen Nationalgalerie ist einer anderen prominenten Frau, der Nofretete, entliehen.

Bereits in seinen ersten Skizzen hat Michele De Lucchi für die Nofretete eine Vitrine vorgesehen, die sich in der Proportion und Größe an dem Sockel und den Maßen der Büste orientierte, diese aber um ein Vielfaches steigerte. In umfangreichen Studien überprüfte die museumstechnik berlin die gestalterischen Vorgaben sowie deren Realisierbarkeit und entwickelte eine maßgeschneiderte und perfekte Hülle für die Präsentation der Nofretete im Neuen Museum. Die Aura von Erhabenheit und Ruhe sollte auch Marcel Duchamps *Belle Haleine* umgeben. So entstand ein baugleicher Zwilling, in Materialwahl und Glasstärke leicht vereinfacht, dessen Anmutung dem Original in nichts nachstand.

Mit der großen, allseitig verglasten Halle der Neuen Nationalgalerie setzte der Architekt Ludwig Mies von der Rohe seinen Gedanken fort, die räumliche Freiheit selbst zum ästhetischen Erlebnis zu machen, indem die Schranke zwischen dem Kunstwerk und der Lebensumwelt aufgehoben wird. So präsentierte sich „Marcel Duchamp. Belle Haleine: Eau de Voilette, 1921“ vor dem Hintergrund des pulsierenden städtischen Lebens. In aller Ruhe und Stille wurde der Besucher zur inneren Sammlung, dem freien Umherwandeln und der konzentrierten Betrachtung eingeladen. Tag und Nacht – jedoch nur für 72 Stunden.

1 Marcel Duchamps Belle Haleine in der leeren, weitläufigen Halle der Neuen Nationalgalerie | Marcel Duchamps Belle Haleine in the empty, spacious hall of the New National Gallery

1

Marcel Duchamp. Belle Haleine: Eau de Voilette, 1921

The Scent of Women

Kerstin Gust

An exhibition as fleeting as a whiff of perfume, for seventy-two hours—open day and night—was presented by the New National Gallery: "Marcel Duchamp. Belle Haleine: Eau de Voilette 1921." The phial of eau de toilette from 1921 is the only "assisted readymade" by one of the most influential artists of the twentieth century preserved in its original state. However, it is not only the work of art itself that plays in various ways on "Belle Haleine," beautiful breath, and "Belle Hélène," beautiful Helen. The spectacular presentation of the flacon in the empty, spacious hall of the New National Gallery is also borrowed from another prominent lady, Nefertiti.

Right from his very first sketches Michele de Lucchi planned a display case for Nefertiti, whose proportions and size were in proportion to the pedestal and the bust measurements, but magnified several times. In elaborate studies, museumstechnik berlin verified the details of the design and its feasibility, and developed a customised and perfect casing for the presentation of Nefertiti in the elsewhere Neues Museum. They sought the same aura of dignity and calm to surround Marcel Duchamp's *Belle Haleine*, and so an identically constructed duplicate was created with a somewhat simplified choice of material and thickness of glass, which made no less of an impression than the original.

With the large hall of the New National Gallery, glazed on all sides, the architect Ludwig Mies van der Rohe realised his concept of making spatial openness an aesthetic experience in itself. Thus "Marcel Duchamp. Belle Haleine: Eau de Voilette, 1921" was presented in front of the backdrop of pulsating urban life. Visitors were invited to gather their thoughts, to wander around freely and to contemplate in a focussed manner. Day and night—but only for 72 hours.

The Hepworth Wakefield

Vitrineneinrichtung für die Galerie „Hepworth at Work“

Kerstin Gust

Die britische Bildhauerin Barbara Hepworth (1903–1975) ist Namensgeberin des neuen Museums The Hepworth Wakefield, das am 21. Mai 2011 eröffnete und ihrem umfangreichen Œuvre gewidmet ist. Das Museum ist eine Reminiszenz der Stadt Wakefield an ihre berühmte Tochter, die dort geboren wurde und aufgewachsen ist. Eine umfangreiche Schenkung der Familie Hepworth an die Wakefield Art Gallery war der Anlass für den Bau des mit 5200 Quadratmetern größten Sammlungsmuseums, das in den letzten 50 Jahren in Großbritannien entstanden ist. Der Landschaft von Yorkshire – ihrer Form, Gestalt und Beschaffenheit – fühlte sich die Künstlerin schon immer eng verbunden und brachte dies in ihren abstrakten avantgardistischen Skulpturen zum Ausdruck. Auch das neue Museum von David Chipperfield steht in dieser Tradition. Auf einer Landzunge des Flusses Calder setzte der Architekt einen kantigen und kompakten Baukörper; die Vor- und Rücksprünge in der Fassade und die unterschiedlichen Höhen und Neigungswinkel der Dächer formen eine lebendige Landschaft, die das Museum von allen Seiten erlebbar macht. Das Obergeschoss des zweigeschossigen Museumsbaus ist der Kunst vorbehalten. Die Raumsequenzen der Ausstellungsebene sind als fließender und vielgestaltiger Rundgang konzipiert, der die zehn Galerieräume untereinander verbindet. Im Inneren der Ausstellungsräume ist die ungewöhnliche Morphologie des Gebäudes ablesbar. Die Decken nehmen die Neigung der Dächer auf, Wände treffen in verschiedenen Winkeln aufeinander, die Räume sind unterschiedlich groß. Natürliches Licht und eine individuelle Beleuchtung der Ausstellungsräume, die konservatorischen Anforderungen entspricht, waren ein besonderes Anliegen bei der Planung.

Die erfolgreiche Zusammenarbeit der museumstechnik berlin mit David Chipperfield Architekten fand nach dem Neuen Museum bei The Hepworth Wakefield ihre Fortsetzung. In der Galerie „Hepworth at Work“, die dem Arbeitsprozess der Bildhauerin gewidmet ist, werden ihre Modelle, Skulpturen und Werkzeuge in fünf Vitrinen – einer Pult-, drei Wand- und einer Hochvitrine – aus eloxiertem Aluminium präsentiert. Sie sind eine technische Weiterentwicklung der Vitrinentypen, die für das Neue Museum in Berlin geplant und produziert wurden. Die Gestaltungsvorgaben der Architekten sahen vor, die Vitrinen für Wakefield so zu konstruieren, dass sie möglichst wenige Glasstöße haben und eine fugenfreie Sicht auf die Objekte ermöglichen. Anhand dieser Vorgaben entwickelte die museumstechnik berlin die Größe und Proportion sowie die konstruktiven Details. Im Neuen Museum beträgt die Spannweite der größten Vitrine vier Meter und ist durch zwei Schiebetüren von jeweils zwei Metern Breite unterteilt. Die Vitrinen für Wakefield sind bis zu 5,70 Meter breit und ebenfalls mit Schiebetüren ausgestattet. Aufgrund der großen Spannweite und der Beweglichkeit der Konstruktion wurde die Stahl-Grundkonstruktion der Vitrinen vorgespannt, um einer Durchhängung der großformatigen Deckelglasscheibe entgegenzuwirken.

Es wurden aufwändige Befestigungsvorrichtungen für die Schwerlastvitrinen entwickelt, da das Gesamtgewicht der Konstruktion und der massiven Skulpturen eine direkte Montage an den Gipskarton-Ständerwerkwänden der Galerie nicht erlaubte.

Es ist ein lichter, klarer Ausstellungsraum entstanden, der sehr persönliche und unmittelbare Einblicke in die Arbeitsweise von Barbara Hepworth gibt und mit dem Schaffensprozess der Künstlerin vertraut macht. Schon jetzt wird prophezeit, dass Yorkshire mit dem Henry Moore Institute in Leeds und dem Yorkshire Sculpture Park in West Bretton eine Pilgerstätte und Inspirationsquelle für Liebhaber der modernen Skulptur werden wird. The Hepworth Wakefield komplettiert dieses Triangel mit einem Museum, in dem sich das ausgestellte Werk und der skulpturale Baukörper auf selbstverständliche Weise ergänzen und bereichern.

1

1 Vitrinen für die Galerie „Hepworth at Work" | Display cases for the gallery „Hepworth at Work"

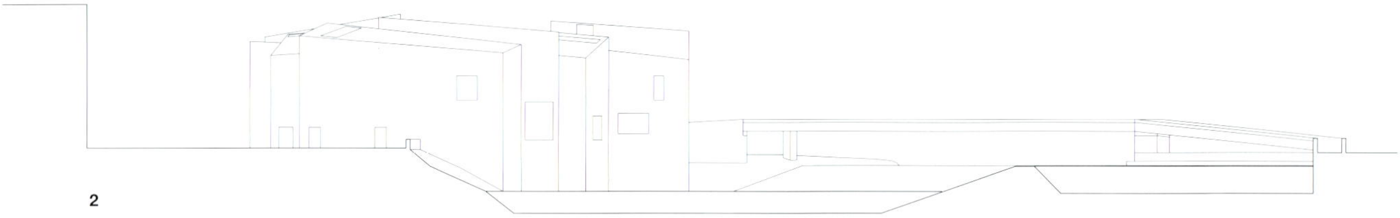

2

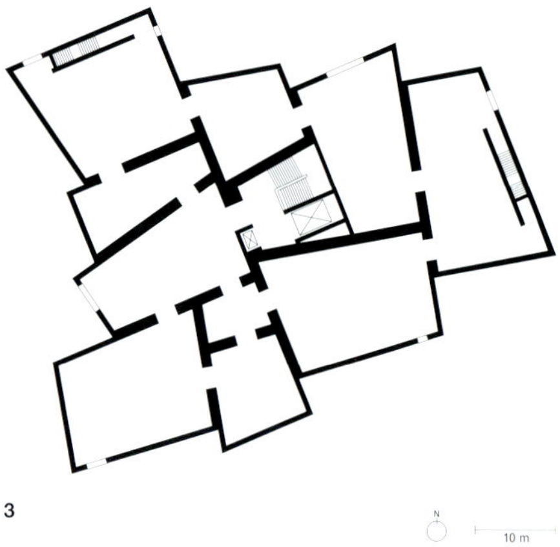

3

4

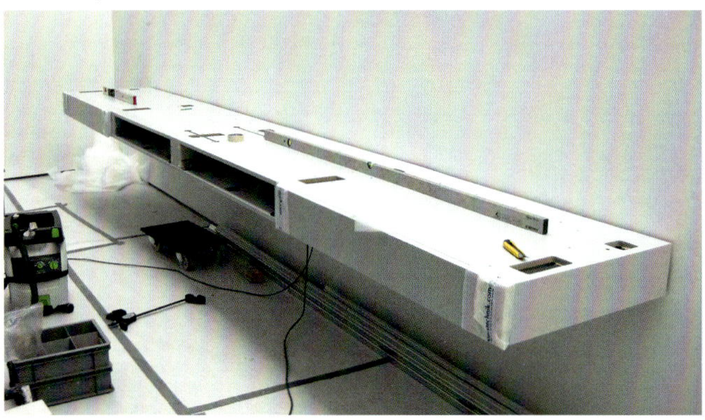

5

2 Ansicht von Westen | West elevation

3 Grundriss der Ausstellungsebene im ersten Obergeschoss | First floor plan of the exhibition spaces

4–6 museumstechnik at work: Hochvitrine und Wandvitrinen aus eloxiertem Aluminium | museumstechnik at work: upright and wall display cases made of anodised aluminium

6

The Hepworth Wakefield

Installation of Display Cases for the Gallery 'Hepworth at Work'

Kerstin Gust

The British sculptress Barbara Hepworth (1903–1975) is the name giver of the new museum The Hepworth Wakefield, which opened on 21 May 2011 and is dedicated to its comprehensive oeuvre. The museum is a memorial by Wakefield town to its famous daughter, who was born there and grew up there. A comprehensive donation by the Hepworth family to the Wakefield Art Gallery was the incentive to build the 5,200-square-metre collection museum, the largest to be built in Great Britain in the last fifty years. The artist always felt an affinity to the Yorkshire landscape—its form, shape, and essence—and expressed this in her abstract avant-garde sculptures. The new David Chipperfield museum also follows this tradition. On a headland of the river Calder the architect placed an angular and compact building. The protrusions and recesses in the façade and the varying heights and inclination angles of the roofs form a vibrant landscape, enabling the museum to be experienced from all sides. The top floor of the two-storey museum building is reserved for art. The layout of rooms on the exhibition floor are laid out as a flowing and multifaceted circuit, interlinking the ten gallery rooms. In the interior of the exhibition rooms the unusual morphology of the building is evident. The ceilings trace the inclination of the roofs, walls meet at various angles, the rooms are of varying sizes. Natural light and individual lighting of the exhibition rooms, which meet conservatory standards, were a central aspect of the planning.

The successful collaboration of museumstechnik berlin and David Chipperfield Architects was continued after the Neues Museum with The Hepworth Wakefield. In the gallery "Hepworth at Work," which is dedicated to the work process of the sculptress, her models, sculptures and tools are presented in five display cases—one lectern, three wall and one upright—made of anodised aluminium. They are a technical extension of the types of display cases that were planned and created for the Neues Museum in Berlin. The design guidelines of the architects set out to construct the display cases for Wakefield so that they have as few sections of glass as possible and provide a seamless view of the objects. According to these guidelines museumstechnik berlin designed the size and proportions, as well as the details of the construction. In the Neues Museum the largest display case spans a width of four metres and is divided by two sliding doors that are each two metres wide. The display cases for Wakefield are up to 5.70 metres wide and also fitted with sliding doors. Owing to the large span and the mobility of the construction, the steel base construction of the display cases was pre-stressed, to counteract any sagging of the covering glass panel. Elaborate high-performance fixings were developed for the heavy display cases, as the total weight of the construction and the massive sculptures did not allow mounting directly onto the plasterboard and frame work walls of the gallery.

A well-lit and clear exhibition space was created, which provides very personal and close insights into Barbara Hepworth's way of working and familiarises one with the artist's creative process. Already, it is predicted that Yorkshire, with the Henry Moore Institute in Leeds and the Yorkshire Sculpture Park in West Bretton, will become a pilgrimage site and source of inspiration for lovers of modern sculpture. The Hepworth Wakefield completes this triad with a museum where the exhibited work and the sculptural building naturally complement and enrich each other.

[Display Cases Reloaded]

Technische Sanierung der Bestandsvitrinen in der Kunstbibliothek Berlin

Kerstin Gust

1

1 Eckvitrine mit Präsentation der aktuellen Wechselausstellung | Corner display case with presentation from the current exhibition
2 Ansicht der Langvitrinen im Foyer | View of the long display cases in the foyer
3 Detail einer Ecksituation | Detail of one corner

2

2

Die Kunstbibliothek im Berliner Kulturforum am Potsdamer Platz ist mit ihren fast 400.000 Bänden eine der bedeutendsten kunstwissenschaftlichen Spezialbibliotheken in Deutschland. Der umfangreiche Fundus an Fachliteratur sowie rund 1400 internationale Zeitschriften im Abonnement sorgen für regen Publikumsverkehr in der Präsenzbibliothek und dem Lesesaal mit 66 Plätzen. Gleichzeitig bietet die Kunstbibliothek mit ihren umfangreichen und bedeutenden Sammlungen, die Zeichnungen und Druckgrafiken beispielsweise zur angewandten Kunst, Fotografie, Plakat- und Reklamekunst umfassen, ein breites Forschungsangebot. Ein begleitendes Ausstellungs- und Veranstaltungsprogramm ergänzt und erweitert das Angebot und macht die Kunstbibliothek zu einem lebendigen Archiv, das jährlich von 35.000 Lesern, Forschern und Wissbegierigen genutzt wird.

Die Präsentation der Sammlungsbestände ist fest in das Gebäude eingeschrieben: drei Einbauvitrinen aus den 1990er Jahren – zwei Langvitrinen im Erdgeschoss und eine Eckvitrine im ersten Obergeschoss – dienen als Schaufenster für eine wechselnde Bespielung. Doch auch Festeinbauten kommen in die Jahre. Die auf Dauer beanspruchten Dreh- und Schiebetüren der Vitrinen, auf Rollen aufgelagert und geschoben, klemmten und blockierten und bildeten die Schwachstelle der Konstruktion. Das kleine Budget erlaubte keine Neuausstattung mit Vitrinen und so wurde 2010 die museumstechnik berlin mit der technischen Sanierung des Bestandes beauftragt.

Die speziell entwickelte Vitrinentechnik für das Neue Museum diente abermals als konstruktiver Innovator. Die ausgefeilte Schiebetürmechanik wurde in die Bestandsvitrinen der Kunstbibliothek eingepasst, die Aufhängung der Glastablare sowie die Rückwände und Bodenplatten neu gestaltet, Glashalterungen wurden technologisch überarbeitet und ersetzt. Das Ergebnis sind „display cases reloaded" – ein alter Vitrinenbestand, runderneuert und technisch adaptiert – die einen Denkanstoß für den nachhaltigen Umgang mit musealen Einrichtungen jenseits ihrer Halbwertszeit geben.

Display Cases Reloaded

Technical Upgrading of the Existing Display Cases in the Berlin Art Library

Kerstin Gust

3

The Art Library in Berlin's Cultural Forum on Potsdamer Square, with its nearly 400,000 volumes, is one of Germany's most significant libraries specialised in art history. The comprehensive fundus of specialised literature and around 1,400 international subscription magazines ensure a busy flow of visitors to the reference library and the reading room with sixty-six seats. At the same time, the Art Library's comprehensive and significant collections, comprising drawings and prints, for example in the realms of the applied arts, photography, poster and advertising art, also offers wide-ranging research opportunities. A concurrent exhibition and events programme makes it a vibrant archive, used every year by 35,000 readers, researchers and those eager for knowledge.

The presentation of the collections is closely linked to the building: three built-in display cases from the nineteen-nineties—two horizontal display cases on the first floor and a corner display case on the first floor—act as display windows for a changing selection of items. However, even built-in cases are subject to wear and tear over time. The repeated manipulation of the revolving and sliding doors of the display cases, which are fixed onto moving rollers, got stuck and jammed and formed the weak spot of the construction. The small budget did not allow the furnishing with new display cases, and so in 2010 museumstechnik berlin was called upon to technically upgrade the existing display cases.
The customised display case technology for the Neues Museum was innovative in its construction. The sophisticated sliding door mechanics were fitted into the existing display cases, the fixing of the glass shelves as well as the rear panels and the floor plate was newly designed, glass mountings were technologically upgraded and replaced. The result was "display cases reloaded"—an old set of display cases that were generally refurbished and technically adapted—which provides food for thought for the long-term use of the interior museums facilities beyond their half-life period.

museumstechnik: Kreateur und Konzepter

Karl Schwaiger

Bereits in den 80er Jahren, mit der Gründung der museumstechnik berlin 1986, sollte die Museumseinrichtung und Ausstellungsgestaltung neu gedacht werden: ästhetischer, atmosphärischer und individueller. Die damals verfügbaren Standardprodukte der Hersteller von Vitrinen und Beleuchtung hatten eher die Anmutung von Messeausstattungen, sahen mehr oder weniger gleich aus und ließen bei der individuellen Präsentation der Exponate kaum Spielraum. Der Gestaltungsansatz der museumstechnik berlin bildete den Gegenpol. Er stellte das Exponat in den Mittelpunkt und entwickelte die Hülle und den Raum aus dem Inhalt heraus. Das Ziel war es, eine zeitlose und eigenständige Ästhetik zu kreieren, die eine „dienende" Funktion hatte, die Unmittelbarkeit des Exponates in der Wirkung auf seinen Betrachter förderte und die Raumwirkung unterstrich. Um diesem hohen Anspruch gerecht zu werden, wurde von Anfang an in interdisziplinären Teams aus Architekten, Designern, Konstrukteuren, Künstlern und Handwerkern nach neuen Lösungsansätzen gesucht und das gesamte Materialspektrum – von Glas, Holz, Metall bis zu Kunststoffen – ausgeschöpft.

Das Museum neu denken

Das Käthe-Kollwitz-Museum, das die museumstechnik berlin seit seiner Gründung in technischen Fragen und bei der Ausstellungseinrichtung begleitet, ist ein frühes Beispiel für diesen neuen musealen Gestaltungsansatz. Das alte Villenensemble in der Fasanenstraße wurde von dem Architekten Uli Böhm saniert, der Architekt Jürg Steiner entwickelte die Innenraumgestaltung und Ersteinrichtung für das Museum, die von der museumstechnik umgesetzt wurde. Mit wenig Budget und viel Improvisation wurde an der größtmöglichen Flexibilität, der optimalen Beleuchtung und einer strengen, klaren und zurückhaltenden Ästhetik der Ausstellungsräume gearbeitet. Im Rückblick muten diese Rauminterventionen heute sehr einfach an: Um ein flexibles Hängesystem für Sonderausstellungen einzurichten, wurde ein C-Profil umlaufend unterhalb der Decke in die Wände eingelassen, das eine individuelle Hängung der Bilder nach Art und Format ermöglichte. Für die Beleuchtung kamen erstmalig speziell konzipierte MT-Spots – die das damalige Kürzel der museumstechnik im Namen trugen – zum Einsatz, die mit Kaltlichtspiegellampen bestückt waren und eine hohe Lichtausbeute lieferten. Auch nach 25 Jahren „im Betrieb" hat diese erste museale Einrichtung nichts von ihrer Funktionalität und zurückhaltenden Eleganz verloren.
„Alles ist möglich" – dieses Motto war das Leitmotiv und Credo, das die Arbeits- und Denkweise insbesondere in den Anfangsjahren prägte und mit dem Projekt des „Goldenen Turms" beispielhaft vor-

museumstechnik: Creators and Conceptors

Karl Schwaiger

Even in the nineteen-eighties—museumstechnik berlin was founded in 1986—there were to be new concepts in museum fittings and exhibition design: more aesthetic, atmospheric, and individual. The standard products available from the manufacturers of display cases and lighting at that time tended to echo trade fair architecture, all looking more or less the same and allowing very little freedom for the individual presentation of exhibits. The design approach of museumstechnik berlin represented the opposite pole. It focused on the exhibit and developed casings and spatial ambience by beginning with the content. The aim was to create timeless, independent aesthetics that had a "serving" function, promoting the immediacy of the exhibit's effect on the viewer and underlining the impact of the space. In order to meet such high pretensions, from the very beginning new solutions were sought in interdisciplinary teams comprised of architects, designers, constructors, artists, and craftsmen, while exhaustive use was made of the full spectrum of materials—from glass, wood, and metal to plastics.

Rethinking Museums

One early example of this new approach to the design of museums is the Käthe Kollwitz Museum, which museumstechnik berlin has advised on technical matters and exhibition architecture since its foundation. The group of old villas on Fasanenstrasse was restored by architect Uli Böhm, while architect Jürg Steiner developed the interior design and the first fittings for the museum, which were then implemented by museumstechnik. Despite a low budget and much improvisation, the exhibition rooms were to be provided with the greatest possible flexibility, optimal lighting, and strict, clear, and restrained aesthetics. From today's viewpoint, those spatial interventions appear very simple: in order to create a flexible hanging system for special exhibitions, a C-profile was set into the walls below the ceiling, all the way around, which enabled individual hanging of pictures according to their type and format. Specially developed MT-spots—which bore the current abbreviation of museumstechnik in their name—were employed for the first time in the lighting; they were equipped with anti-glare halogen lamps and provided high light output. Even after twenty-five years "in operation," this first museum architecture has lost none of its functionality and modest elegance.
"Everything is possible"—this motto was the leitmotif and creed that shaped the company's working methods and ideas, in particular in its early years. It can be demonstrated in an exemplary way by citing the "Golden Tower" project. In 1990, the exhibition "GegenwartEwig-

gestellt werden kann. Im Auftrag der Guardini Stiftung wurde 1990 die Ausstellung „GegenwartEwigkeit. Spuren des Transzendenten in der Kunst unserer Zeit“ im Martin-Gropius-Bau in Berlin veranstaltet. Ein zentrales Exponat war der „Goldene Turm“ des amerikanischen Künstlers James Lee Byars (1932–97), der im Lichthof des Ausstellungshauses aufgebaut wurde. Das 25 Meter hohe, aus einzelnen Segmenten zusammengesetzte Kunstwerk wurde von Byars speziell für die Ausstellung konzipiert und anhand seiner Skizzen von der museumstechnik berlin konstruiert, produziert und installiert. Da es keinen handelsüblichen Kran für den Aufbau der Segmente gab, der klein und leicht genug für den Transport in das Gebäude war und der über die nötige Ausfahrhöhe verfügte, wurde von der museumstechnik berlin nicht nur das spektakuläre Kunstwerk, sondern auch das dafür nötige Werkzeug neu gebaut. Es wurde nichts als gegeben hingenommen und alles aus der individuellen Aufgabenstellung heraus entwickelt. Sonderkonstruktionen wurden zum Standard und die neue Rolle der museumstechnik berlin als „Kreateur und Konzepter“ fest in die DNA des Unternehmens eingeschrieben.

Der Kreislauf von Kreation und Produktion

In einer Art „Produktionsevolution“ fließen mit jedem neuen Projekt Erfahrungen und Erkenntnisse in den Planungs- und Produktionsprozess ein. Das Detailwissen in der Konstruktion, Technik und Materialkunde ermöglicht die ständige Verbesserung der Produkte und macht den Weg für immer größere Innovationen in der Konzeption und Planung frei, die gleichzeitig immer benutzerfreundlicher und konservatorisch ausgereifter werden. Auf diesem stetig steigenden Qualitätsniveau setzt wiederum die Detailplanung für Sonderkonstruktionen an und realisiert im Einzelfall die Standardlösung von morgen.
Einen wichtigen Meilenstein in dieser Genese bildete die Weltausstellung Expo 2000 in Hannover. Mit den sogenannten „Unikaten“ wurde im deutschen Pavillon ein breit gefächertes Spektrum herausragender Kunst und Kulturgüter vorgestellt, mit denen die einzelnen Bundesländer ihre kulturelle Vielfalt präsentierten. Die Bandbreite der Exponate, die sich nach Art, Größe, Volumen und ihren Anforderungen an Klima und Sicherheitstechnik unterschieden, erforderte eine individuelle Konzeption und Planung jeder einzelnen Präsentation. Je nachdem, wie unwiederbringlich, wertvoll oder zerbrechlich die Objekte waren, differierten auch die technischen Standards bei der Vitrinenkonstruktion. Die Auswahl der Gläser und ihrer Sicherheitsklassen, die speziellen Schließmechaniken, aber auch der Grad der aktiven Klimatisierung – eine mechanische und von der Raumluft unabhängige Regelung der Temperatur und Luftfeuchtigkeit – waren bei jeder Vitrine unterschiedlich.
In den letzten zehn Jahren hat die museumstechnik berlin in der Vitrinentechnik nahezu jeden einzelnen Baustein analysiert, neu konzipiert, konstruiert und produziert: Scharniere, Mechaniken für Dreh- und Schiebetüren, verfahrbare Elemente wie Schubladen, Tablare und andere, integrierte Beleuchtung sowie Geräte zur Klimatisierung und Schadstofffilterung, bis hin zu speziellen Dichtungen aus schadstofffreiem, Oddy-Test-geprüftem Silikon. Parallel dazu werden Einrichtungen und Werkzeuge, wie Kräne, Transportwagen und die sogenannten „Vitrinen-Scooter“ – konsolenartige Stützvorrichtungen zum Öffnen von Schiebetüren im Vollauszug – geplant und konstruiert, die den hohen Anforderungen an Sicherheit und Benutzerfreundlichkeit gerecht werden.

keit. Spuren des Transzendenten in der Kunst unserer Zeit" was organised in the Martin-Gropius Building in Berlin, commissioned by the Guardini Foundation. One key exhibit was the "Golden Tower" by American artist James Lee Byars (1932–97), which was erected in the atrium of the exhibition building. Byars conceived the twenty-five-metre-high artwork assembled from separate segments especially for the exhibition and it was constructed, produced and installed by museumstechnik berlin on the basis of the artist's sketches. There was no crane on the general market suitable for the erection of the segments, commanding the necessary extended height yet small and light enough to be transported into the building. Consequently, museumstechnik berlin not only constructed the spectacular artwork, but also the tools necessary to erect it. Nothing was accepted as given, everything was developed from the context of each individual assignment. Special constructions became part of our standard repertoire and the new role of museumstechnik as a "creator and concepter" was firmly inscribed into the company's DNA.

The Cycle of Creation and Production

In a kind of "production evolution," fresh experience and insights entered into the planning and production process with every new project. Detailed knowledge regarding construction, technology, and materials made it possible to improve our products steadily and opened the way to greater innovations in conception and planning, which thus became more and more user-friendly and better developed with respect to conservation. In turn, the detailed planning of special constructions could be initiated on this steadily rising quality level, and in some cases tomorrow's standard solutions were realised.

One important milestone during this evolution was the World Exhibition Expo 2000 in Hanover. The so-called unique works exhibited in the German pavilion were a wide spectrum of outstanding art and cultural artefacts with which the individual federal states presented their cultural diversity. The range of exhibits, which differed in character, size, volumes, and demands made on air-conditioning and security technology, called for an individual concept and subsequent planning for each presentation. The technical standards for the construction of display cases varied, depending on how irreplaceable, valuable, or fragile the objects were. The choice of glass types and their security classifications, the special locking mechanisms, and also the degree of active air-conditioning—the mechanical regulation of temperature and humidity independent of the surrounding air—were different for every single display case.

In the last ten years, museumstechnik berlin has analysed, reconceived, constructed, and produced almost every individual component in display case technology: hinges; mechanisms for revolving and sliding doors; moveable elements like drawers and shelves, etc.; integrated lighting and apparatus for air-conditioning and filtering pollutants; even special gaskets made of non-polluting, Oddy-tested silicon. Parallel to this we have been planning and constructing devices and tools like cranes, transport trollies and the so-called display case scooters—console-like devices to support fully-opened sliding doors—all of which meet the high demands now made on security and user-friendliness.

Auf dem Weg zum High-Tech-Museum

Die immer differenzierteren Anforderungen an die konservatorische Sicherheit der Exponate, die eine Schadstofffreiheit und Unbedenklichkeit der eingesetzten Materialien, den Schutz vor schädlicher Lichteinwirkung, die Klimastabilität und Sicherheit umfassen, werden auch in Zukunft stetig steigen. Trotzdem ist eine dauerhafte Lagerung und Präsentation von wertvollem Kunst- und Kulturgut ohne Schädigung der Exponate nicht möglich. Auch eine optimal eingesetzte Technik kann den natürlichen Verfall nur hinauszögern, aber auf Dauer nicht verhindern. Gleichzeitig gewinnt die Präsentation von Originalen immer mehr an Bedeutung. Je virtueller die Welt ist, desto größer wird der Wunsch sein, die Aura der Objekte zu erfahren. Daher werden auch in Zukunft aufwändige und maßgeschneiderte technische Lösungen gefragt sein, die in eine fesselnde Ausstellungspräsentation eingebettet sind und von didaktischen Vermittlungsangeboten begleitet werden.

Auch wenn diese High-Tech-Lösungen für den Besucher nicht sichtbar sind, wohnt ihnen doch das Potenzial inne, eine wichtige Aussage zu der Art und Beschaffenheit, aber auch dem Schutzbedürfnis der Exponate zu treffen. Ein Beispiel hierfür sind die Lesetische im Neuen Museum, die so konzipiert sind, dass jedes einzelne Tablar nur fünf Minuten sichtbar ist, bevor es zurückgefahren wird. Die übereinander gestaffelten Tablare des Lesetisches erlauben es, mehr Exponate auf kleinerem Raum zu präsentieren. Der eigentliche Grund für den Zeittakt ist jedoch der UV-Schutz der Exponate, die nur kurzzeitig dem Tageslicht ausgesetzt werden dürfen. Auch die technisch hochkomplexe Sockelkonstruktion der Nofretete könnte zur Reflexion anregen, um über die neue Rolle der Museen als Teil der Freizeitkultur nachzudenken. Die Frage nach den Umgebungsbedingungen, in denen Objekte gezeigt werden dürfen, und die Konsequenzen, die entstehen, wenn diese sich zu „Publikumsmagneten" entwickeln, sind wichtige Aspekte, die auch für den Besucher von großem Interesse sind. Unser Umgang mit den Artefakten der Vergangenheit ist gleichzeitig auch eine kulturelle Bestandsaufnahme der Jetztzeit, deren breite Vermittlung lohnenswert ist.

Neue Typologien der musealen Präsentation

In der Diskussion um den optimalen fachgerechten Umgang mit Kunst und Kulturgut werden die Lagerung und Präsentation nach wie vor als konkurrierende Systeme häufig gegeneinander ausgespielt. Angesichts der mangelhaften konservatorischen Bedingungen, die in vielen Museumsdepots mit alter Bausubstanz vorherrschen, ist die Präsentation oft jedoch die fachgerechtere Lagerung. Mit dem Schaulager Basel haben die Architekten Herzog & de Meuron eine typologische Mischform aus Kunstdepot und Ausstellungshaus entwickelt, die einen Modellcharakter für die Präsentation von Exponaten haben könnte. Der Vitrinenraum für den Urvogel Archaeopteryx im Museum für Naturkunde in Berlin zeigt, dass technisch maßgeschneiderte Sonderkonstruktionen eine Gleichzeitigkeit von Präsentation und Lagerung, aber auch von Forschung und Öffentlichkeit nicht mehr zwangsläufig ausschließen. In der Diskussion um die Zukunft der musealen Präsentation können die Technik und Konstruktion an der Schnittstelle der Disziplinen wertvolle Impulse liefern.

Heading for the High-Tech Museum

The increasingly differentiated demands made on the conservational safety of exhibits—which include purity from pollutants and the harmlessness of materials used, and protection from the damaging effects of light—will continue to increase in future. Ultimately, permament storage and presentation of valuable art and cultural assets is impossible without the exhibits incurring damage. Even optimally employed technology can do no more than delay natural decay, it cannot prevent it permanently. At the same time, the presentation of originals is gaining more and more significance. The more virtual the world becomes, the greater will be our desire to experience the aura of objects. For that reason, the future will also bring a demand for complex, made-to-measure technical solutions, embedded into an exciting exhibition presentation and accompanied by suitable didactic concepts.

Even when these high-tech solutions are invisible to the visitor, they have the inherent potential to make an important statement on the exhibits' character and condition, but also their need for protection. One example of this is the reading tables in the Neues Museum, which are conceived so that each individual shelf is visible for only five minutes before it is retracted. The shelves of the reading tables, stacked above each other, make it possible to present more exhibits in a small space. But the actual reason for the timing is protecting the exhibits from UV-light; they may only be exposed to daylight for a short time. The technically highly complex pedestal constructed for Nefertiti could also trigger reflection on the new role of museums as part of our leisure culture. The question of the ambient conditions in which objects may be shown, and the resultant consequences when these develop into "audience attractions": these are important aspects that are of great interest to visitors, as well. Our handling of the artefacts of the past is also a cultural stocktaking of the present time, and it is worthwhile to make it widely known.

New Typologies of Presentation in Museums

Even today, storage and presentation are often played off against each other as competing systems in discussions about the optimal, specialist handling of art and cultural assets. However, in face of the poor conservational conditions predominating in many museum depots housed in old buildings, presentation is often the more suitable form of storage. With the Schaulager in Basel, architects Herzog & de Meuron have developed a typological form combining an art depot and an exhibition building, which could have a model character for the presentation of exhibits. The display case for the primordial bird archaeopteryx in the Natural History Museum in Berlin shows that special, technically made-to-measure constructions no longer inevitably rule out the simultaneity of presentation and storage, or research and public display. When discussing the future of presentation in museums, technology and construction offer valuable impulses at the interface between disciplines.

Vitrinenraum für den Urvogel Archaeopteryx

Objektpräsentation an der Schnittstelle von Wissenschaft und Öffentlichkeit

Kerstin Gust

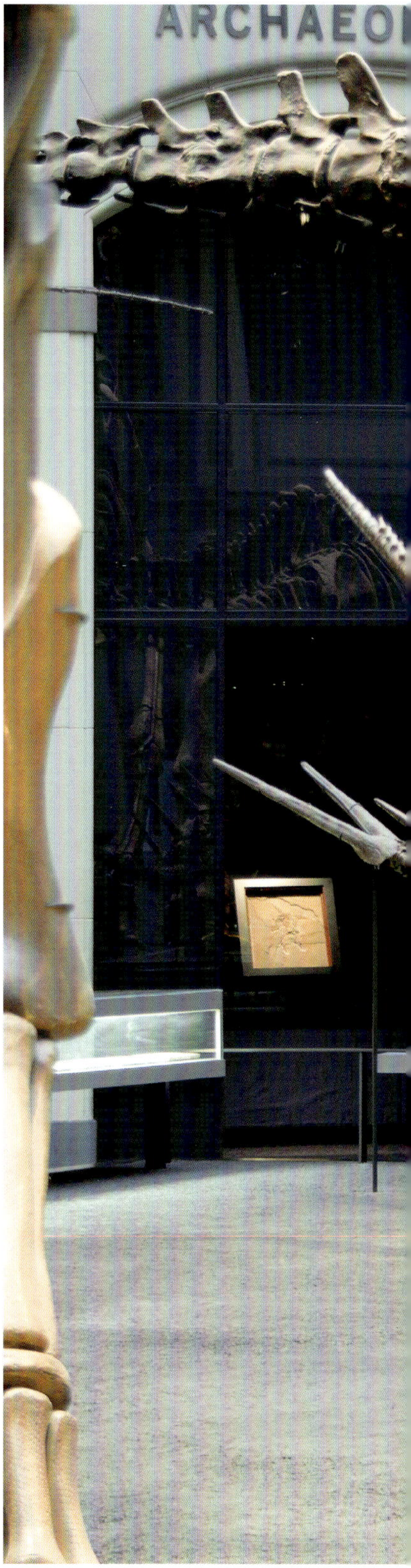

1 Blick vom Sauriersaal auf den gläsernen Vitrinenraum mit dem Urvogel Archaeopteryx | View of the glass display area for the prehistoric bird archaeopteryx from the dinosaur hall

2007 wurden unter dem Motto „Evolution in Aktion" Teile der Ausstellungsflächen im Museum für Naturkunde neu konzipiert und gestaltet. Auch die Präsentation des Urvogels Archaeopteryx, eines der herausragenden Exponate der musealen Sammlungen und gleichzeitig begehrtes wissenschaftliches Forschungsobjekt, wurde grundlegend überdacht. Bislang waren Forscherdrang und Publikumsinteresse nicht miteinander vereinbar: Der Wunsch der Wissenschaftler nach Inaugenscheinnahme erforderte, den Archaeopteryx aus der Ausstellung zu nehmen, da bei der Präsentation des Urvogels in einer einfachen Pultvitrine nur die Schauseite sichtbar war. Doch insbesondere die Rückansicht ist für Studienzwecke interessant, da dort das Skelett partiell freigelegt wurde. So sollte eine neue Konstruktion für die Präsentation entwickelt werden, die den Archaeopteryx allseitig sichtbar macht und die alte Holzeinfassung des Fossilabdrucks erhält.

In der Apsis der Ausstellungsebene im Erdgeschoss hat die museumstechnik berlin einen speziellen Vitrinenraum konstruiert und eingerichtet, der wie eine gläserne Schatzkammer nun Forschung und Präsentation miteinander vereint.

Bei wissenschaftlichen Untersuchungen trennt ein transparenter Vitrinenvorraum mittels verschließbarer Glastüren die Apsis von der Ausstellung, bleibt jedoch für das Publikum einsehbar. Eine mechanisch verfahrbare Scheibe aus Verbund-Sicherheitsglas öffnet und schließt die Vitrine; für die allseitige Sichtbarkeit des Urvogels und Studien im Detail sorgt ein um 360 Grad schwenk- und drehbares Tablar, das nach vorne ausziehbar ist. Auch das konservatorische Licht erweist sich als sorgfältig geplante Sonderkonstruktion: die Beleuchtung ist so integriert, dass die Leuchtmittel ausgetauscht werden können, ohne die Vitrine zu öffnen. In dem speziell konzipierten und technisch avancierten Vitrinenraum wird der Archaeopteryx nun an der Schnittstelle von Wissenschaft und Öffentlichkeit ausgestellt. Die Doppelfunktion von Forschung und Präsentation schließt sich somit nicht mehr aus. Durch die Einbeziehung des Publikums wird die Forschung im Museum, jenseits von „Event" und „Edutainment", lebendig und didaktisch anschaulich vermittelt. Ein Zukunftsmodell, das vielfältige Anforderungen vereint und die Rolle des Museums als aktiver „Wissensspeicher" und Partner der Forschung verankert.

Display Area for the Prehistoric Bird Archaeopteryx

Object Presentation at the Interface of Science and Publicity

Kerstin Gust

The new motto "Evolution in Action" led to the reconception and design of some of the exhibition areas in the Museum of Natural History in 2007. This included a fundamental reconsideration of the presentation of the prehistoric bird archaeopteryx, one of the most outstanding exhibits from the museum's collections and equally, a much sought-after object of scientific research. To that date, the desire for research and public interest had been irreconcilable: the scientists' wish to examine the object in detail meant that the archaeopteryx had to be removed from the exhibition, for when the prehistoric bird was presented in a simple display counter only the front was visible. But the reverse in particular is interesting for study purposes, since there the skeleton is partially exposed. Hence, a new construction was to be developed for the presentation, which would make the archaeopteryx visible from all sides and incorporate the old wooden framing of the fossil imprint. museumstechnik berlin constructed and erected a special display area within the apse of the ground floor exhibition level, which—like a glass treasure chamber—now combines research and presentation. For scientific investigation, a transparent outer chamber separates the apse from the exhibition by means of lockable glass doors, but the public can still see into it. A mechanically moveable, sliding panel made of reinforced security glass opens and closes the display case; a shelf that can be pulled out to the front and swung or revolved around 360° ensures that the prehistoric bird is visible from all sides and enables detailed study. The conservational lighting also comprises a special, carefully planned construction: the light is integrated so that the lighting materials can be changed without opening the display case.

In this especially conceived, technically advanced display area, the archaeopteryx is now exhibited at the interface of science and publicity. The two functions of research and presentation no longer exclude each other. This inclusion of the public means that research in the museum—though far from "event" and "edutainment"—is conveyed in lively and clearly didactic manner. This model for the future combines differing demands and anchors the museum's role as an active "store of knowledge" and partner in research.

Ausblick: Drahtseilakt Ausstellungsbetrieb

mexs systems:
Die Initiative zur Entwicklung eines ganzheitlichen modularen Ausstellungssystems

Rainer Kossian

In Zeiten einer stetig wachsenden Freizeitgesellschaft und wachsenden Nachfrage nach (neuen) Museen bei gleichzeitig schwindenden Kulturbudgets stellt die anspruchsvolle Kultur-, Bildungs- und damit auch die Museumsarbeit eine zunehmende Herausforderung an Mensch und Material dar. Empfindliche Einsparungen im Finanz- und Personalbereich lassen dabei insbesondere Sonderausstellungsprojekte mehr und mehr zu einem „Drahtseilakt" des überhaupt noch Machbaren mutieren. Kleineren, oft in einer „One-Man-Show" geführten Museen und selbst größten Institutionen in öffentlicher Trägerschaft bleibt daher – wenn überhaupt – oft nur die „Quick-and-Dirty-Variante" für solche Vorhaben. Jeder erfahrene Projektmanager hat dabei sofort mit Sorge das Bild des „Magischen Dreiecks" vor Augen, in dem die Parameter „Kosten – Zeit – Qualität" in einem fatalen Abhängigkeitsverhältnis zueinander stehen.

Um der dargestellten Problematik entgegenzuwirken, ist ein durchdachtes modulares System zur ressourceneffizienten Planung von Sonderausstellungen jetzt dringend erforderlich. Bei den handelsüblichen Vitrinensystemen werden zwar vereinzelt modulare Varianten angeboten, jedoch gehen diese in der Regel zu Lasten der Parameter „Kosten" – das heißt: zu teuer – bzw. „Qualität" – das heißt: konservatorisch bedenklich.

Vor diesem Hintergrund hat sich 2010 auf Initiative des Brandenburgischen Landesamtes für Denkmalpflege und Archäologischen Landesmuseums (BLDAM) eine Kooperationsgemeinschaft gebildet, die aus der Perspektive unterschiedlicher Fachbereiche derzeit synergetisch ein ganzheitliches Ausstellungssystem entwickelt, das dem oben dargestellten Problemkreis gerecht werden soll. Das Projekt wird im Rahmen des Zentralen Innovationsprogramms Mittelstand (ZIM-KOOP) des Bundesministeriums für Wirtschaft und Technologie gefördert.

Future Prospects: The Exhibition Business as a Balancing Act

mexs systems: Initiative for the Development of an Integral Modular Exhibition System

Rainer Kossian

At a time when the leisure society is steadily growing, along with the demand for (new) museums despite simultaneously dwindling budgets, cultural, educational and museum work is becoming more and more exacting and represents an increasing challenge in terms of staffing and materials. Hard-felt savings in the fields of finance and personnel cause special exhibition projects in particular to mutate more and more into a "balancing act" of what is still feasible. Often the only remaining alternative for the smaller museums, frequently run as a "one-man-show," or even for the biggest public-funded institutions is the "quick-and-dirty" variation of such projects. In this context, every experienced project manager anxiously visualises the "magic triangle" in which the parameters of cost-time-quality are fatally dependent on each other.

In order to deal with the problems outlined here, a well-conceived modular system with which to plan special exhibitions most efficiently in terms of resources is urgently needed. A few of the customary display-case systems on the market offer modular variations, but as a rule they create disadvantages with respect to "cost"—in other words, they are too expensive—or "quality," which means there may be doubt over their conservational effectiveness.

Before this background, on the initiative of the Brandenburg State Office for the Preservation of Monuments and the State Museum of Archaeology (BLDAM), a cooperation group was formed in 2010 to develop an integral exhibition system synergetically from the perspectives of different professional fields: the aim being to take into account the problems outlined above. The project is receiving financial support in the context of the Central Innovation Programme for Medium-Sized Companies (ZIM-KOOP) run by the Federal Ministry of Industry and Technology.

Die Grundidee ist die Entwicklung eines komplexen konstruktiv und technisch modularen Basis-Ausstellungssystems, das die konservatorischen und sicherheitstechnischen Anforderungen sowie die gestalterisch-didaktischen und wirtschaftlichen Aspekte des zeitgemäßen Ausstellungsbetriebes gleichermaßen berücksichtigt. Je nach dem tatsächlichen Bedarf können dabei einzelne Elemente, unter anderem aus den Bereichen Klima-, Sicherheits- und Lichttechnik, qualitativ aufgerüstet werden. Aber auch die Einbindungskompatibilität von neuen Medien und Interaktionsmodulen ist gewährleistet – das Ganze stets auch unter Energieeffizienzaspekten, wie zum Beispiel dem Abwärmemanagement. Die modular konzipierte „Standardversion“ kann je nach den inhaltlichen und gestalterischen Anforderungen durch Sonderanfertigungen ergänzt werden. Die verbindende Ausstellungsarchitektur – das „raumbildende Passepartout“ – kann dabei auch einem unkonventionellen Design und damit der Kreativität der Ausstellungsgestalter größtmöglichen Freiraum lassen.
Neben den Aspekten der Flexibilität, Wirtschaftlichkeit und ressourcenschonenden Nachhaltigkeit – im Sinne eines „Grünen Museums“ und des „Cradle-to-Cradle-Prinzips“ – müssen auch Faktoren der Transport- und Lagerlogistik bedacht werden, um insbesondere internationale Wanderausstellungen kosteneffizienter realisieren zu können.
Da zur Einwerbung von Drittmittel-Geldern (Sponsoren, EU-Fördermittel, Stiftungsmittel und andere) im Rahmen der Antragsstellung zunehmend eine relativ kurzfristige, mitunter „auf Verdacht“ durchgeführte belastbare Planung und Visualisierung von Sonderausstellungsprojekten erforderlich ist, wird ein leicht zu bedienendes digitales Planungsmodul eine schnelle gestalterische Umsetzung von Gestaltungsideen und somit eine belastbare Kalkulation des Modulbedarfs und der entstehenden Kosten ermöglichen. Durch die Möglichkeit, einzelne Komponenten vom Systemhersteller oder, im Sinne strategischer Allianzen von Museen, für Sonderprojekte aus einem virtuellen Teilepool temporär zu leihen, soll auch in dieser Hinsicht der Aspekt der Wirtschaftlichkeit und Weiterverwendbarkeit gewährleistet werden.
Eine ganz wesentliche Intention des Vorhabens ist es, insbesondere auch kleineren Museen, die häufig nicht über die konservatorische Fachkompetenz bzw. das Finanzvolumen für eine geeignete Fachplanung für Dauer- und Sonderausstellungen verfügen, ein von verschiedenen Experten möglichst umfassend durchdachtes und vor allem auch finanzierbares Ausstellungssystem bereitzustellen.
Das voraussichtlich 2012 abgeschlossene ambitionierte Entwicklungsprojekt soll anschließend bei zwei für 2013 bzw. 2014 geplanten internationalen Großausstellungen des Archäologischen Landesmuseums Brandenburg erstmals eingesetzt und auf Herz und Nieren getestet werden.

The basic idea is to develop a complex, constructively and technically modular, yet basic exhibition system, which pays equal attention to the demands of conservation and security technology, and considers the aspects of design, education, and economy in the current exhibition business. According to individual requirements, it should also be possible to improve on the quality of specific elements, e.g., with respect to air-conditioning or security and lighting technology. But compatibility for the incorporation of new media and interactive modules should also be guaranteed—continually taking into account aspects of energy efficiency, like waste heat management, for example. The modular concept of the "standard version" may be supplemented by specially produced features according to individual content and design requirements. The connecting exhibition architecture—the "space-creating passe-partout"—allows the greatest possible freedom for unconventional designs and thus for the exhibition designers' creativity.

Besides the aspects of flexibility, economy and a sustainability that preserves resources—in the sense of the "green museum" and the "cradle-to-cradle principle"—care must also be taken with the logistics of transportation and storage, so that international touring exhibitions in particular can be realised in a cost-effective manner.

Increasingly, reliable planning and visualisation of special exhibition projects is becoming necessary on a relatively short-term basis, sometimes "on suspicion" in order to acquire third-party funding (sponsorship, EU subsidies, foundation funding, etc.) through applications; this means that an easily operable, digital planning module should be available for the rapid implementation of design ideas, so enabling a reliable calculation of the necessary modules and resulting costs. The possibility of borrowing individual components temporarily from the system manufacturer or, in the context of strategic alliances between museums, of borrowing modules for special projects from a virtual pool of components, means that aspects of economy and reusability are assured in this respect as well.

One essential aim of the project is to provide—in particular for smaller museums that often lack the expert conservational competence or the financial backing for suitable specialist planning of permanent and special exhibitions—an exhibition system that has been planned as comprehensively as possible by various experts and, above all, is also affordable.

There are plans to use the results of this ambitious development project, which should be completed in 2012, for the first time in two large-scale international exhibitions by the State Museum of Archaeology Brandenburg in 2013 and 2014. In this context, it will be possible to put its function and suitability to a thorough test.

mexs systems

Ein interdisziplinäres Kooperations- und Entwicklungsprojekt für ein modulares Präsentationssystem

Ulf Daniel

Das Erscheinungsbild von Dauer- und Sonderausstellungen, die historische Artefakte präsentieren, wird derzeit maßgeblich von den vorhandenen marktüblichen Vitrinensystemen bestimmt. Individuell notwendige gestalterische und didaktische Akzente können nur unter hohem finanziellen und planerischen Aufwand in diese Systeme integriert werden. Ein komplettes Ausstellungssystem, das neben Vitrinen auch die Beleuchtung, Stellwände und Sockel – die eigentliche Ausstellungsarchitektur als Grundlage jeder Inszenierung – sowie die schlüssige Integration von Medientechnik umfasst, wird derzeit nicht auf dem Markt angeboten. Aus diesem Grund sind Museen und Institutionen dazu übergegangen, Vitrinenanlagen anzuschaffen, die auf spezielle projektbezogene und wirtschaftliche Anforderungen hin konzipiert und technisch angepasst wurden. Oft erfolgt die Verwendung nur für diesen einen Ausstellungszweck und die Entwicklungsarbeit wird selten im Hinblick auf eine Wiederverwendung hinterfragt oder dokumentiert. So entstehen sehr spezielle Produkte, die sich bei nur geringfügig veränderten Anforderungen schnell als ungeeignet erweisen. Oft werden diese speziell angeschafften Vitrinenanlagen von den Museen und Institutionen als Systeme bezeichnet, genau genommen handelt es sich jedoch lediglich um Sonderkonstruktionen verschiedener Hersteller. Die auf dem Markt erhältlichen Vitrinensysteme bestehen oft nur aus hohen Vitrinenkörpern aus Ganzglas, die rundum transparent sind. Sie dienen der reinen Präsentation von Objekten und bieten Schutz vor Berührung und Beschädigung. Eine Verfeinerung der Messmethoden zur Bestimmung von Schadstoffen führte in den letzten Jahren jedoch zu erheblich umfangreicheren konservatorischen Vorgaben für die Präsentation von Kunst und Kulturgut. Die vorhandenen Vitrinensysteme sind nur noch bedingt in der Lage, die einzelnen geforderten Parameter für eine präventive Konservierung zu erfüllen. Ausstellungssysteme mit einem ganzheitlichen Ansatz, die Überlegungen zu Wirtschaftlichkeit, Nachhaltigkeit, Ressourcenschonung, konservatorischen Anforderungen, inhaltlich-gestalterischer Flexibilität und technischen Aspekten vereinen, fehlen bisher gänzlich. Auch im Hinblick auf die Verbindungstechnik, Sicherheitsaspekte und die Revision werden die existierenden Systeme immer nur einigen Erfordernissen gerecht. Eine technische Adaption im Nachgang ist mit hohem finanziellen Aufwand verbunden. Nicht selten wird diese Problemstellung an den Ausstellungsproduzenten oder die ausführende Firma ungelöst weitergeleitet.

mexs systems

An Interdisciplinary, Cooperative Development Project for a Modular Presentation System

Ulf Daniel

At present, the nature of permanent and special exhibitions presenting historical artefacts is defined decisively by the existing systems of display cases generally available on the market. The integration of individually required design and didactic emphases into these systems calls for major efforts of financing and planning. There is no offer on the market today that provides a complete exhibition system encompassing not only the display cases but also lighting, dividing walls and pedestals—the actual exhibition architecture that is the foundation of any staging—as well as efficient integration of media technology. For this reason, museums and institutions have started to acquire sets of display cases that have been conceived and technically adapted to meet special, project-related and financial requirements. Often they are employed for only one exhibition and their development is seldom questioned or registered in terms of possible reuse. Very specialised products evolve, quickly proving unsuitable even when subsequent requirements are only slightly different. Frequently, these specially acquired display cases are referred to as systems by museums and institutions, but it would be more precise to describe them as special constructions produced by different manufacturers. Most systems of display cases available on the market consist only of tall display cabinets made entirely of glass, transparent from all sides. Their only functions are the presentation of objects and protection from touching and damage. In recent years, however, refined methods for measuring the level of pollutants has led to more all-embracing conservational stipulations for the presentation of art and cultural assets. The existing systems of display cases have only a limited capacity to fulfil the individually required parameters of preventative conservation. As yet, there is a complete lack of exhibition systems with an integral starting point, uniting considerations of economy, sustainability, the protection of resources, conservational demands, flexibility in terms of content and design, and technical aspects. The existing systems only meet their own standards with respect to linking techniques, safety aspects and revision, as well. Later technical adaptation calls for a considerable financial outlay. Often enough, this unresolved issue is passed over to the exhibition producers or the company implementing the exhibition architecture.

Today, in addition to applications for public money, the acquisition of third-party funding is necessary when planning a successful exhibition project. The sort of reliable project budget necessary for this acquisition can be calculated only with difficulty during the conceptual

Für die erfolgreiche Planung eines Ausstellungsprojektes ist heute neben der Beantragung öffentlicher Gelder auch die Akquise von Drittmitteln erforderlich. Das hierfür notwendige seriöse Projektbudget ist bei der konzeptionellen Vorplanung einer Ausstellung nur schwer zu ermitteln. Grobe Kostenschätzungen sind in diesem Stadium die Regel, da das konkrete Planungs- und Produktionsvolumen zu diesem Zeitpunkt noch nicht bekannt ist. Sobald das Projektbudget fixiert ist, sind aufgrund der bis dahin mehrfach modifizierten Anforderungen häufig kostenintensive und zeitraubende Umplanungen die Folge. Oft muss der Leistungsumfang neu dimensioniert und kalkuliert werden, da nun mit weniger Budget ein anspruchsvolleres Planungs- und Produktionsvolumen bewältigt werden muss. Das geht zu Lasten aller Beteiligten. Ein ganzheitliches modulares Ausstellungssystem würde die Planungssicherheit bei der Finanzierung und Realisierung deutlich erhöhen. Auch die museumstechnik berlin hat in der Vergangenheit zahlreiche Konzepte zur Produktion von Ausstellungseinrichtungen entwickelt, die auf spezifischen, projektorientierten Erfahrungen und empirischen Ermittlungen im Rahmen von realisierten Aufträgen beruhen und unter marktwirtschaftlichen Bedingungen durchgeführt wurden. Die Entwicklungsarbeit im Bereich der Scharnier- und Dichtungstechnik sowie der Klimatisierung und Beleuchtung, die auf diesen Erkenntnissen beruhen, wird in Zukunft aufgrund der stetigen technischen Entwicklung und der neuen Anforderungen im konservatorischen Bereich noch weiter vorangetrieben werden müssen. Parallel dazu muss die Analyse und Dokumentation des Planungs- und Produktionsprozesses ein integrativer Bestandteil der Entwicklungsarbeit werden. Eine nachhaltige und empirische Betrachtung der Gesamtzusammenhänge dieser Innovationen ist im Rahmen eines kommerziellen Projektes unter Termin- und Kostendruck nicht gegeben. Die gewonnenen Erkenntnisse und Erfahrungswerte bieten lediglich eine Orientierung, eine allgemeine Gültigkeit für Folgeprojekte kann jedoch nicht abgeleitet werden. Ein Erfahrungsaustausch mit den Museen und Institutionen über die Wirkungsweise und Funktionalität der entwickelten Systeme im Hinblick auf die konservatorischen Anforderungen erfolgt in der Regel nicht. Das Potenzial, bereits gewonnene projektimmanente Erkenntnisse wieder sichtbar und nutzbar zu machen, kann weder in der freien Wirtschaft noch in der wissenschaftlichen Tätigkeit der Museen allein geleistet werden. Die Zusammenführung von Museen, Gestaltern, Fachplanern und Produzenten im Vorfeld einer geplanten Ausstellung sollte als interdisziplinärer Entwicklungsprozess ein fester Bestandteil jedes Projektes werden. Findet dieser nicht statt, führt dies nicht selten zu Vorgaben, deren Gewichtung und Ausrichtung zu einseitig angelegt und im Kontext mit anderen, speziell definierten konservatorischen oder gestalterischen Anforderungen nicht zu realisieren sind. Dieses Spannungsfeld der Interessen macht deutlich, dass ein interdisziplinärer und integrativer Planungsansatz zukünftig wegweisend sein wird, um den gemeinsamen Herausforderungen zu begegnen.

Mit dieser Erkenntnis steht die museumstechnik berlin nicht allein da: Im Herbst 2009 ist das Brandenburgische Landesamt für Denkmalpflege und Archäologische Landesmuseum (BLDAM) und die Hochschule für Technik und Wirtschaft (HTW) Berlin mit einem innovativen Kooperations- und Entwicklungsprojekt für ein modulares Präsen-

planning phase of an exhibition. Rough cost estimates are the rule at this stage, since the actual volumes of planning and production are not yet known. Once the project budget has been fixed, costly, time-consuming replanning is often the consequence due to a repeated modification of requirements. It is frequently necessary to establish fresh dimensions and make new calculations about the range of services provided because a more demanding volume of planning and production needs to be managed with less budget. This puts a burden on all those involved. An integral, modular exhibition system would increase the certainty of planning markedly during both financing and realisation. In the past, museumstechnik berlin has developed many concepts for the production of exhibition architectures based on specific, project-oriented experience and empirical investigations carried out within the context of completed contracts and market economy conditions. The development of hinging and sealing technology, as well as air-conditioning and lighting based on these insights must be taken even further in future, due to the continual technical developments and new demands being made in the field of conservation. Parallel to this, analysis and documentation of the planning and production process must become an integrated aspect of development work. Lasting empirical observation of the overall contexts of such innovations is impossible in the context of a commercial project, under pressure of time and money. The insights and valuable experiences gained offer only limited orientation; it is impossible to deduce any universal validity for subsequent projects. As a rule, there is no exchange of experience with museums and institutions concerning the functionality and effectiveness of the developed systems with respect to conservational requirements. The potential to revisualise previous project-immanent insights and thus reapply them cannot be realised, either on the free market or in the museums' scientific work alone. Bringing together museums, designers, specialist planners, and producers for an interdisciplinary development process in advance of any planned exhibition should be a firm component of every project. If this does not happen, it often leads to one-sided orientation and emphasis on parameters that cannot be fulfilled in the context of other, specifically defined conservational or design requirements. This field of conflicting interests underlines the fact that an interdisciplinary, integrative planning approach is necessary to tackle the challenges we all face in the future.

museumstechnik berlin did not come to this conclusion alone: in autumn 2009 the Brandenburgische Landesamt für Denkmalpflege und Archäologische Landesmuseum (Brandenburg State Office for the Preservation of Monuments and State Archaeological Museum, BLDAM) and the Hochschule für Technik und Wirtschaft (College of Technology and Industry, HTW) Berlin approached us with an innovative cooperative and development project to devise a modular presentation system combining science, research, and practical work as a matter of course. In this research project, which is being sponsored by the Federal Ministry of Industry and Technology within the context of the Central Innovation Programme for Medium-Sized Companies (Zentraler Innovationsprogramm Mittelstand, ZIM-KOOP), the cooperating museums, research institutions, and companies are being given the opportunity to organise a prac-

tationssystem an uns herangetreten, das Wissenschaft, Forschung und Praxistätigkeit wie selbstverständlich miteinander verbinden soll. In diesem Forschungsprojekt, das vom Bundesministerium für Wirtschaft und Technologie im Rahmen des Zentralen Innovationsprogramms Mittelstand (ZIM-KOOP) gefördert wird, erhalten die kooperierenden Museen, Forschungsinstitute und Unternehmen die Möglichkeit, den praxisbezogenen Entwicklungsprozess in einem außergewöhnlichen interdisziplinären Zusammenschluss jenseits eines wirtschaftlichen Verwertungsdrucks anzulegen. Existierende praxisbezogene Entwicklungen werden aufbereitet, wissenschaftlich verifiziert, allgemein zugänglich gemacht und technologisch und ästhetisch neu bewertet. Das Ziel dabei ist es, die Ergebnisse wissenschaftlich fundiert in einen Verwertungskreislauf zu stellen, der von allen Beteiligten – die von Museen und Instituten bis zu den Produzenten reichen – abgerufen werden kann. Die Neuartigkeit des geplanten Systems besteht darin, es für eine Vielzahl anderer Aspekte, wie zum Beispiel spezielle Anwendungen in der Auswertung von Klimadaten oder konservatorisch unbedenkliche Beleuchtung vorzuhalten und damit optionale technische Lösungen zur Verfügung zu stellen, die je nach gestalterischer, konservatorischer oder sicherheitstechnischer Notwendigkeit additiv eingesetzt werden können. In die Entwicklung des Systems fließen die neuesten Erkenntnisse der beteiligten Forschungsinstitutionen zu den Schwerpunkten Konservierungswissenschaften und Materialemissionen ein sowie innovative Unternehmenslösungen für eine wegweisende Objektüberwachung.
Um die hochgesteckten Ziele in der Realisierung des modularen Ausstellungssystems zu gewährleisten sowie bei zukünftig zu planenden Sonderbauten in einem weiterführenden gestalterischen Kontext zu berücksichtigen, werden die verwendeten Materialien nicht nur im Einzelnen, sondern auch in ihrem jeweiligen spezifischen Verbund auf mögliche das Objekt schädigende Stoffe getestet. Unbedenklich eingestufte Materialien werden im Verbund mit Zusatzstoffen auf ihre Wechselwirkung untersucht, da sie in der Praxis bei der Konfektionierung von Museumsausstattungen bislang kaum berücksichtigt wurden. Diese Vorgehensweise greift den bisher vorgeschriebenen und angewendeten Prüfungsmethoden weit voraus. Die museumstechnik berlin kann mit dieser anspruchsvollen Aufgabenstellung ihre jahrelange, praxisorientierte Erfahrung in der Planung und Konstruktion einfließen lassen. Die neuartige Vernetzung unseres umfangreichen Erfahrungsschatzes und der eigenen Ressourcen mit den teilnehmenden Partnern stellt eine besondere Herausforderung dar, die unserer Meinung nach in der Zukunft immer wichtiger werden wird. Die bereits realisierten Planungsabschnitte bestätigen die Zielsetzung und ihre Tragfähigkeit sowie die Effizienz dieser Arbeitsstrategie mit ersten vielversprechenden Erfolgen. Für die Forschungs- und Entwicklungsgemeinschaft ergibt sich die einmalige Chance, planerisch und technologisch neue, wegweisende Akzente zu setzen und einen außergewöhnlichen Weg in der Ausstellungsgestaltung einzuschlagen, der gleichermaßen innovativ wie nachhaltig ist.

tice-oriented development process in an unusual interdisciplinary union, without the economic pressures of immediate utilisation. Existing practice-related developments are adapted, scientifically verified, made generally available, and re-evaluated technologically and aesthetically. The aim is to place the scientifically founded results within a utilisation cycle, which can be called up by all those participating—a group ranging from museums and institutes to manufacturers. The innovative quality of the planned system lies in its openness to a large number of other aspects, e.g., special applications in the evaluation of climate data or conservationally effective lighting. In this way, optimal technical solutions are made available and can be employed in an additive way according to individual requirements of design, conservation, or security technology. The latest insights of the participating research institutions regarding the main questions of conservational science and material emissions are incorporated into the development of the system, as well as innovative business solutions for path-breaking object surveillance.

In order to fulfil these ambitious aims to realise a modular exhibition system, as well as to take them into account within a more advanced design context when special constructions are planned in the future, the materials used are tested for possible pollutants that may damage objects—not only separately but also in relevant combinations. Materials rated as completely safe are tested for their interaction with other materials in a way that has rarely been practised in the previous manufacture of museum fittings and equipment. The new approach goes much further than stipulated by any tests applied in the past. museumstechnik berlin is able to integrate its many years of practice-oriented experience in planning and construction into this demanding assignment. Innovative networking of our extensive store of experience and resources with the other participating partners represents a particular challenge, which we believe will become increasingly important in future. The first promising success in the planning stages so far tested certainly confirms the set targets and their tenability as well as the efficiency of this particular working strategy. A unique opportunity is emerging for the research and development group to set new, pioneering standards in planning and technology and to adopt an unusual path in exhibition design; one that is both innovative and sustainable.

[Hotel Bayerischer Hof]

Beleuchtung für das Blue Spa von Andreé Putman im Münchner Traditionshotel

Franziska Eidner

Das Hotel Bayerischer Hof wurde einst auf Wunsch König Ludwigs I. eröffnet, um dessen Gäste standesgemäß unterbringen zu können. Seit etwa 100 Jahren befindet sich das Luxushotel nun in Familienbesitz und umfasst heute 345 Zimmer und 40 Tagungsräume. Darüber hinaus bietet der Bayerische Hof seinen Gästen verschiedene gastronomische Einrichtungen und das neu entstandene, vielfach ausgezeichnete „Blue Spa". Der 1200 Quadratmeter große Wellnessbereich wurde von 2002 bis 2005 nach Entwürfen von Andrée Putman komplett umgestaltet. Putmans Pariser Büro beauftragte die museumstechnik berlin mit der Lichtgestaltung und Ausführungsplanung, nachdem man zuvor bereits bei der Inneneinrichtung der Konzernzentrale der Preussag AG in Berlin erfolgreich zusammengearbeitet hatte.
Die renommierte französische Designerin Andreé Putman gilt als „Grande Dame des gehobenen Geschmacks" (*Süddeutsche Zeitung*, 24. November 2006). „Ihr cleaner Stil, unkompliziert, jedoch reich an spannenden Architektur- und Designdetails, entspricht voll und ganz meiner Auffassung von Luxus", schrieb Innegrit Volkhardt, die den Bayerischen Hof leitet und den Umbau maßgeblich verantwortete, über die Zusammenarbeit mit der renommierten Innenarchitektin. Insgesamt wurden drei Etagen des Traditionshauses aufwendig umgestaltet. Neben einem Pool, einer Sauna, einem Beautycenter und Fitnessstudio gehört unter anderem auch ein 108 Quadratmeter großer Dachgarten zum Wellnessbereich. Andreé Putman gab für die Beleuchtung der einzelnen Bereiche eine präzise Gestaltungslinie vor, überließ der museumstechnik berlin jedoch mit einem hohen Maß an Vertrauen die Umsetzung ihres fast poetisch anmutenden Konzeptes in technisch realisierbare Elemente.
„Auf dem Dach dieses Hotels findet sich eine einzigartige Oase: ein schimmernder Pool im Herzen eines luxuriösen Gartens. Besucher werden vom Spiel des Lichts und der Materialien in das Spa geleitet", mit diesem Stimmungsbild beschreibt das Büro Andreé Putman SARL den Entwurf in seiner Internetpräsenz. Um das Spiel zwischen Licht und Materialität umsetzen zu können, wurden von der museumstechnik berlin zahlreiche Sonderkonstruktionen und Technologien entwickelt. Die verschiedenen Nutzungszonen – vom Schwimmbad über den Schönheitssalon bis hin zu den Pflanzenanlagen auf dem Dachgarten – stellten dabei zusätzliche Anforderungen an die Verbindung von Funktionalität mit hochwertigen Materialien und ungewöhnlichen Formen.
So entwickelte die museumstechnik berlin eine spezielle Technologie, um kunststoffgebundene Papierstrukturen auf durable Oberflächen wie Acrylglas aufbringen zu können. Im Saunaareal wurden zur Inszenierung des Zugangsbereichs Trittsteine unterleuchtet. Damit Lampions frei im Dachgarten platziert werden konnten, wurde eine tragbare Lösung mit Akkus entwickelt. Um die komplexen Formen für die Acrylglasverkleidung der Leuchten realisieren zu können, wurden die entsprechenden Berechnungsgrundlagen für die Warmverformung erstellt. So zählen heute Beleuchtungselemente wie die gedrehten Lampions neben dem mit blauen Mosaiksteinen versehenen Schwimmbecken zu den prägnantesten und meistfotografierten Elementen des Entwurfs von Andrée Putman. „Der Französin gelang es, klare Linien, edelste Materialien, innovatives Design und Lichttechniken in zeitloser Eleganz zu vereinen", urteilte das Fachmagazin *Spa World Business* auch noch fünf Jahre nach der Eröffnung des Blue Spa (*Spa World Business*, 3/2010).

1

1 Beleuchtete Lampions erzeugen die Abendstimmung im Schwimmbad. | Illuminated lanterns create the evening mood by the swimming pool.

2

2 Prototyp der Sushi-Leuchte | Prototype of the Sushi lamp

3 + 4 Impressionen aus dem Schwimmbad bei Tageslicht | Daytime impressions of the swiming pool

4

3

Hotel Bayerischer Hof

Lighting for the Blue Spa by Andreé Putman in the Traditional Munich Hotel

Franziska Eidner

The Hotel Bayerischer Hof was first opened to meet King Ludwig I's desire to accommodate his guests in a manner suited to their station. The luxury hotel has been owned by a family company for about one hundred years now; today, it comprises 345 bedrooms and forty conference rooms. In addition, the Bayerischer Hof offers its guests a number of different restaurants and the newly developed "Blue Spa," which has already won several awards. The spa area of 1,200 square metres was rejuvinated completely on the basis of designs by Andrée Putman between 2002 and 2005. Putman's Paris office commissioned museumstechnik berlin to design the lighting and plan the realisation of these conversion measures after previous successful cooperation on the interior design of the Preussag AG's company headquarters in Berlin.

The acclaimed French designer Andreé Putman is regarded as the "grande dame of superior taste" (*Süddeutsche Zeitung*, 24 November 2006). "Her clean style, uncomplicated yet with a wealth of exciting details in architecture and design, corresponds fully with my idea of luxury," Innegrit Volkhardt, who runs the Bayerischer Hof and was responsible for the conversion measures, wrote of her cooperation with the acclaimed interior designer. In all, three floors of the traditional hotel were redesigned extensively. In addition to a pool, a sauna, a beauty centre and a fitness studio, the spa area also includes a roof garden measuring 108 square metres. Andreé Putman defined the exact design principle for lighting of each of these separate areas, but demonstrated a great measure of trust by making museumstechnik berlin responsible for the implementation of her almost poetic concept, seeking technically feasible solutions.

"On the roof of this hotel one finds a true oasis: a shimmering pool in the centre of a luxurious garden. Visitors are led through the spa by a play of light and the materials used," in the words of the design's atmospheric description published by the office Andreé Putman SARL on its Internet site. In order to realise the interplay between light and materiality, museumstechnik was required to develop many special constructions and technological components. The different functional zones—from swimming pool to beauty salon and even the layout of plants in the roof garden—made additional demands on the agency's successful combination of functionalism, high-quality materials, and unusual forms. And so museumstechnik berlin developed a special technique with which to attach paper structures bound in plastics onto durable surfaces such as acrylic glass. To create a special mood in the sauna, stepping stones in the access area were lit from below. Even materials containing paper were used to produce the effect of scattered light around the swimming pool, and stepping stones were lit from below in the sauna area.

So that lanterns could be arranged freely around the roof garden, a portable solution was developed using rechargeable batteries. In order to realise the complex shapes of the lamps' acrylic glass casings, museumstechnik berlin made the corresponding calculations for thermoforming. As a result, now lighting elements such as the twisted lanterns beside the swimming pool with its blue mosaic stones are among the most striking, most frequently photographed elements of Andrée Putman's design.

"The French designer has succeeded in combining clear lines, the best-quality materials, and innovative design and lighting technology with timeless elegance," as the specialist magazine *Spa World Business* commented as many as five years after the opening of the Blue Spa (*Spa World Business*, 3/2010).

Geoskop

Ein „Erdbetrachter" auf dem Marktplatz Halle (Saale)

Franziska Eidner

Mitten im Stadtzentrum von Halle an der Saale lassen sich tiefe Einblicke in ein äußerst seltenes geologisches Phänomen gewinnen. Mit dem von der museumstechnik berlin entwickelten Geoskop können Besucher auf dem Hallenser Marktplatz fünf Meter unter die Erdoberfläche schauen. Hier verläuft die so genannte „Halle-Störung", die den wirtschaftlichen und kulturellen Aufstieg der Stadt maßgeblich begründete.
Gegen Ende der Kreidezeit brach im heutigen Raum Halle eine Erdscholle auseinander. Ihre Teile schoben sich im Laufe mehrerer Millionen Jahre übereinander. Im Ergebnis dieser unterirdischen Verwerfung, bei der Gesteinsschichten unterschiedlichen Alters aufeinandertrafen, bildeten sich Solequellen. Die Salzförderung wiederum bestimmte die Entwicklung von Halle nachhaltig. Deshalb entschloss sich die Stadt anlässlich ihres 1200-jährigen Jubiläums im Jahr 2006, auch ihre geologischen Fundamente öffentlich zugänglich oder vielmehr anschaulich zu machen. Zumal die Bruchstelle unter dem heutigen Marktplatz verläuft, der vom Landschaftsarchitekturbüro Rehwaldt umfangreich umgestaltet wurde. Das von den Dresdner Planern erklärte Ziel der Neugestaltung war es, „durch zielgerichtete Interventionen" einen „Kultur-Raum, der in angemessener Weise sowohl Alltagsfunktionen erfüllt als auch eine neue städtebauliche Qualität entwickelt", zu begründen. Es galt daher auch, das als Geoskop bezeichnete Beobachtungsinstrument auf die neue Gesamtgestaltung hin abzustimmen.
Die museumstechnik berlin war sowohl für die Konzeption und Konstruktion als auch für die Montage der Installation zuständig. In einen Schacht wurde ein Okular aus Edelstahl mit einem Durchmesser von etwa zwei Metern eingelassen. Mit ihm lassen sich zwei circa fünf Meter lange Spiegel manuell steuern, die so Einblicke ins Erdreich auf die auch als „tiefe Fuge" bezeichnete Bruchstelle gewähren. Für die mehr als anderthalb Tonnen schwere Last wurde eigens eine entsprechend stabile und wartungsfreie Rollenführung konzipiert. Schließlich ist die Anlage ganzjährig in Betrieb. Schwankungen von Temperatur und Luftfeuchte werden über eine speziell abgestimmte Klimatisierung der Innenluft reguliert. Eine Verschmutzung des Innenbereichs etwa durch Außenstaub in den Fugen des Drehkranzes wird über einen leicht erhöhten Innendruck in der gesamten Anlage verhindert. Zudem ist die Edelstahlkonstruktion durch den Einsatz einer hierzu entwickelten Oberflächenbearbeitung schmutz- und witterungsresistent sowie rutschfest – mehre 10.000 Besucher betreten die Plattform im Jahr. Neben diesen sicherheits- und wartungstechnischen Effekten konnten mit Hilfe der speziellen Sandstrahltechnik zudem auch eine ästhetisch ansprechende Gestaltung realisiert und grafische Elemente durch den Gegensatz von unbearbeitetem und bestrahltem Stahl integriert werden.
Bereits die Installationsarbeiten am Geoskop wurden mit großem öffentlichem Interesse begleitet. Nach der offiziellen Einweihung des neuen Marktplatzes bezeichnete die *Mitteldeutsche Zeitung* das von interessierten Bürgern dicht umringte Geoskop neben dem Goldsole-Brunnen als „eigentliches Highlight der Neugestaltung" (*Mitteldeutsche Zeitung*, 12. Mai 2006).

1

2

1 + 2 Ansichten des Geoskops auf dem Marktplatz in Halle | Views of the geoscope on Halle market place

3

4

5

3–5 Detailansichten des Geoskops, im Hintergrund die Marktkirche | Detail views of the geoscope with the market church in the background

Geoscope

An "Earth Viewer" on the Marketplace of Halle (Saale)

Franziska Eidner

At the heart of Halle an der Saale's city centre, it is possible to get a deep insight into an extremely rare geological phenomenon. Using the geoscope developed by museumstechnik berlin, visitors to Halle marketplace can see five metres below the earth's surface and view the course of the so-called Halle-fault, which played a decisive part in the economic and cultural rise of the city. Towards the end of the Cretaceous period, a mass of earth in the region of today's city broke apart; in the course of several million years, those parts formed overlapping strata. Salt deposits developed due to this underground fault and the conjunction of stone strata from different ages. In turn, the extraction of the salt permanently influenced the development of Halle. Thus, on the occasion of its 1,200th anniversary in 2006, the city decided to make its geological foundations accessible or at least visible to the public, especially as the site of the fault is beneath today's marketplace, which was being redesigned extensively by the Rehwaldt office of landscape architects. The aim of the new design as announced by the Dresden-based planners was to establish a "cultural space, which fulfilled—in a suitable way—everyday functions as well as developing a new urban developmental quality by means of purposeful interventions." This made it necessary to fit the observation instrument known as a geoscope into the square's new overall design. museumstechnik berlin was responsible for its conception and construction, as well as for assembling the installation. A stainless steel ocular was sunk into a shaft with a diameter of about two metres. This makes it possible to control manually two circa five-metre-long mirrors, which provide insights into the earth and the fault, which is also described as a "deep seam." A correspondingly stable, easy-maintenance roller guide was especially planned to take the weight of more than one-and-a-half tons: the system is operated all the year round. Variations in temperature and air humidity are regulated by means of a specially adjusted inner air-circulation system. Contamination of the interior—e.g., by external dust in the grooves of the rotating assembly—is prevented by raising the inner pressure of the whole system slightly. In addition, the stainless steel construction is resistant to dirt and weather and also slip-fast due to a specially developed surface finish–more than 10,000 visitors step onto the platform every year. Besides these aspects of security and maintenance technology, it has also been possible to realise an aesthetically pleasing design and to integrate graphic elements using the contrast between unprocessed and sand-blasted steel with the help of museumtechnik's special technique.

The work to install the geoscope already met with great public interest. After the official inauguration of the new marketplace, the *Mitteldeutsche Zeitung* described the geoscope near the "Goldsole" fountain, around which a tight crowd of interested citizens had gathered, as the "actual highlight of the new design" (*Mitteldeutsche Zeitung*, 12 May 2006).

Aquasonum himmelblau

Eine dauerhafte Klang-, Licht- und Wasserinstallation im Bayerischen Wald

Franziska Eidner

Eine interaktive Wasserorgel mit Fontänen, Klangspielen und Unterwasserleuchten hat der Komponist und Klangkünstler Erwich Stache für die bayerische Regionalgartenschau in Waldkirchen 2007 kreiert. Für die technische Planung, Konstruktion und Montage des Aquasonum himmelblau war die museumstechnik berlin zuständig.
Seit 1995 veranstaltet das Land Bayern neben den großen Landesgartenschauen so genannte Regionalgartenschauen. Ziel der zweijährig stattfindenden Reihe „Natur in …“ ist es, die „Grün- und Erholungsstrukturen in der ausrichtenden Gemeinde“ konkret zu verbessern, wobei „Kreativität und Experimentierfreude das besondere Kennzeichen dieser im Vergleich zu Landesgartenschauen bescheideneren und kürzeren Veranstaltungsreihe“ sein sollen. Die Stadt Waldkirchen im Bayerischen Wald verfolgte für die 6. Regionalgartenschau unter dem Motto „aufwärts. himmelwärts – und alles zaubert dich nach oben“ eine dezentrale Präsentationsstrategie.
Das Gestaltungskonzept von Rehwaldt Landschaftsarchitekten verbindet die Kernzone der Gartenschau – den neu entstandenen Stadtpark – über einen vier Kilometer langen Rundweg mit der historischen Innenstadt und weiteren Standorten in und um Waldkirchen. Dazu zählt auch der Karoli im Bayerischen Wald, auf dem sich das Aquasonum befindet. Über Sensorflächen und elektronische „Augen“ lassen sich hier interaktiv in einem acht mal drei Meter großen Wasserbecken Klänge und Fontänen erzeugen. Über die Klaviatur der Wasserorgel können Besucher so ihre eigene Wassermusik komponieren. Die Anlage ist ganzjährig in Betrieb.
Auf Empfehlung des Dresdner Büros Rehwaldt, mit dem die museumstechnik berlin bereits am Geoskop für den Hallenser Marktplatz zusammengearbeitet hatte, wurden die Berliner Ausstellungs- und Installationsexperten mit der technischen Planung und Ausführung des Aquasonums beauftragt. Die für das Geoskop entwickelte und im Dauereinsatz bewährte Oberflächenbehandlung kam bei dieser Klang-Wasser-Licht-Installation ebenso zum Einsatz wie das Belüftungs- und Dichtungssystem. Das Gehäuse für die elektronischen Bauteile der Wasserorgel wurde aus Glas und Edelstahl konstruiert und mit Sandstrahlern sowie einem Spezialwachs bearbeitet, um die Rutschfestigkeit, Schmutzresistenz und Witterungsbeständigkeit zu erhöhen. Schwankungen von Temperatur und Luftfeuchte werden analog zum Geoskop über ein Umluftsystem reguliert.
Waldkirchen gilt als einer der erfolgreichsten Präsentationsorte einer bayerischen Regionalgartenschau. „Die Gartenschau Natur in Waldkirchen lockte um die Hälfte mehr Besucher als anfänglich erwartet,“ bilanzierte der damalige bayerische Umweltstaatssekretär Otmar Bernhard zur Abschlusspressekonferenz am 31. August 2007. „Sie hat eine ‚Grüne Brücke‘ ins böhmische und oberösterreichische Umland geschlagen. Nicht nur Waldkirchen und sein Umland, sondern das ganze Drei-Länder-Eck werden davon dauerhaft profitieren.“ In nur 66 Tagen wurde die Gartenschau von mehr als 230.000 Gästen besucht. Noch heute zählt das Aquasonum himmelblau zu den vor allem bei Kindern beliebtesten Attraktionen auf dem Waldkirchner Gartenschau-Rundweg.

1

1 Das Aquasonum auf dem Karoli im Bayerischen Wald | The Aquasonum in the Karoli Park, Forest of Bavaria

2

3

2 + 3 Detailansichten der „Klaviatur“ | Detail views of the “keyboard”
4 Freigestellter Schriftzug in der aufwändig bearbeiteten Oberfläche | Writing outlined in the sand-blasted surface

4

[Aquasonum Skyblue]

A Permanent Sound, Light and Water Installation in the Forest of Bavaria

Franziska Eidner

Composer and sound artist Erwich Stache created an interactive hydraulic organ with fountains, chimes, and underwater lights for the Regional Garden Show Waldkirchen, Bavaria in 2007. museumstechnik berlin was responsible for the technical planning, construction and assembly of the "Aquasonum skyblue." Since 1995, the state of Bavaria has been organising so-called regional garden shows in addition to its major state garden shows. The aim of the biennial series "Nature in …" is to make concrete improvements to the "recreational structures and natural green areas in the community which presents the show," whereby "the main characteristics of this series of events (should be) creativity and experimental enthusiasm. They will also be more modest and shorter by comparison to state garden shows." The town of Waldkirchen in the Forest of Bavaria pursued a decentralised strategy of presentation for the 6th Regional Garden Show, the motto of which was "onwards. skywards – a lift from the magical."

The design concept by Rehwaldt landscape architects included a four-kilometre-long, circular path linking the heart of the garden show—the newly created municipal park—to the historic inner city and other locations in and around Waldkirchen. One of those locations is the "Karoli park" in the Forest of Bavaria, where the Aquasonum is situated. Sensors and electronic "eyes" make it possible to trigger sounds and fountains interactively in a pool measuring eight by three metres. Using the keyboard of the hyraulic organ, visitors can compose their own water music in this way. The system operates all year round.

On the recommendation of the Dresden-based Rehwaldt office—with which museumstechnik berlin had cooperated to create the geoscope for Halle marketplace—the Berlin exhibition and installation experts received the contract for the Aquasonum's technical planning and realisation. The surface finishing, developed for the geoscope and now tried and tested in permanent use, was also used for this sound-water-light installation, as well as the same ventilation and sealing system. The casing for the hydraulic organ's electronic components was made of glass and stainless steel and sand-blasted, as well as being treated with special wax in order to reduce slipping and improve resistance to dirt and the influence of weather conditions. Variations in temperature and humidity are regulated in a similar way to the geoscope using an air recirculation system, and the interior is protected from dirt by a maintenance door.

Waldkirchen is regarded as one of the most successful venues to stage a Bavarian regional garden show. "The garden show 'Nature' in Waldkirchen attracted more than 50 per cent more visitors than originally expected," according to the Bavarian secretary of state for the environment Otmar Bernhard, summing up at the show's final press conference on 31 August 2007. "It constructed a 'green bridge' to the surrounding regions of Bohemia and Upper Austria. Not only Waldkirchen and the surrounding area, but the border triangle of countries here will continue to benefit from it for a long time to come." In only sixty-six days, the garden show was seen by more than 230,000 visitors. Even today, the Aquasonum skyblue is still one of the most popular attractions—especially with children—along the circular garden show footpath in Waldkirchen.

display today

Werte und Normen für die „Präventive Konservierung"

Uwe Kolb

Beleuchtungsstärke, Luftfeuchtigkeit und Temperatur, das waren die relevanten Parameter, wenn man in den Zeiten der Gründung der museumstechnik berlin, Mitte der 1980er Jahre, Exponate ausstellen wollte. Und dies alles war mit recht einfachen Mitteln messbar. Es gab das Luxmeter, um die magischen 50 Lux zu ermitteln, die – oftmals als mythische Größe – die Helligkeit der Beleuchtung begrenzte. Und es gab den Thermohygrographen – vom Design her fast selbst ein Exponat –, der zuverlässig die relative Feuchte und Temperatur anzeigte und aufzeichnete und in keiner Ausstellung fehlen durfte. Allein das Vorhandensein und die Benutzung dieser Geräte waren manchmal ausreichend, um einen sorgsamen und verantwortungsbewussten Umgang mit den gezeigten Exponaten zu vermitteln. Von viel größerer Bedeutung für uns war jedoch die Berechenbarkeit der Angaben. Es gab Lux, %rF und °C, in denen verbindliche Vorgaben für die kritischen Exponate gemacht wurden. Der Umfang der erforderlichen Maßnahmen war dadurch zuverlässig zu bestimmen und wurde gemeinsam von den Restauratoren, den Gestaltern und den planenden Architekten festgelegt. Für die ausführenden Firmen, wie die museumstechnik berlin, war es dann relativ einfach und nachvollziehbar, den erforderlichen Aufwand zu bestimmen und entsprechend zu kalkulieren. Missverständnisse oder Unklarheiten in der Beschreibung waren selten und konnten in der Regel durch Rückfragen schnell ausgeräumt werden.

display today

Values and Norms for Preventative Conservation

Uwe Kolb

Light intensity, humidity and temperature; those were the relevant parameters for people wishing to show exhibits at the time around the foundation of museumstechnik berlin in the mid-nineteen-eighties. And all of them could be measured using quite simple means. There was the lux metre to measure the magical 50-lux, which—though often a mythical dimension—limited the brightness of the lighting. And there was the thermo-hygrograph—its design making it almost an exhibit in itself—which reliably indicated and recorded relative humidity and temperature and was quite essential in every exhibition. Sometimes, the mere presence and use of these devices was sufficient to convey careful and responsible handling of the exhibits on show. Far more important to us, however, was the calculability of the information. The binding stipulations for the critical exhibits were in lux, RH% and °C. In this way, the extent of the measures necessary could be determined accurately, and they were fixed in collaboration with the restorers, the designers and the planning architect. The companies putting things into effect, like museumstechnik berlin, had a relatively easy and straightforward job to determine the necessary time and effort required and calculate costs accordingly. There were very few misunderstandings or doubtful areas and as a rule they could soon be sorted out simply by asking again. In the light of today's insights and from today's standpoint, there can be no question: this represented very simplified, sometimes unscientific—

Dass dieser stark vereinfachte, teilweise unwissenschaftliche und nicht auf empirischen Forschungen und Erkenntnissen beruhende Umgang mit Exponaten aus heutiger Sicht und mit heutigem Wissensstand zu nachhaltigen, teilweise sogar bedenklichen Schädigungen der Exponate führen musste, steht außer Frage. Die fachgerechte „Präventive Konservierung", die Maßnahmen zur Verbesserung der Umgebungsbedingungen umfasst und die Vermeidung von Schäden an Kunstwerken, Ausstattung und Gebäuden ohne direkten Eingriff am Objekt zum Ziel hat, erlangt heute in unserem musealen Arbeitsfeld eine immer größere Bedeutung. Dies gilt nicht nur für die Umgebungsbedingungen von Exponaten in Dauerausstellungen, sondern auch ganz besonders für die temporäre Zurschaustellung. Auch hier ist die langfristige Erhaltung von Kunstwerken sowie die Schadensvermeidung bzw. die Verringerung des Schadensrisikos im Vorfeld ein übergeordnetes Thema. Gerade die immer beliebter werdenden Sonderausstellungen, in denen themenbezogen Exponate aus über die gesamte Welt verstreuten Museen gezeigt werden, machen es unabdingbar, einheitliche Standards und Normen für den Umgang mit den Exponaten und damit für die „Präventive Konservierung" zu schaffen. Nur so kann den „verleihenden" Museen zuverlässig die Sicherheit ihrer Exponate gewährleistet werden. Hieran aber fehlt es bisher noch in fast allen Belangen. Nicht nur nationale Alleingänge bestimmen die Szenerie. In Deutschland liegt die Verantwortlichkeit für die Definition dessen, was eine optimale „Präventive Konservierung" von Exponaten darstellt, letztlich bei jedem Museum selbst. Einheitliche Standards gibt es nicht und deren Schaffung ist zum jetzigen Zeitpunkt noch in weiter Ferne. Am ehesten ist eine Entwicklung in diesem Sinne vonseiten der Forschung und Lehre zu erwarten. Die Universitäten sind im Zuge des Bologna-Prozesses bestrebt, einheitliche Studienschwerpunkte zu installieren und ergebnisorientierte und allgemeinverbindliche Lösungsansätze zu entwickeln. So hat die Hochschule für Angewandte Wissenschaft und Kunst in Hildesheim einen Bachelor-Studiengang „Präventive Konservierung" eingeführt; im Rahmen des Studiengangs Konservierung und Restaurierung/Grabungstechnik an der Hochschule für Technik und Wirtschaft Berlin (HTW) ist die Fachrichtung „Präventive Konservierung" ein wesentlicher Baustein. Der Verband der Restauratoren (VDR) e.V., der als berufsständische Vertretung den Bologna-Prozess begleitet, hat 2005 die Fachgruppe „Präventive Konservierung" gebildet, um dem Thema eine geeignete Informations- und Diskussionsplattform zu bieten. Auch die Fraunhofer-Gesellschaft widmet sich in einigen Instituten der Präventiven Konservierung. Das Fraunhofer Wilhelm-Klauditz-Institut (WKI) in Braunschweig bearbeitet seit den 90er Jahren Themen der Präventiven Konservierung mit dem Schwerpunkt auf Materialemission, Luftqualität und zerstörungsfreien Untersuchungsmethoden. Das Fraunhofer-Institut für Bauphysik (IBP) in Holzkirchen hat seit einigen Jahren eine Arbeitsgruppe „Denkmalpflege und Prä-

not based on empirical research and findings—handling of exhibits, which was sure to result in lasting, sometimes even serious damage to them. Expert preventative conservation, which encompasses measures to improve environmental conditions and aims to avoid damage to artworks, equipment and buildings without direct interventions into the object, is becoming more and more significant within our field of work in museums today. This is not only true of the environmental conditions for exhibits in permanent exhibitions, but also and in particular for temporary presentation. Here, too, the long-term conservation of artworks and the avoidance of damage, or rather a reduced risk of damage is a major theme in advance planning. The increasingly popular special exhibitions, whereby related exhibits from museums scattered across the world are shown, make it particularly necessary to create uniform standards and norms for the handling of exhibits and thus for preventative conservation. It is only possible in this way to guarantee to the "lending" museums—in a reliable manner—that their exhibits will be safe and secure. To date, however, there is very little sign of this anywhere. The scene is not only defined by a lack of international collaboration. In Germany, the ultimate responsibility for determining the optimal preventative conservation of exhibits lies in the hands of each individual museum. There are no uniform standards and their creation still appears to be a distant aim at present. Any developments here are most likely to come from the side of research and teaching. In the course of the Bologna process, our universities are striving to install uniform specialist study programmes and to develop results-oriented, universally binding solutions. Thus, for example, the Hochschule für Angewandte Wissenschaft und Kunst (College of Applied Art and Science) in Hildesheim has introduced a bachelor degree course in preventative conservation, and the specialist field of preventative conservation is a key component of the course in Conservation and Restoration / Excavation Techniques at the College of Industry and Technology (HTW) in Berlin. Meanwhile, the Association of Restorers (VDR), which is representing the profession throughout the Bologna process, has formed the specialist group "Preventative Conservation" in order to provide a suitable platform for information and discussion on the subject. The Fraunhofer Society is also concerned with preventative conservation at several of its institutions. The Frauenhofer Wilhelm Klauditz Institute (WKI) in Brunswick has worked on issues of preventative conservation since the nineties, with an emphasis on material emissions, air quality, and non-damaging investigation methods. The Frauenhofer Institut für Bauphysik (IBP) in Holzkirchen has been running a separate working group for "The Preservation of Monuments and Preventative Conservation" for several years now. Nevertheless, the situation remains unclear and consequences for the exhibition-makers are sometimes extremely serious. On the one

ventive Konservierung“. Trotzdem bleibt die Lage unübersichtlich und die Konsequenzen für die Produzenten von Ausstellungen sind mitunter gravierend. Auf der einen Seite sind Restauratoren, Ausstellungsgestalter und Ausstellungsarchitekten verpflichtet, die Maxime einer Präventiven Konservierung bestmöglich einzuhalten. Auf der anderen Seite fehlen ihnen bei der Umsetzung von Ausstellungsvorhaben die Instrumente in Form von verbindlichen Normen und Standards, mit denen diese idealen Bedingungen erreicht werden können. Was bedeutet das im Ergebnis? Eine Grauzone entsteht, der nur mit der frühzeitigen Einbindung von fachlicher Beratung und Planungskompetenz und mit der Festlegung von internationalen Standards, analog zu denen der technischen Gebäudeausstattung – wie etwa für Heizung, Klima und Lüftung – entgegengewirkt werden kann. Bereits bei der Grundlagenermittlung für ein Ausstellungsprojekt, die in der Leistungsphase 1 der Honorarordnung für Architekten und Ingenieure (HOAI) festgelegt ist, werden der gesamte Leistungsbedarf sowie die Entscheidungshilfen für die Auswahl anderer an der Planung fachlich Beteiligter formuliert. In diesem frühen Stadium werden die Weichen für die Parameter in der Planung und Produktion, die Interdisziplinarität und die Kompetenzverteilung der Ausstellungsbeteiligten gestellt, häufig jedoch ohne die erforderlichen fundierten Kenntnisse der komplexen Materie. Aufgrund der fehlenden Standards bei der Präventiven Konservierung sind auch keine Kontrollinstrumente vorhanden, mit denen die Leistungen der Ausstellungsplaner und -produzenten überprüft werden könnten. Daher ist ein gemeinsamer Schulterschluss bei der Entwicklung eines verbindlichen und detaillierten Vorgabenkatalogs, der die Leistungen und Ziele, aber auch die Rolle der Beteiligten festlegt, unerlässlich. Nur auf dieser Grundlage kann eine spätere Evaluierung der Erfahrungswerte erfolgen, die wiederum die kontinuierliche Entwicklung und Verbesserung von Richtwerten nach sich zieht. Lässt man den Handlungsbedarf für eine sorgfältige Planung im Vorfeld außer Acht, ist ein verantwortungsbewusster Umgang bei der Präsentation von Kunst und Kulturgut nicht zu gewährleisten.

Auch die Testverfahren für die Prüfung und Bestimmung von Materialien, die in Museen zum Einsatz kommen sollen, zeigen eher eine Richtung auf, als dass sie eine Richtlinie wären. Bei den so genannten Indikatortests nach Oddy werden Streifen aus Blei, Kupfer und Silber zusammen mit den Materialproben und destilliertem Wasser in Testflakons eingebracht. Anschließend werden die Flakons, fest verschlossen, für 28 Tage in einem auf 60° C erwärmten Wärmeschrank gelagert. Das Ergebnis ist eine große Bandbreite verschiedener Grade von Korrosion an den Teststreifen, die rein visuell ausgewertet wird. Es gilt, die gesamte Bandbreite der korrosiven Veränderung in drei Sparten zu kategorisieren: grün gleich unbedenklich, gelb gleich eingeschränkt geeignet und rot gleich ungeeignet. Dass es sich hierbei um subjektive und deshalb interpretationsbedürftige Einschätzungen handelt, die

hand, restorers, exhibition-makers, and exhibition architects are obliged to comply to the best of their abilities with the maxim of preventative conservation; on the other hand, when realising exhibition projects they lack the instruments—in the form of binding norms and standards—with which such ideal conditions can be achieved. What does this mean, ultimately? A grey area is developing, and we can only oppose this by involving expert consultants and planning competence early on, and by defining international standards analogous to those in building technology—e.g., for heating, air-conditioning, and ventilation. All the work required, as well as any aids to selection of other experts involved in planning must be formulated when making the basic evaluation of any exhibition project; this is laid down in Work Phase 1 of the Schedule of Fees for Architects and Engineers (HOAI). At this early stage, the conditions are established for the parameters of planning and production, and the interdisciplinary nature and the division of competence among those involved in the exhibition are determined. However, this often happens without the necessary, well-founded awareness of the complex material. Because there are no binding standards regarding preventative conservation, there is also a shortage of supervisory instruments with which the work of the exhibition planners and producers could be checked. That is why we need to collaborate to develop a binding, detailed catalogue of stipulations that define the work and aims of an exhibition, as well as the roles of those involved. Later evaluation of empirical values is only possible on such a foundation; in turn, this will lead to the continual development and improvement of guidelines. If we ignore the need to act and assure careful planning in the preliminary phase, it will be impossible to guarantee a responsible approach to the presentation of art and cultural assets.

The testing methods to assess and define materials destined for use in museums also suggest a direction rather than offering a true guideline. The so-called indicator test according to Oddy involves strips made of lead, copper, and silver being placed into testing bottles together with the material samples and distilled water. The bottles, firmly sealed, are then stored in a heating cabinet that has been heated up to 60° C for twenty-eight days. The outcome is a wide range of corrosion levels on the test strips, which are evaluated in a purely visual way. The aim is the categorisation of the full spectrum of corrosive changes into three groups: green meaning harmless, yellow meaning limited suitability and red meaning unsuitability. This is without doubt a matter of subjective evaluation and therefore requires interpretation—meaning that is only valid and usable up to a point. Consequently, the indicator test can only be used to provide an initial indication of existing risks to exhibits due to the materials used in their presentation. In contrast, gas chromatography—a standard procedure that also indicates the smallest amounts

nur bedingt allgemeingültig verwertbar sind, steht außer Frage. Aus diesem Grund kann der Indikatortest lediglich erste Hinweise auf eine bestehende Gefährdung der Exponate durch die für die Präsentation verwendeten Materialien geben. Im Gegensatz dazu liefert die Gaschromatografie – ein Standardverfahren, das auch kleinste Stoffmengen in der Umgebungsluft nachweist und eine unverzichtbare Messmethode in der Umweltanalytik ist – sehr präzise und absolut gültige Werte für die Schadstoffbelastung. Doch trotz der analytisch zuverlässigen Messmethode fällt es schwer zu entscheiden, welche Materialien geeignet für die Herstellung von musealen Einrichtungen sind. Es fehlt an verbindlichen Untersuchungen und Aussagen dazu, welche Stoffe in welcher Konzentration und in welcher Wechselwirkung zu Schädigungen an Exponaten führen können. Und, da es absolut „saubere Luft“ nicht gibt, bleiben auch solche Aussagen wiederum subjektiv und somit interpretationsbedürftig. Unabhängig davon stehen Ausschreibungen und Leistungsverzeichnisse für museale Einrichtungen, die scheinbar empirisch fundiert den Eindruck erwecken wollen, dass das Bestmögliche für das Exponat getan wird. Es werden konservatorisch unbedenkliche und emissionsfreie Materialien verlangt, Restdurchlässigkeiten, Luftaustauschraten und Klimastabilität nach Gutdünken festgelegt und Toleranzen von Haarfugen im Zehntel-Millimeter-Bereich definiert. Auch wenn die Intention – ein größtmöglicher und dauerhafter Schutz der wertvollen Exponate – nachvollziehbar ist, wird die Verantwortung für die Herausforderung, die eine „Präventive Konservierung“ mit sich bringt, im Planungs- und Produktionsablauf lediglich von einer Instanz zur nächsten verschoben. Das eigentliche Ziel wird dabei selten und eher zufällig erreicht, eine längerfristige Perspektive und echte Lösungsansätze sind so nicht zu realisieren.

„display today“ erfordert ein Umdenken der Fachdisziplinen und einen offenen, konstruktiven Dialog aller am Prozess Beteiligter. Museen, Restauratoren, Gestalter, Architekten und Produzenten von Ausstellungseinrichtungen können durch Experimentierfreude, Forscherdrang und vor allem durch einen wissenschaftlich fundierten Austausch ihrer Erfahrungen und Informationen gemeinsam ein belastbares Rahmen- und Regelwerk schaffen, das in eine Entwicklung hin zum „display tomorrow“ mündet.

of material in the surrounding air, an essential measuring method in environmental analytics—provides very precise and absolutely valid measurements of contamination. Despite this analytically reliable measuring method, however, it is still difficult to decide which materials are suitable for the production of museum fittings. There is a shortage of binding findings and records indicating which materials, in what concentration and in interaction with what others, may cause damage to exhibits. And, as no absolutely "clean air" exists, such statements also remain subjective and thus need interpretation. Independent of this, there are some calls for tenders and lists of standards regarding museum architecture which attempt—apparently based on empirical information—to give the impression that the exhibit is getting the best possible treatment. Demands are made for materials guaranteed harmless in terms of conservation and entirely emission-free; discretionary estimates are made of remaining porosity, air exchange rates, and climatic stability, and tolerances are defined within a hair-splitting tenth of a millimetre. Even though the intention—the greatest possible, lasting protection of valuable exhibits—is understandable, the responsibility for the challenging field of preventative conservation is merely passed on from one instance to the next during planning and production. In all this, the actual aim is seldom achieved and if so, only by chance; in this way we cannot realise longer-term perspectives and real solutions.

"display today" calls for a rethink of specialist disciplines and an open, constructive dialogue between all those involved in the process. Together, museums, restorers, designers, architects, and producers of exhibition architecture can create a durable framework and a set of regulations by willing experiment, a drive to research, and above all a scientifically well-founded exchange of their experiences and information. All this will culminate in progress towards "display tomorrow."

1

1 Blick auf den Haupteingang |
View towards the main entrance

[The James Simon Gallery]

Specialist Consultation and Planning for the Initial Fittings of the Changing Exhibition Space in the New Entrance Building on Berlin's Museum Island

museumstechnik berlin

The Berlin museums can thank James Simon (1851–1932), the pioneering patron of the arts, for Nefertiti as well as the other superb artistic treasures that led to the worldwide fame of the National Museums. The James Simon Gallery by David Chipperfield Architects does not merely complete the ensemble of buildings, itself a World Heritage site, but also stands as a monument to the man who shares its name. Situated between the Neues Museum and Kupfergraben, a nearby street, it forms the entrance for Museum Island visitors, whose numbers are rising each year. The James Simon Gallery has a dual function: apart from housing an information and cash desk area, it also contains a museum shop, an auditorium, a café and restaurant, and a cloakroom, which function as service units for all of Museum Island. A space for temporary exhibitions will serve as the "display window" for the museums' collections and set the scene for visitors. museumstechnik berlin performed the specialised consulting for the initial technical installation and fittings in the new exhibition space, which had to meet high standards. The greatest possible spatial flexibility, safety of preservation, and the use of innocuous materials were only a few of the requirements for this gallery space intended for a wide array of scenarios.

[Die James-Simon-Galerie]

Fachberatung und Planung für die Ersteinrichtung des Wechselausstellungsraums im neuen Eingangsgebäude auf der Berliner Museumsinsel

museumstechnik berlin

Dem wegweisenden Mäzen James Simon (1851–1932) verdanken die Berliner Museen die Nofretete und andere herausragende Kunstschätze, die den Weltruhm der Staatlichen Museen begründeten. Die James-Simon-Galerie von David Chipperfield Architects vollendet nicht nur das Weltkulturerbe-Ensemble mit moderner Architektur, sondern setzt auch dem Namenspatron James Simon ein Denkmal. Zwischen dem Neuen Museum und dem Kupfergraben gelegen, bildet sie das Entrée für die Besucher der Museumsinsel, deren Zahl von Jahr zu Jahr stetig steigt. Die James-Simon-Galerie hat eine doppelte Funktion: Neben einem Info- und Kassenbereich sind hier auch ein Museumsshop, ein Auditorium, ein Café und Restaurant sowie Garderoben untergebracht, die als Serviceeinrichtungen für die gesamte Museumsinsel dienen. Ein Wechselausstellungsraum wird das „Schaufenster" der musealen Sammlungen, der die Besucher auf den Rundgang einstimmt. Die museumstechnik berlin hat die Fachberatung für die technische Ersteinrichtung und Ausstattung des neuen Ausstellungsraumes übernommen, an den hohe Anforderungen gestellt werden. Die größtmögliche räumliche Flexibilität, konservatorische Sicherheit sowie die Unbedenklichkeit der Materialien sind nur einige Parameter aus dem Anforderungskatalog dieses für wechselnde Szenerien konzipierten Galerieraums.

2

2 Blick von der Schlossbrücke |
View from the Schlossbrücke

Museo Arqueológico Nacional in Madrid

Kulturelle Begegnungen

Kerstin Gust

Eines der bedeutendsten spanischen Museen wird runderneuert: Das 1867 gegründete Archäologische Nationalmuseum Madrid sieht einer umfassenden baulichen Modernisierung und Revitalisierung der Sammlungspräsentation entgegen. Das spanische Planungsbüro Empty SL engagierte den Architekten Juan Pablo Rodríguez Frade, mit dem sie den Wettbewerb für die Neupräsentation der ständigen Sammlung gewonnen haben. Die Arbeitsgemeinschaft Acciona-Empty. MAN realisiert gemeinsam mit der museumstechnik berlin die Umsetzung.
Die wertvollen Sammlungsbestände des Museums bildeten den Ausgangspunkt für den Entwurf. Die zurückhaltende, zeitlose Ausstellungsarchitektur wird als flexibles System gestaltet, das die Aufmerksamkeit des Besuchers auf die Objekte lenkt. Mit der Art der Präsentation und der Auswahl der Ausstellungsstücke, die in ihrem historischen Kontext präsentiert werden, sollen die verschiedenen Kulturepochen vorgestellt werden.
In einem ersten Bauabschnitt werden die Ägyptische, die Griechische sowie die Numismatische Abteilung neu gestaltet. Die museumstechnik berlin plant und produziert hierfür insgesamt 75 mit Dreh- oder Schiebetüren ausgestattete Stand- und Tischvitrinen mit passiver Klimatisierung, die zukünftig die Exponate beherbergen. Darüber hinaus werden fünf Sonderbauten entwickelt, die speziell auf die Artefakte zugeschnitten sind: zwei Großraumvitrinen mit Schiebetüren nehmen einen Sarkophag auf, der auf 1196–946 vor Christus datiert wird, sowie verschiedene Amphoren.
Die Vitrinen werden mit zehn Millimeter starkem Compositglas verschlossen – einem Material, das als architektonisches Element normalerweise im Außenraum zum Einsatz kommt und eine Durchbiegung der Deckelglasscheibe verhindert.
Für zwei Mumien in der Ägyptischen Abteilung werden von der museumstechnik berlin hermetisch geschlossene Vitrinen mit passiver Klimatisierung konzipiert, die mit einem speziell entwickelten Gerät für die Schadstofffilterung ausgestattet sind.
Eine zehn Meter lange und 2,20 Meter hohe Standvitrine mit sieben hintereinander laufenden Schiebetüren wird 60 bemalte Amphoren präsentieren, die aus der Zeit von 1200–300 vor Christus stammen.
Im zweiten Bauabschnitt ist die Neugestaltung der Römischen Abteilung – mit der umfassendsten Sammlung des Museums – vorgesehen. Bei der neuen Präsentation der Sammlungsbestände des Archäologischen Nationalmuseums Madrid stehen die einzigartigen Artefakte und Objekte im Mittelpunkt: Diese Zeugnisse der Vergangenheit unterstreichen das zentrale Anliegen des Museums, dem Besucher ein tieferes Verständnis für die Vergangenheit zu vermitteln und Spaniens Geschichte als einen Raum für kulturelle Begegnungen zu begreifen.

1

1 + 2 Visualisierungen aus dem Wettbewerb für die neue Dauerausstellung zeigen die Raumwirkung der Vitrinen. | Visualisations from the competition for the new permanent exhibition showing the spatial effect of the display cases.

2

3

3 Die Visualisierung aus dem Wettbewerb für die neue Dauerausstellung zeigt die Raumwirkung der Vitrinen. | Visualisation from the competition for the new permanent exhibition showing the spatial effect of the display cases.

Museo Arqueológico Nacional in Madrid

Cultural Encounters

Kerstin Gust

One of the most significant Spanish museums is undergoing general refurbishment: the National Archaeological Museum in Madrid, founded in 1867, is looking forward to a comprehensive structural modernisation and revitalisation of the presentation of its collection. The Spanish planning bureau Empty SL commissioned the architect Juan Pablo Rodriguez Frade, with whom they won the competition for the new presentation of the permanent collection. The work group Acciona-Empty.MAN is carrying out the conversion together with museumstechnik berlin. The museum's valuable inventory formed the starting point for the design. The modest, timeless exhibition architecture is laid out as a flexible system, which draws the visitor's attention to the objects. The type of presentation and the choice of exhibits, presented within their historical context, is intended to represent the various cultural eras.

In the first construction phase, the Egyptian, Greek, and numismatic department is being newly designed. For this purpose museumstechnik berlin is planning and constructing a total of seventy-five floor-standing and table display cases with revolving or sliding doors and passive air conditioning, which will house the exhibits in future. In addition, five customised constructions are being developed, which are specially made to measure for the artefacts: two spacious display cases with sliding doors house a sarcophagus, dating back to 1196–946 BC, as well as a number of amphora. The display cases are enclosed with ten-millimetre-thick composite glass, a material normally used as an outdoor architectural element that prevents the covering glass panel from sagging. For two mummies in the Egyptian department, museumstechnik berlin is developing hermetically sealed display cases with passive air-conditioning, equipped with a specially designed device for filtering pollutants. A 10-metre-long and 2.2-metre-high upright display case with seven sliding doors in a row will display sixty painted amphora, dating from 1200–300 BC.

The second construction phase will see the renovation of the Roman department, which holds the museum's most comprehensive collection. The unique artefacts and objects are the focal point of the new presentation of the collections of the National Archaeological Museum of Madrid. These relics of the past underline the central aim of the museum, which is to convey to the visitor a deeper understanding of the past and to encourage viewing Spanish history as a forum for cultural encounters.

museumstechnik.com
BA 6-8
28 Stck Messing unter Unterbau für Schrägprofil 1670 mm
24 Stck von 28 + 4 Stck fehlen Schrägprofil 1670 mm 2-teilig
10 Stck Schrägprofil 1-Teilig 1668
17 Stck Messing für 2-teilige Schrägprofil 1870 mm 3 Stck fehlen
20 Stck M-flach 30 x 2 x 1868
2 Fehlen
museumstechnik
BA 6-8
Lüftungsschlitze
L-1749 20 Stck (montiert)
- 549 10 Stck (nicht montiert)

museumstechnik.com
Kärntener Str. 23 10827 Berlin Fon 030 78 79 29 70 Fax 030 78 79 29 741
Total 20
museumstechnik
museumstechnik

Credits

[34–37]
Feuer & Flamme. 200 Jahre Ruhrgebiet
Feuer & Flamme. 200 Years of the Ruhr Region
Auftraggeber | Client: Internationale Bauausstellung Emscher Park GmbH
Konzeption | Conception, Direktorium | Directors: Ulrich Borsdorff, Franz-Josef Brüggemeier, Gottfried Korff, Jürg Steiner
Wissenschaftliches Team: Sabine Behrenbeck, Ursula Eymold, Frank Kerner, Nicola Lepp, Stephan Sensen, Karlheinz Wiegmann
Gestaltung | Design: Jürg Steiner, Berlin/ Wuppertal
Zeitraum | Period: 21. Juli bis 1. November 1994, 19. Mai bis 5. Oktober 1995 | 21st July to 1st November 1994, 19th May to 5th October 1995

[38–41]
mittendrin. Sachsen-Anhalt in der Geschichte
mittendrin. Saxony-Anhalt in History
Auftraggeber | Client: Expo 2000 Sachsen-Anhalt GmbH
Lenkungsgruppe | steering committee: Franz-Josef Brüggemeier, Gottfried Korff, Jürg Steiner in Zusammenarbeit mit Prof. Dr. Heinz Gerhard Haupt, Prof. Dr. Wolfgang Schenkluhn, Prof. Dr. Udo Sträter
Wissenschaftliche Mitarbeiter: Ursula Breymayer (Koordination | Coordination), Ingeborg Arnold, Daniel Cyranka, Dr. Christoph Danelzik-Brüggemann, Martina Eberspächer, Dr. Hardy Geyer, Thorsten Heese, Dr. Markus Matthias, Elke Mittmann, Simone Oelker, Anne Pollak, Dr. Jörn Schüttrumpf, Claudia Wagner
Kuratorin: Brigitte Schütz (Februar 1997 bis Oktober 1997 | February 1997 to October 1997)
Gestaltung | Design: Jürg Steiner, Berlin/ Wuppertal
Zeitraum | Period: 15. Mai bis 13. September 1998 | 15th May to 13th September 1998

[42–45]
Sonne, Mond und Sterne. Kultur und Natur der Energie
Sun, Moon and Stars. The Culture and Nature of Energy
Auftraggeber | Client: Feuer & Flamme Ausstellungsgesellschaft mbH/ Stiftung Industriedenkmalpflege und Geschichtskultur
Idee | Idea: Ulrich Borsdorf, Karl Ganser, Gottfried Korff, Jürg Steiner
Konzeption | Conception: Ulrich Borsdorf, Gottfried Korff, Jürg Steiner, Walter Hauser, Feuer & Flamme Ausstellungsgesellschaft mbH
Wissenschaftliche Arbeitsgruppe | Scientific Team: Walter Hauser (Leitung | director), Judith Brendel, Christoph Esch (April–November 1998), Dietmar Osses, Stefan Stein, Günter Wahlefeld, Simone Wörner
Gestaltung | Design: Jürg Steiner, Berlin/ Wuppertal
Zeitraum | Period: 13. Mai bis 13. Oktober 1999, 1. Mai bis 3. Oktober 2000 | 13th May to 13th October 1999, 1st May to 3rd October 2000

[46–51]
Expo 2000
Chemidrom
Chemidrome
Auftraggeber | Client: Verband der Chemischen Industrie e. V.
Konzeption | Conception/Gestaltung | Design: facts + fiction GmbH, Köln
Zeitraum | Period: 1. Juni bis 31. Oktober 2000 | 1st June to 31st October 2000
Deutscher Pavillon: Mosaik Deutschland
German Pavilion: Germany Mosaic
Auftraggeber | Client: Bundesländer der Bundesrepublik Deutschland | Federal States of the FRG, Trägergesellschaft Deutscher Pavillon
Gestaltung | Design: ArtLab Studios, Berlin
Zeitraum | Period: 1. Juni bis 31. Oktober 2000 | 1st June to 31st October 2000

[52–55]
Preußen 1701. Eine europäische Geschichte
Prussia 1701. A European History
Auftraggeber | Client: Deutsches Historisches Museum und Stiftung Preußische Schlösser und Gärten
Konzeption | Conception: Ausstellungsleitung | Exhibition director: Hans-Joachim Giersberg (Generaldirektor General director of der Stiftung Preußische Schlösser und Gärten Berlin Brandenburg), Hans Ottomeyer (Generaldirektor General director of des Deutschen Historischen Museums)
Kuratoren | Curators: Franziska Windt, Christoph Lind, Sepp-Gustav Gröschel
Gestaltung | Design: Jürg Steiner, Berlin
Zeitraum | Period: 6. Mai bis 5. August 2001 | 6th May to 5th August 2001

[56–61]
IBA Fürst Pückler Land
Auftraggeber | Client: Internationale Bauausstellung Fürst-Pückler-Land GmbH
Gestaltung | Design: Duncan McCauley, Tom Duncan, Noel McCauley, Berlin
Zeitraum | Period: 15. April bis 30. Oktober 2005 | 15th April to 30th October 2005

[62–67]
Die Schöninger Speere. Mensch und Jagd vor 400.000 Jahren
The Schöningen Spears. Man the Hunter 400,000 Years Ago
Auftraggeber | Client: Ministerium für Wissenschaft und Kultur des Landes Niedersachen Ministry of Science and Culture, Lower-Saxony, Niedersächsisches Landesmuseum Hannover
Projektleitung und Konzept | Project direction and concept: Martin Schmidt und Wolf-Dieter Steinmetz
Mitarbeit | Cooperation: Stefan Brocke, Sabine Eisenbeiß, Ralf Gellwitzki, Harm Paulsen, Tom Stern, Ulrich Stodieck
Gestaltung | Design: Iglhaut + von Grote, Berlin
Zeitraum | Period: 24. November 2007 bis 24. Februar 2008, Braunschweigisches Landesmuseum, 23. März bis 27. August 2008, Landesmuseum Hannover | 24th November 2007 to 24th February 2008, Brunswick State Museum, 23rd March to 27th August 2008, State Museum Hanover

[68–71]
Museum Neukölln
Auftraggeber | Client: Bezirksamt Neukölln
Konzeption | Conception: Dr. Udo Gößwald (Gesamtleitung overall supervision), Barbara Hoffmann
Gestaltung | Design: eckedesign Berlin
Zeitraum | Period: Dauerausstellung, Eröffnung am 16. Mai 2010 | Permanent exhibition, opening on 16th May 2010

[106–109]
Lebenswelt Schiff
Lifeworld Ship
Auftraggeber | Client: Deutsches Technikmuseum Berlin
Konzeption | Conception: Deutsches Technikmuseum Berlin (Leitung | Director: Dirk Böndel)
Gestaltung | Design: industrialevents GmbH
Zeitraum | Period: Dauerausstellung, Eröffnung am 14. Dezember 2003 | Permanent exhibition, opening on 14th December 2003

[110–113]
Denkmal für die ermordeten Juden Europas
Memorial to the Murdered Jews of Europe
Auftraggeber | Client: Stiftung Denkmal für die ermordeten Juden Europas
Gestaltung | Design: Dagmar von Wilcken/F217, Berlin
Zeitraum | Period: Dauerausstellung, Eröffnung am 10. Mai 2005 | Permanent exhibition, opening on 10th May 2005

[114–115]
ALL ART HAS BEEN CONTEMPORARY
Auftraggeber | Client: Staatliche Museen zu Berlin, Stiftung Preußischer Kulturbesitz
Idee | Idea: Dietrich Wildung
Konzeption/Gestaltung | Conception/ Design: Maurizio Nannucci
Zeitraum | Period: 2005-2009

[116–121]
Glasmuseum Hentrich
Glass Museum Hentrich
Auftraggeber | Client: Amt für Immobilienmanagement der Stadt Düsseldorf
Konzeption | Conception: Glasmuseum Hentrich (Direktor | Director: Helmut Ricke)
Gestaltung | Design: STEINER SARNEN SCHWEIZ
Zeitraum | Period: Dauerausstellung, Eröffnung am 7. Oktober 2006 | Permanent exhibition, opening on 7th October 2006

[122-127]
Bode-Museum Berlin
Auftraggeber | Client: Staatliche Museen zu Berlin, Stiftung Preußischer Kulturbesitz
Konzeption | Conception: Bode-Museum (Direktor | Director: Arne Effenberger)
Planung und Gestaltung | Planning and Design: Atelier Heinz Tesar, Wien
Zeitraum | Period: Dauerausstellung, Eröffnung am 17. Oktober 2006 | Permanent exhibition, opening on 17th October 2006

[128–133]

Museum für Naturkunde Berlin

Museum of Natural History Berlin

Auftraggeber | Client: Humboldt-Universität zu Berlin
Konzeption | Conception: 40 Wissenschaftler des Museums für Naturkunde | 40 scientists from the Natural History Museum (Projektleiter Teilerneuerung des Museums | Project head, part restoration of the museum: Dr. Ferdinand Damaschuhn / Generaldirektor | General director: Prof. Dr. Reinhold Leinfelder)
Gestaltung | Design: ART + COM mit | with Bertron & Schwarz und | and Schiel Projektgesellschaft
Zeitraum | Period: Dauerausstellung, Eröffnung am 13. Juli 2007 | Permanent exhibition, opening 13th July 2007

[134–137]

Herzogin-Anna-Amalia-Bibliothek Weimar

Duchess Anna Amalia Library in Weimar

Auftraggeber | Client: Klassik Stiftung Weimar
Konzeption | Conception: Herzogin-Anna-Amalia-Bibliothek Weimar
Gestaltung | Design: Büro Helge Sypereck, Berlin
Zeitraum | Period: Dauerausstellung, Wiedereröffnung am 24. Oktober 2007 | Permanent exhibition, reopening 24th October 2007

[138–143]

Neues Museum Berlin

The Neues Museum Berlin

Auftraggeber | Client: Staatliche Museen zu Berlin, Stiftung Preußischer Kulturbesitz, vertreten durch das Bundesamt für Bauwesen und Raumordnung | represented by the Federal Office of Building and Regional Planning
Konzeption | Conception: Staatliche Museen zu Berlin (Generaldirektor | General Director: Michael Eissenhauer, Direktor | Director Ägyptisches Museum und Papyrussammlung | Director Egyptian Museum and Papyrus Collection: a. D. Prof. Dr. Dietrich Wildung | Direktor Museum für Vor- und Frühgeschichte | Director Museum of Pre- and Early History: Matthias Wemhoff | Direktor Antikensammlung | Director Collection of Antiquity: Andreas Scholl)
Gestaltung | Design: Michele De Lucchi, Mailand/Milan mit | with David Chipperfield Architects, Berlin
Zeitraum | Period: Dauerausstellung, Eröffnung am 19. Oktober 2009 | Permanent exhibition, opening 19th October 2009

[144–147]

Who Knows Tomorrow

Auftraggeber | Client: Nationalgalerie – Staatliche Museen zu Berlin
Konzeption Ausstellung | Conception Exhibition: Udo Kittelmann, Chika Okeke-Agulu, Britta Schmitz
Künstlerisches Konzept/Gestaltung | Artistic concept/design: Installation „Ozone Layer and Yam Mound(s)“ — El Anatsui, „Colonial Erection“ — Pascale Martine Tayou, „The Entire World/ Transitory Geometry“ — António Ole, „Waiting“ — Zarina Bhimji
Zeitraum | Period: 4. Juni bis 26. September 2010 | 4th June to 26th September 2010

[148–153]

Museum der bayerischen Könige

Museum of the Bavarian Kings

Auftraggeber | Client: Wittelsbacher Ausgleichsfonds, München, Weisse GmbH
Konzeption | Conception: Haus der Bayerischen Geschichte, München/ Munich
Gestaltung | Design: Volker Staab Architekten, Berlin
Zeitraum | Period: Dauerausstellung, Eröffnung am 9. September 2011 | Permanent exhibition, opening 9th September 2011

[154–157]

Ethnologisches Museum und Museum der Europäischen Kulturen

Museum of Ethnology and Museum of European Cultures

Auftraggeber | Client: Staatliche Museen zu Berlin vertreten durch das Bundesamt für Bauwesen und Raumordnung | represented by the Federal Office of Building and Regional Planning
Konzeption | Conception: Ethnologisches Museum (Direktorin | Director: Prof. Dr. Viola König), Kuratorin | Curator: Dr. Ingrid Schindlbeck | Museum der Europäischen Kulturen (Direktor | Director: Prof. Dr. Konrad Vanja), Dr. Elisabeth Tietmeyer, Dr. Irene Ziehe
Gestaltung | Design: BHBVT Architekten, Berlin
Grafische Gestaltung | Graphic design: Hayn/Willemeit, Berlin
Zeitraum | Period: Dauerausstellung, Eröffnung am 11. November und 9. Dezember 2011 | Permanent exhibition, opening on 11th November and 9 th December 2011

[172–173]
Marcel Duchamp. Belle Haleine: Eau de Voilette, 1921
Auftraggeber | Client: Nationalgalerie – Staatliche Museen zu Berlin
Konzeption | Conception: Nationalgalerie – Staatliche Museen zu Berlin (Direktor | Director: Udo Kittelmann)
Zeitraum | Period: Eröffnung am 27. Januar 2011 (Zeitdauer: 72 Stunden) | Opening 27th January 2011 (Duration: 72 hours)

[174–177]
The Hepworth Wakefield
Auftraggeber | Client: Wakefield Council, Wood-Mitchell building group plc, Leeds
Gestaltung | Design: David Chipperfield Architects, London
Zeitraum | Period: Dauerausstellung, Eröffnung am 21. Mai 2011 | Permanent exhibition, opening 21st May 2011

[178–179]
Kunstbibliothek Berlin
Berlin Art Library
Auftraggeber | Client: Staatliche Museen zu Berlin, Kunstbibliothek
Zeitraum | Period: Dauerinstallation, Fertigstellung | Permanent installation, complction 2010

[186–187]
Vitrinenraum für den Urvogel Archaeopteryx
Display Area for the Prehistoric Bird Archaeopteryx
Auftraggeber | Client: Humboldt-Universität zu Berlin
Gestaltung | Design: ART + COM mit | with Bertron & Schwarz und | and Schiel Projektgesellschaft
Zeitraum | Period: Dauerausstellung, Eröffnung am 13. Juli 2007 | Permanent exhibition, opening 13th July 2007

[198–201]
Hotel Bayerischer Hof München
Auftraggeber | Client:
Hotel Bayerischer Hof München
Gestaltung | Design: Andrée Putman SARL, Paris
Zeitraum | Period: Dauerinstallation, Eröffnung 24. Mai 2005 | Permanent installation, opening 24th May 2005

[202–205]
Geoskop
Geoscope
Auftraggeber | Client: Stadt Halle (Saale) | City of Halle (Saale)
Konzeption | Conception/ Gestaltung | Design: Rehwaldt Landschaftsarchitekten, Dresden
Zeitraum | Period: Dauerinstallation, Eröffnung am 11. Mai 2006 | Permanent installation, opening 11th May 2006

[206–209]
Aquasonum himmelblau
Aquasonum Skyblue
Auftraggeber | Client: Stadt Waldkirchen | City of Waldkirchen
Konzeption | Conception: Erwin Stache
Gestaltung | Design: Erwin Stache mit | with museumstechnik berlin
Zeitraum | Period: Dauerinstallation anlässlich der Gartenschau „Natur in Waldkirchen“ vom 29. Juni bis 2. September 2007 | Permanent installation on the occasion of the garden show “Nature in Waldkirchen” from 29th June to 29nd September 2007

[218–221]
James-Simon-Galerie
James Simon Gallery
Auftraggeber | Client: Stiftung Preußischer Kulturbesitz vertreten durch das Bundesamt für Bauwesen und Raumordnung | represented by the Federal Office of Building and Regional Planning
Gestaltung | Design: David Chipperfield Architects, Berlin

[222–225]
Museo Arqueológico Nacional in Madrid
Auftraggeber | Client: UTE Acciona-Emtpy.MAN, Museo Arqueológico Nacional Madrid
Gestaltung | Design: Juan Pablo Rodríguez Frade, UTE Acciona-Emtpy. MAN, Madrid

Biografien

Ulf Daniel
Ausbildung Stahlschiffbauer, Studium Industrial Design, Hochschule der Künste Berlin und Central Saint Martins College of Art and Design, London. Seit 1990 Tätigkeit in der museumstechnik berlin, Projektleitung von Ausstellungs- und Designprojekten im Entwurf, der konstruktiven Entwicklung und bei der Installation. Entwicklung und Design künstlerisch-inszenatorischer Lichtinstallationen sowie Lichtlösungen für konservatorisch sensible Bereiche.

Michele De Lucchi
Architekturstudium in Florenz. Prominentes Mitglied in Bewegungen wie Cavart, Alchymia und Memphis. Design von Beleuchtung und Möbeln für die renommiertesten Firmen in Italien und Europa. 1992–2002 Direktor für Design bei Olivetti, Entwicklung von experimentellen Projekten für Compaq Computers, Philips, Siemens und Vitra. Entwicklung von verschiedenen Theorien zur Evolution des Arbeitsplatzes, Entwurf und Renovierung von Gebäuden sowie Mitarbeit an dem Corporate Image internationaler Konzerne weltweit. Leitung zahlreicher Kunst- und Design-Ausstellungen sowie Planung von Museumsbauten und -einrichtungen (Triennale di Milano, Palazzo delle Esposizioni di Roma und Neues Museum Berlin). Das Studio aMDL S.r.l. hat Büros in Mailand und Rom. 2000 Berufung zum Offizier der Italienischen Republik durch Präsident Ciampi für seine Dienste im Design und der Architektur; 2001 Berufung zum Professor an der Fakultät für Design und Kunst der Universität Venedig; 2006 Ehrendoktorwürde der *Kingston University für seinen Beitrag zur „Lebensqualität";* 2008 Nominierung zum Professor an der Fakultät für Design an der Polytechnischen Universität Mailand, Mitglied der Accademia Nazionale di San Luca in Rom; 2009 Orden vom Goldenen Vlies; 2010 Exzellenz-Orden des Präsidenten von Georgien, Mikheil Saakashvili.

Franziska Eidner
Studium der Kulturwissenschaften und Journalistik in Leipzig. Spezialisierung auf die Konzeption, Produktion und Kommunikation von Ausstellungen, Fachveranstaltungen und Publikationen im Bereich Baukultur und Stadtentwicklung. Mitarbeit u. a. bei der Abschlusspräsentation der IBA Stadtumbau 2010, Open Scale München 2009, Produktions- und Kommunikationsteam des deutschen Beitrags zur Architekturbiennale Venedig 2000 und 2008, zahlreiche Ausstellungen und Publikationen im Auftrag des Deutschen Architektur Zentrums DAZ. Co-Herausgeberin von *Überfunktion. Zur Konstruktion von Wirklichkeit(en) in der Architektur* (Aedes, 2007), *Sensing Space. Technologien für Architekturen der Zukunft* (jovis, 2009). Diverse Veröffentlichungen in Fachpublikationen, u. a. *Baunetz-Woche, Bundesbaublatt, db*.

Martin Fritsch
Studium der Betriebswirtschaft in Berlin. In der Industrie, im Verlagswesen und im Kunsthandel tätig. Mitbegründer des Käthe-Kollwitz-Museums Berlin, seit 1994 Direktor des Museums. Kurator und Herausgeber zahlreicher Monografien und Kataloge über Käthe Kollwitz, Otto Nagel, Lesser Ury und andere.

Kerstin Gust
Architekturstudium in Berlin und New York City. Seit 1991 Projektkoordination, Produktion und Kuratorin von Ausstellungen in den Themenbereichen Architektur, Kunst und Kulturgeschichte. 1997–2000 Gastkuratorin Deutsches Architektur Zentrum DAZ, Berlin, 2001–05 Programm und Koordination/Kuratorin Architekturzentrum Wien, 2006 Kuratorin M:AI Museum für Architekturkunst und Ingenieurkunst NRW, Gelsenkirchen. Seit 2008 selbstständige Tätigkeit als Kuratorin und Produzentin, Gründung des Büros Gust & Grünhagen Ausstellungen aller Art.

Biographies

Ulf Daniel
Trained as a steel ship builder. Studies in industrial design, Berlin University of the Arts and Central Saint Martins College of Art and Design, London. Since 1990 he has worked at museumtechnik berlin while being chiefly responsible for the planning, development process, and installation of numerous renowned exhibition and design projects. Development and design of artistic-scenical light installations, as well as lighting solutions for conservationally delicate areas.

Michele De Lucchi
Studied architecture in Florence. He was a prominent figure in movements like Cavart, Alchymia and Memphis and has designed lamps and furniture for the most known Italian and European companies. 1992-2002 Director of Design for Olivetti. Development of experimental projects for Compaq Computers, Philips, Siemens, and Vitra. He elaborated various personal theories on the evolution of the workplace, designed and restored buildings, and collaborated to the evolution of the corporate image of international companies worldwide. He has taken care of numerous art and design exhibitions and has planned buildings for museums as Triennale di Milano, Palazzo delle Esposizioni di Roma, and Neues Museum Berlin. His Studio, aMDL S.r.l., has its offices in Milan and Rome. 2000 he was appointed Officer of Italian Republic by President Ciampi, for services to design and architecture; 2001 he has been nominated Professor at the Design and Art Faculty at the University in Venice; 2006 he received the *Honorary Doctorate from Kingston University,* for his contribution to "living quality"; 2008 he has been nominated Professor at the Design Faculty of the Politecnico of Milan and Member of the Accademia Nazionale di San Luca in Rome; 2009 he received the Golden Fleece Order and in 2010 the Presidential Order of Excellency by President of Georgia, Mikheil Saakashvili.

Franziska Eidner
Studied cultural sciences and journalism in Leipzig. She specialises in the conception, production, and communication of exhibitions, specialist events, and publications in the field of building culture and urban development. She was involved, among other things, in the final presentation of the IBA Urban Development 2010, Open Scale Munich 2009, the production and communication team of the German contribution to the architecture biennials in Venice 2000 and 2008, and in numerous exhibitions and publications commissioned by the Deutsches Architektur Zentrums DAZ. Co-editor of *Überfunktion. Zur Konstruktion von Wirklichkeit(en) in der Architektur* (Aedes, 2007), *Sensing Space. Technologien für Architekturen der Zukunft* (jovis, 2009). Various contributions to specialist publications including *Baunetz-Woche, Bundesbaublatt, db.*

Martin Fritsch
Studied economics in Berlin. Works in industry, publishing and the art trade. Co-founder of the Käthe-Kollwitz-Museum Berlin; director of the museum since 1994. Curator and editor of numerous monographic works and catalogues about Käthe Kollwitz, Otto Nagel, Lesser Ury, and others.

Kerstin Gust
Studied architecture in Berlin and New York City. Since 1991 she has been active in project coordination, production, and curatorship in the thematic fields of a architecture, art, and cultural history. 1997–2000 Guest curator at the German Architecture Center (DAZ), Berlin; from 2001–05 Programme coordination and curating at the Architecture Museum, Vienna; from 2006 curator at the M:AI, Museum for Architecture and Engineering Art NRW, Gelsenkirchen. Since 2008 work as a freelance curator and producer, founder of Gust & Grünhagen Ausstellungen aller Art.

Martin Jönsson
Ausbildung zum Silberschmied, Studium Produktdesign am Konstfack University College of Arts, Crafts and Design, Stockholm. Ausbilderqualifikation Technisches Produktdesign der Industrie- und Handelskammer Berlin. Seit 2004 Tätigkeit in der museumstechnik berlin, seit 2010 Mitglied der Geschäftsführung und Leitung der Design- und Konstruktionsabteilung.

Uwe Kolb
Studium Industrial Design, Hochschule der Künste Berlin. Spezialisierung in Ausschreibungswesen, Vertragsrecht, Immobilienwirtschaft und Standortentwicklung, Kalkulation von Großprojekten nach VOB, Konzeptentwicklung Design und Konstruktion und Entwicklung des Produktportfolio der museumstechnik berlin. Seit 1986 Tätigkeit in der museumstechnik berlin und seit 1991 leitender Geschäftsführer des Unternehmens.

Rainer Kossian
Studium der Ur- und Frühgeschichte, Kunstgeschichte, Anthropologie und Ethnologie an der Universität Göttingen, 1998 Promotion im Hauptfach Ur- und Frühgeschichte, 1998–2000 Zusatzstudium Kultur- und Museumsmanagement an der Universität Hagen, 1999–2000 Wissenschaftlicher Assistent am Hamburger Museum für Archäologie, 2000 internationales Museums-Reisestipendium der Niedersächsischen Sparkassenstiftung; 2000–04 Forschungsprojektleiter am Niedersächsischen Landesmuseum Hannover, Abteilung Urgeschichte; seit 2004 Wissenschaftlicher Referent (Planung und Realisierung der Dauerausstellung), seit 2009 Referatsleiter am Brandenburgischen Landesamt für Denkmalpflege und Archäologischen Landesmuseum, Arbeitsschwerpunkte sind Management und die strategische Positionierung, Entwicklung strategischer Submarken und Sonderprojekte sowie die Planung von regionalen und internationalen Sonderausstellungen.

Nicola Kuhn
Studium der Kunstgeschichte, Theater-, Film- und Fernsehgeschichte sowie Neuer Geschichte in Köln und Hamburg. Volontariat bei *der Rheinischen Post,* Tätigkeiten beim Westdeutschen Rundfunk und dem *Kölner Stadtanzeiger* sowie bei der *Frankfurter Allgemeinen Zeitung*. Seit 1991 Redakteurin für bildende Kunst im Feuilleton des Berliner *Tagesspiegels*. Lehrtätigkeit am Kunsthistorischen Institut der FU Berlin, Moderationen sowie Katalogpublikationen. Als Fellow beim *Philadelphia Inquirer* (Philadelphia) sowie *The Guardian* (London). Mitglied des Sachverständigenkreises Kunst am Bau des Bundesministeriums für Verkehr, Bau und Stadtentwicklung.

Anne-Rose Lobsien
Studium Soziologie, Freie Universität Berlin, Ausbildung im Steuerrecht, Mediatorin (MAB Mediationsakademie Berlin) mit Schwerpunkt Wirtschaft und Verwaltung. Seit 2000 in der museumstechnik berlin tätig, seit 2010 Mitglied der Geschäftsführung und verantwortlich für die kaufmännische Leitung der Gesellschaft.

Cordula Rau
Architekturstudium in Regensburg, 1986–93 Planung und Projektleitung in Architekturbüros. 1993–2000 Projektleitung für Stephan Braunfels Architekten, München. 2001–03 Projektleitung und Beratung für die BMW AG. 2004 Gründung des Netzwerkes für Kommunikation Architektur, Kunst und Design „Die Walverwandtschaften“. Im Rahmen dessen freie journalistische, redaktionelle und kuratorische Tätigkeit, Forschungs- und Buchprojekte, Konzept und Realisierung von Veranstaltungen, Moderation und Vortragstätigkeit. 2009–11 Generalkommissariat Deutscher Beitrag, Architekturbiennale Venedig.

Martin Jönsson
Trained as a silversmith. Studies in product design, Konstfack University College of Arts, Crafts and Design, Stockholm. Chamber of Industry and Commerce certified instructor for technical product design. Since 2004 he has worked at museumtechnik berlin and has been a board member and managing director of the design and construction division since 2010.

Uwe Kolb
Studies in industrial design, Berlin University of the Arts. Specialisation in contact tendering, contract law, real estate and site development, cost analysis for major projects according to VOB (German Construction Contract Procedures). Concept development for design, construction, and product portfolio of museumstechnik berlin. He has worked at museumtechnik since its foundation in 1986 and has been chief executive of the company since 1991.

Rainer Kossian
Studied pre- and early history, art history, anthropology, and ethnology at the University of Göttingen; 1998, doctorate specialising in pre- and early history, 1998–2000, further study of cultural and museum management at the University of Hagen, 1999–2000 scientific assistant at the Museum of Archaeology Hamburg, 2000 international museum travel grant from the Sparkassenstiftung of Lower Saxony; 2000–04 director of a research project at the Lower Saxony State Museum Hanover, Department of Pre-History; since 2004 scientific consultant (planning and realisation of the permanent exhibition), since 2009 head of department at the State Office for the Preservation of Monuments and State Museum of Archaeology Brandenburg. His specialist fields are management and the strategic positioning and development of sub-brands and special projects, as well as the planning of special regional and international exhibitions.

Nicola Kuhn
Studied art history and the history of theatre, film and television, as well as modern history in Cologne and Hamburg. Internship at the *Rheinische Post,* work at Westdeutsche Rundfunk and the *Kölner Stadtanzeiger,* as well as the *Frankfurter Allgemeine Zeitung.* Since 1991, editor responsible for fine art in the feature pages of the Berliner *Tagesspiegel.* Teaching at the Institute of Art History, FU Berlin, work as a presenter, and catalogue publications. Fellow at the *Philadelphia Inquirer* (Philadelphia) and the *The Guardian* (London). Member of the expert committee "Art in Architecture" run by the Federal Ministry of Transport, Building and Urban Development.

Anne-Rose Lobsien
Studies in sociology, Free University Berlin; trained in tax law. Mediator of MAB Mediationsakademie Berlin specialising in business and administration. She has worked at museumstechnik berlin since 2000 and has been a board member since 2010. She is responsible for the financial management of the business.

Cordula Rau
Studied architecture in Regensburg. 1986–2001 planning and project direction at various architectural offices. 1993–2000 project direction for Stephan Braunfels Architekten, Munich. 2001–03 project direction and consultation for BMW AG. 2004 foundation of a network for communication, architecture art and design „Die Walverwandtschaften." Freelance activity as a journalist and in editing, curatorship, research, and publication projects, conception, and organisation of events, moderation ,and lecturer in this framework. 2011 General commission, German contribution to Venice architecture biennial.

Karl Schwaiger
Architekturstudium, Hochschule der Künste Berlin. Langfristige Gestaltungsberatung Museen, Institutionen sowie Kreateur und Konzepter für die Detailplanung, Sonderkonstruktionen und Prototypenentwicklung. Seit 1986 Tätigkeit für die museumstechnik berlin, Projektleitung im Bereich Design und Konstruktion, Technische Entwicklung, Materialforschung.

Helge Sypereck
Architekturstudium an der Technischen Universität Berlin, 1968–69 Tätigkeit bei Prof. Bernhard Hermkes, TU-Berlin. 1969–74 Architekt im Büro Schüler-Witte, Berlin, leitende Mitarbeit beim Bau des Internationalen Congress Centrum ICC Berlin (Informations- und Leitsystem) sowie erste eigene Arbeiten. 1974 Gründung des Büros Helge Sypereck Architekten in Berlin. Planung und Bau von Wohn- und Verwaltungsgebäuden, Fabrikationsanlagen und Hotels sowie Bearbeitung von städtebaulichen Projekten. 1996 Deutscher Städtebaupreis für die „Gartenstadt Falkenhöh". Gestaltung und Einrichtung zahlreicher kulturhistorischer Ausstellungen, Museumsbauten und -einrichtungen.

Katrin Tille
Studium der Geschichtswissenschaften an der Martin-Luther-Universität Halle/Wittenberg, 1989–93 Promotionsstudium an der Martin-Luther-Universität Halle/Wittenberg, 1993–96 Mitarbeiterin am Landesamt für Denkmalpflege Sachsen-Anhalt, 1995 Promotion, 1995/96 Ergänzungsstudium Denkmalpflege am Weiterbildungs- und Beratungszentrum für Denkmalpflege und behutsame Altbauinstandsetzung e. V., Institut an der TU Dresden, seit 1997 wissenschaftliche Mitarbeiterin in der Stiftung Dome und Schlösser in Sachsen-Anhalt, Referatsleiterin Forschung, Publikation, Restitution, Bibliotheken, Aufgaben: Gewährleistung und Organisation der restauratorischen Betreuung des Halberstädter Domschatzes, Redaktionsleitung der Schriftenreihe der Stiftung Dome und Schlösser in Sachsen-Anhalt, Mitarbeit bei verschiedenen Ausstellungsprojekten der Stiftung, Veröffentlichung diverser Beiträge zur Geschichte der Stiftungsliegenschaften.

Dietrich Wildung
Studium, Promotion und Habilitation im Fachgebiet Ägyptologie. Direktor Staatliche Sammlung Ägyptischer Kunst München (1975–88); Direktor Ägyptisches Museum Berlin (1989–2009); Honorarprofessor FU Berlin (1989–2009). Präsident der International Association of Egyptologists (1990–95). Vorsitzender des Landesverbandes der Museen zu Berlin (2003–09): Vizepräsident der Deutsch-Arabischen Freundschaftsgesellschaft (2005–). Grabungsleiter Minshat Abu Omar/Ägypten (1977–89); Grabungsleiter Naga/Sudan (1995-–). Mitglied der Zentraldirektion des Deutschen Archäologischen Instituts (1992–2009). Bundesverdienstkreuz; Chevalier de l'Ordre des Arts et des Lettres (Frankreich); Order of the Two Niles (Sudan).

Olivia Zorn
Studium im Fachgebiet Ägyptologie, Klassische Archäologie und Altorientalistik in Köln. Während des Studiums Tätigkeit an den Ägyptischen Museen in Hildesheim und München und Teilnahme an einer Grabungskampagne in Bubastis. Nach der Promotion ab 2001 Tätigkeit im Ägyptischen Museum und Papyrussammlung Berlin, seit 2009 stellvertretende Direktorin und maßgeblich beteiligt an der Gestaltung der neuen Dauerausstellung des Ägyptischen Museums im Neuen Museum. Zahlreiche Vorträge und Aufsätze zu allen Themen der altägyptischen Geschichte, besondere Arbeitsschwerpunkte liegen auf der Skulptur des Mittleren Reiches und der Amarna-Zeit sowie der Reliefkunst des Alten Reiches.

Karl Schwaiger
Studies in architecture, Berlin University of the Arts. Long-term design consulting for museums and institutions as well as creator and concept developer for detailed planning, special constructions, and prototype development. He has worked at museumstechnik berlin since 1986 as a project director for design and construction, technical development, and materials research.

Helge Sypereck
Studied architecture at the Technical University Berlin, 1968–69 work with Prof. Bernhard Hermkes, TU-Berlin. 1969–74 architect in the office Schüler-Witte, Berlin, key collaboration on the construction of the International Congress Centrum ICC Berlin (information and signage system) and first independent work. 1974 foundation of the office Helge Sypereck Architekten in Berlin. Planning and construction of residential and office buildings, manufacturing sites, and hotels, as well as work on urban developmental projects. 1996 German Urban Development Award for "Garden City Falkenhöh." Design and set-up of many cultural historical exhibitions, museum buildings, and other institutions.

Katrin Tille
Studied history at Martin Luther University Halle/Wittenberg, 1989–93 doctoral studies at Martin Luther University Halle/Wittenberg, 1993–96 employee at the State Office for the Preservation of Monuments in Saxony-Anhalt, 1995 doctorate, 1995/96 additional course on the preservation of monuments at the "Weiterbildungs- und Beratungszentrum für Denkmalpflege und behutsame Altbauinstandsetzung e. V.", an institute of the TU Dresden; since 1997, scientific assistant at the foundation "Cathedrals and Castles in Saxony-Anhalt," head of the department of research, publication, restitution, libraries; tasks include: supervision and organisation of restoration work on the cathedral treasury of Halberstadt, chief editor of the series of publications by the foundation "Cathedrals and Castles in Saxony-Anhalt," collaboration on various of the foundation's exhibition projects, publication of diverse contributions on the history of the foundation's properties.

Dietrich Wildung
First degree, doctorate and post-doctoral qualification (Habilitation) in archaeology. Director of the State Collection of Egyptian Art Munich (1975-1988); Director of the Egyptian Museum Berlin (1989–2009); honorary professor at the FU Berlin (1989–2009). President of the International Association of Egyptologists (1990–95). Chairman of the State Association of Museums in Berlin (2003–09); vice-president of the Society for German-Arab Friendship (2005–). Director of excavations Minshat Abu Omar/Egypt (1977–89); head of excavation Naga/Sudan (1995–). Member of the central directorate of the German Archaeological Institute (1992–2009). Federal Cross of Merit (FRG); Chevalier de l'Ordre des Arts et des Lettres (France); Order of the Two Niles (Sudan).

Olivia Zorn
Studied Egyptology, classical archaeology and ancient oriental studies in Cologne. During these studies, work in the Egyptian museums of Hildesheim and Munich and participation in an excavation campaign in Bubastis. After her doctorate, from 2001 work in the Egyptian Museum and Papyrus Collection Berlin, since 2009 deputy director, and decisive involvement in the design of the new permanent exhibition of the Egyptian Museum in the Neues Museum. Numerous lectures and essays on all topics of ancient Egyptian history, specialising in the sculpture of the Middle Kingdom and the Amarna period, as well as the relief art of the Old Kingdom.

Bildnachweis | Picture Credits

museumstechnik berlin möchte sich bei den angeführten Personen und Institutionen für die Erlaubnis zur Reproduktion ihrer Fotos bedanken | museumstechnik berlin would like to thank the following individuals and institutions for kind permission to reproduce their photographs:

aMDL: 78-81 | Baan, Iwan: 175 | Bauer, Hans: 134, 136 | bpk bildarchiv preussischer kulturbesitz: 8/9 (Foto: Michael Sobotta) | bpk bildarchiv preussischer kulturbesitz, Staatliche Kunstsammlungen Dresden: 72/73 (Foto: David Brandt) | DCA David Chipperfield Architects: 176 (2, 3), 221 (3-5) | Ebener, Marcus: 149-152 | Heintze, Mischa: 139 (1), 141 (7), 142 (9) | Huppertz, Alexander / Charité – Universitätsmedizin Berlin und Stiftung Preußischer Kulturbesitz: 170 | Käthe-Kollwitz-Museum Berlin: 19, 20 (Foto: Barbara Klemm), 21, 22, 23 (Repro) | museumstechnik berlin, Archiv: 57-60, 107 (1), 111, 112 | museumstechnik berlin, Daniel, Ulf: 47, 144 (2), 147 (5, 6), 171, 199, 200, 203, 204, 207, 208 | museumstechnik berlin, Jönsson, Martin: 71 | museumstechnik berlin, Keuthahn, Ralf: 63 | museumstechnik berlin, Kolb, Uwe: 48, 50, 51 | museumstechnik berlin, König, Charlotte: 107 (2), 108, 114/115 | museumstechnik berlin, Löbig, Jörg: 172, 173, 176 (4-6) | museumstechnik berlin, Schneider, Peter: 97-105, 116, 119-121 | museumstechnik berlin, Spieth, Mara: 68, 123, 124, 126, 127 (7-9), 129, 130, 132, 133, 139 (2), 140, 141 (6, 8), 142 (10), 144 (3), 147 (4) | museumstechnik berlin, Ziegler, Martin: 127 (10) |Niedersächsisches Landesmuseum Hannover: 64, 66, 67 (Fotos: Ursula Bohnhorst) | Pätzig, Tobias: 82, 85, 87, 88, 155, 156, 178/179, 186/187 | PK.Odessa: 91-95 | Rasche, Michael: 35, 36, 43, 44 | Rüger, Jörg: 24/25, 39, 40 | Staatliche Museen zu Berlin - Ägyptisches Museum und Papyrussammlung: 168 (Inv.-Nr. ÄM 21300), 169 (Inv.-Nr. ÄM 21300, Foto: Jürgen Liepe) | Stiftung Preußischer Kulturbesitz/Imaging Atelier: 218, 221 (2) | System 180 GmbH, Archiv: 53, 54 | System 180 GmbH, Christoph Blanc: 144 (1) | UTE Acciona-Emtpy.MAN: 223, 224 | Wunsche, Magda: 158/159, 226/227

Auswahlbibliografie | Selected Bibliography

Borsdorf Ulrich/Brüggemeier, Franz-Josef /Korff, Gottfried /Steiner, Jürg (Hg.): Feuer und Flamme – 200 Jahre Ruhrgebiet. Essen

Borsdorf, Ulrich/Brüggemeier, Franz-Josef/Korff, Gottfried/Steiner, Jürg (Hg.): Feuer & Flamme. Eindrücke einer Ausstellung im Gasometer Oberhausen. Essen 1995

Borsdorf Ulrich/Korff, Gottfried/Steiner, Jürg: Sonne, Mond und Sterne. Kultur und Natur der Energie. Ein Rückblick. Essen 2000

Brüggemeier, Franz-Josef/Korff, Gottfried /Steiner, Jürg: (Hg.): mittendrin. Sachsen-Anhalt in der Geschichte. Dokumente zur Ausstellung im stillgelegten Kraftwerk Vockerode. Lutherstadt Wittenberg 1998

Brüggemeier, Franz-Josef/Korff, Gottfried /Steiner, Jürg: unter strom. Energie, Chemie und Alltag in Sachsen-Anhalt 1890–1990. Lutherstadt Wittenberg 1999

Kilger, Gerhard (Hg.): Szenografie in Ausstellungen und Museen. Essen 2004

Kirchoff, Heike/ Schmidt,Martin (Hg.): Das magische Dreieck. Die Museumsausstellung als Zusammenspiel von Kuratoren, Museumspädagogen und Gestaltern. Bielefeld 2007

Korff, Gottfried: Museumsdinge. Deponieren – exponieren. Köln/Weimar/Wien 2002

Landesamt für Denkmalpflege und Archäologie Sachsen-Anhalt, der Stiftung Dome und Schlösser in Sachsen-Anhalt und dem Evangelischen Kirchenkreis Halberstadt – Domschatz-Verwaltung (Hg.): Kostbarkeiten aus dem Domschatz Halberstadt. Dößel 2009

Landesmuseum für Technik und Arbeit Mannheim (Hg.): Zauberformeln des Zeitgeistes. Erlebnis, Event, Aufklärung, Wissenschaft. Wohin entwickelt sich die Museumslandschaft?, Mannheim 2001

Meller, Harald/Mundt, Ingo/Schmuhl, Boje E. Hans (Hg.): Der Heilige Schatz im Dom zu Halberstadt. Regensburg 2008

Nörretranders, Tor: Spüre die Welt. Die Wissenschaft des Bewusstseins. Reinbek 1994

Oswalt, Philipp (Hg.): Schrumpfende Städte, Bd. 2: Handlungskonzepte. Ostfildern-Ruit 2005

Schwarz, Ulrich/Teufel, Philipp: Handbuch Museographie und Ausstellungsgestaltung. Ludwigsburg 2001

Steiner, Jürg (Hg.): museumstechnik. Festschrift zum zehnjährigen Bestehen. Berlin 1997

Im Rückblick auf die Vielzahl von Ausstellungen, die in den letzen 25 Jahren geplant, produziert und installiert wurden, dürfen auch die Wegbegleiter der museumstechnik berlin – die geschickten Handwerker und Tüftler, die kreativen Konstrukteure und Planer, Organisationstalente im Projektmanagement und in der Verwaltung, Impulsgeber in der Entwicklung des Unternehmens und natürlich unsere Auftraggeber und Partner – nicht unerwähnt bleiben. Auch mit der größtmöglichen Sorgfalt können nicht mehr alle Namen zusammengetragen und in dieser Publikation versammelt werden. Daher möchten wir display today allen widmen, die mit ihrem unermüdlichen Einsatz, viel Innovationsfreude und Erfindergeist die museumstechnik berlin in den letzten 25 Jahren begleitet und mitgestaltet haben. Ihnen gilt unser besonderer Dank!

Die Redaktion

Looking back at the great number of exhibitions planned, produced and installed over the last 25 years, we must remember to mention those who have worked alongside museumstechnik berlin – skilled craftsmen and experimenters, creative constructors and planners, talented organisers in project management and administration, those who offered stimulating advice all through the company's development, and of course our clients and partners. Even after the most meticulous collection of names, it would be impossible to list them all in this publication. We would like, therefore, to dedicate display today to all those whose untiring commitment, love of innovation, and inventive spirit has been with museumstechnik berlin for the last 25 years, helping to shape our profile. We are particularly grateful to them all!

The editors

Konzept und Redaktionsleitung | Concept and managing editor: Kerstin Gust
Redaktion | Editing: Anne-Rose Lobsien, Martin Jönsson, Ulf Daniel, Karl Schwaiger, Uwe Kolb
Mitarbeit | Cooperation: Lisa Becker, Marek Wojtal, Dominique Kluxen
Übersetzung | Translation: Lucinda Rennison, Lynne Kolar-Thompson (115, 136, 173, 177, 179, 225)
Gestaltung und Satz | Design and setting: Susanne Rösler
Lithografie | Lithography: Bild1Druck, Berlin
Druck und Bindung | Printing and binding: DZA Druckerei zu Altenburg GmbH

Bibliografische Information der Deutschen Nationalbibliothek
Die Deutsche Nationalbibliothek verzeichnet diese Publikation in der Deutschen Nationalbibliografie; detaillierte bibliografische Daten sind im Internet über http://dnb.d-nb.de abrufbar. | Bibliographic information published by the Deutsche Nationalbibliothek
The Deutsche Nationalbibliothek lists this publication in the Deutsche Nationalbibliografie; detailed bibliographic data are available on the Internet at http://dnb.d-nb.de

jovis Verlag GmbH | Kurfürstenstraße 15/16 | 10785 Berlin

www.jovis.de

ISBN 978-3-86859-116-3